ALLAN R. BREWER-CARÍAS

LOS TRIBUNALES CONSTITUCIONALES COMO LEGISLADORES POSITIVOS EN EL DERECHO COMPARADO

Edición al cuidado de
Carlos Antonio Agurto Gonzáles
Sonia Lidia Quequejana Mamani
Benigno Choque Cuenca

Título: Los tribunales constitucionales como legisladores positivos en el derecho comparado

© Allan R. Brewer-Carías

Primera Edición en Ediciones Olejnik: 2025.

© Copyright de la presente edición:
Ediciones Olejnik
Huérfanos 611, Santiago-Chile
E-mail: contacto@edicionesolejnik.com
Web site: http://www.edicionesolejnik.com

ISBN: 978-956-407-507-5

Diseño de carátula: Ena Zuñiga

Diagramación: Hayden Méndez. hayden.mendezq@gmail.com

Este ejemplar, impreso por: Lightning Source, an INGRAM Content company para Editorial Jurídica Venezolana International Inc.
Panamá, República de Panamá.

Capítulo 3

INTERFERENCIA DE LOS TRIBUNALES CONSTITUCIONALES CON EL
LEGISLADOR SOBRE LA LEGISLACIÓN EXISTENTE

Capítulo 4

INTERFERENCIA DE LOS TRIBUNALES CONSTITUCIONALES CON EL
LEGISLADOR RESPECTO DE LAS OMISIONES LEGISLATIVAS

Capítulo 5

LOS TRIBUNALES CONSTITUCIONALES COMO LEGISLADORES EN MATERIA DE CONTROL DE CONSTITUCIONALIDAD

NOTA DEL AUTOR

Este libro es uno de los productos de los programas de investigación concebidos por la Academia Internacional de Derecho Comparado de La Haya, con motivo de la preparación de sus importantes Congresos Internacionales de Derecho Comparado, que organiza desde que se estableció hace cien años.

Para los Congresos Internacionales, cada cuatro años, la Junta directiva de la Academia usualmente selecciona cerca de cincuenta temas o materias jurídicas importantes y actuales, para estudiarlas comparativamente. La Junta convoca luego a la comunidad académica de cada país para que escriban ponencias nacionales sobre cada tema, y asigna la tarea de preparar un estudio de derecho comparado a un Ponente general, quien comúnmente destaca, bajo esa perspectiva, las tendencias globales actuales más importantes del tema en particular.

En este caso, y a los efectos del decimoctavo Congreso Internacional de Derecho Comparado celebrado en Washington, DC, en julio de 2010, organizado por la Academia Internacional de Derecho Comparado con el apoyo de la Asociación Americana de Derecho Comparado, la Academia eligió dentro de los temas de derecho constitucional, el de *Los Tribunales Constitucionales como Legisladores Positivos*, como uno de los temas actuales de mayor importancia. La Academia, de la cual para ese momento yo era Vicepresidente desde 1982, me asignó la tarea de elaborar la Ponencia General sobre este tema para el Congreso de Washington, siendo este libro el resultado de los dos años de investigación y trabajo que me llevó redactarla.

Conforme a las pautas generales que envié a los Ponentes nacionales, los mismos escribieron sus Ponencias nacionales, cuyos textos fueron la principal fuente de información que tuve para escribir este libro que es el texto de la Ponencia general, los cuales, por supuesto, complementé con mis propias investigaciones.

Para redactar mi estudio, recibí treinta y seis Ponencias nacionales de treinta y un países: diecinueve de Europa, incluidos seis de Europa del Este; diez del continente americano (tres de Norteamérica, cinco de Sudamérica y dos de Centroamérica); uno de Asia y otro de Australia. Agradezco de nuevo a todos los Ponentes nacionales por su cooperación al brindarme información valiosa y actual sobre el tema. Dichas Ponencias que recibí, fueron las siguientes:

ALEMANIA: Ines Härtel, *"Constitutional Courts as Positive Legislators"* (22 pp.).

ARGENTINA: I. Alejandra Rodríguez Galán and Alfredo Mauricio Vítolo, *"Constitutional Courts as Positive Legislators (Argentina)"* (18 pp.); y II. Néstor Pedro Sagües, *"La Corte Suprema Argentina como legislador positivo"* (24 pp.).

AUSTRALIA: Cherryl Saunders, *"Interpretation and Review"* (54 pp.).

AUSTRIA: Konrad Lachmayer, *"Constitutional Courts as Positive Legislators"* (13 pp.).

BELGICA: Patricia Popelier, *"L'activité du judge constitutional belge comme législateur"* (16 pp.).

BRASIL: I. Thomas Bustamante and Evanilda de Godoi Bustamante, *"Constitutional Courts as Negative Legislators: The Brazilian Case"* (29 pp.); II. Marcelo Figuereido, *"Judicial Remedies Aimed to Fill the Legislative Gaps resulting from State Omissions under Brazilian Law"* (12 pp.); III. Luis Roberto Barroso, Thiago Magalhães, y Felipe Drummond, *"Notas sobre a questão do Legislador Positivo"* (47 pp.).

CANADA: Kent Roach, *"Constitutional Courts as Positive Legislators: Canada*, Country Report" (25 pp.).

COLOMBIA: I. Germán Alfonso López Daza, *"Le juge constitutionnel colombien, législateur-cadre positif: un gouvernement des juges"* (16 pp.); y II. Sandra Morelli, *"The Colombian Constitutional Court: from Institutional Leadership, to Conceptual Audacity"* (20 pp.).

COSTA RICA: Rubén Hernández Valle, *"Las Cortes Constitucionales como Legisladores positivos"* (43 pp.).

CROACIA: Sanja Barić and Petar Bačić, *"Constitutional Courts as Positive Legislators. National Report: Croatia"* (29 pp).

ESPAÑA: Francisco Fernández Segado, *"El Tribunal Constitucional como Legislador Positivo (Spain)"* (48 pp.).

ESTADOS UNIDOS: Laurence Claus and Richard S Kay, *"Constitutional Courts as Positive Legislators' in the United States"* (38 pp.).

FRANCIA: Bertrand Mathieu, *"Le Conseil constitutionnel 'législateur positif. Ou la question des interventions du juge constitutionnel français dans l'exercise de la function legislative"* (18 pp.).

GRECIA: Julia Iliopoulos-Strangas and Stylianos-Ioannis G. Koutnatzis, *"Constitutional Courts as Positive Legislators. Greek National Report"* (24 pp.).

HUNGRÍA: Lóránt Csink, Józef Petrétei and Péter Tilk, *"Constitutional Court as Positive Legislator. Hungarian National Report"* (7 pp).

INDIA: Surya Deva, *"Constitutional Courts as Positive Legislators: The Indian Experience,"* (11 pp.).

ITALIA: Giampaolo Parodi, *"The Italian Constitutional Court as Positive Legislator"* (13 pp.).

MEXICO: Eduardo Ferrer Mac-Gregor, *"La Corte Suprema de Justicia como Tribunal Constitucional"* (27 pp.).

NICARAGUA: Sergio J. Cuarezma Terán and Francisco Enríquez Cabistán, *"La estructura normativa de la Constitución Política de Nicaragua y sus mecanismos de tutela"* (55 pp.).

NORUEGA, Eivind Smith, *"Constitutional Courts as 'Positive Legislators:" Norway"* (7 pp.).

PAISES BAJOS: Jerfi Uzman, Tom Barkhuysen and Michiel L. van Emmerik, *"The Dutch Supreme Court: A Reluctant Positive Legislator?"* (54 pp).

PERU: Fernán Altuve Febres, *"El Juez Constitucional como legislador positivo en el Perú"* (30 pp.); y - Francisco Eguiguren and Liliana Salomé, *"Función contra-mayoritaria de la Juridicción Constitucional, su legitimidad democrática y los conflictos entre el Tribunal Constitucional y el Legislador"* (18 pp.).

POLONIA, Marek Safjan, *"The Constitutional Courts as a Positive Legislator"* (18 pp.).

PORTUGAL: Joaquim de Sousa Ribeiro and Esperança Mealha, *"Constitutional Courts as Positive Legislators"* (11 pp.).

REINO UNIDO: John Bell, *"Constitutional Courts as 'Positive Legislators': United Kingdom"* (8 pp.).

REPUBLICA CHECA: Zdenek Kühn, *"Czech Constitutional Court as Positive Legislator? "* (17 pp.).

REPUBLICA ESLOVACA: Ján Svák and Lucia Berdisová, *"Constitutional Court of the Slovak Republic as Positive Legislator via Application and Interpretation of the Constitution"* (14 pp.).

SERBIA: Boško Tripković, *"A National Report for Serbia on the topic Constitutional Courts as "Positive Legislators"* (19 pp.).

SUECIA: Joakim Nergelius, *"Human Rights and Judicial Review"* (29 pp.).

SUIZA, Tobias Jaag, *"Constitutional Courts as Positive Legislators: Switzerland"* (23 pp.).

VENEZUELA: Daniela Urosa, *"Cortes Constitucionales como Legisladores Positivos: La experiencia venezolana"* (30 pp.).

La Ponencia General con el título de: *Constitutional Courts as Positive Legislators* se presentó al decimoctavo Congreso, para cuyo fin preparé una síntesis para mi presentación oral que tuvo lugar en la Facultad de Derecho George Washington, en Washington, DC, el 27 de julio de 2010.

El texto de la Ponencia general y de las mencionadas Ponencias nacionales, se recogieron en el libro que se publicó en inglés luego del Congreso, con el título de *Constitutional Courts as Positive Legislators*, por Cambridge University Press, 2011.

Este libro que ahora se ahora se publica por primera vez en castellano por Ediciones Olejnik, es la traducción de aquella Ponencia General.

Esa no fue la primera vez que tuve el privilegio de ser Ponente General en un Congreso de la Academia Internacional de Derecho Comparado. Fui Ponente general por primera vez, hace casi sesenta años, sobre el tema de *Le régime des activités industrielles et Commerciales des pouvoirs publiques*, en el séptimo Congreso Internacional de Derecho Comparado, celebrado en Uppsala, Suecia, en agosto de 1966. Para aquél entonces, en realidad, el Ponente General que la Academia había designado para el tema había sido el profesor Robert Goldschmidt quien era un muy reconocido profesor de derecho comercial, y que para ese entonces dirigía en Venezuela el Instituto de Derecho Privado de la Universidad Central de Venezuela y el Centro de Derecho Comparado del Ministerio de Justicia.

Goldschmidt, sin embargo, consciente de que el tema que le habían asignado era más de derecho público que de derecho mercantil, y no queriendo que la designación de la Academia dejara de estar en manos de un académico venezolano, propuso mi nombre para reemplazarlo en la tarea. Fue por tanto gracias a Roberto Goldschmidt que desde muy joven entré en contacto con la Academia, a una edad en la cual, conforme a los criterios de la misma, un joven profesor, aún con algunos libros y artículos ya publicados, todavía no calificaba para un trabajo de aquella envergadura como ser Ponente General.

En todo caso, el nombramiento de la Academia para presentar el trabajo en Uppsala, me permitió no sólo escribir una extensa Ponencia General sobre las empresas públicas en derecho comparado,[1] sino también, luego de apreciada la calidad de la investigación realizada, iniciar estrechas relaciones con la Academia y con todos los distinguidos juristas comparatistas de la época, con quienes desarrollé estrecha amistad y colaboración de larga data, estableciéndose así, además,

---

[1] Véase Allan R. Brewer-Carías, "Le régime des activités industrielles et commerciales des pouvoirs publics en droit comparé", en *Rapports Généraux au VIIe Congrès International de Droit Comparé, Acta Instituti Upsaliensis Jurisprudentiae Comparativae*, Estocolmo 1966, pp. 669–696.

relaciones académicas permanentes entre nuestras Universidades. Aquella fue la época de los profesores Gabriel Marty (Francia), C.J. Hamson (Inglaterra), John Hazard (Estados Unidos), Anthony Jolowicz (Inglaterra) y Roland Drago (Francia), entre otros, quienes me privilegiaron con su amistad.

La Ponencia general de Uppsala fue publicada como libro, con el título: *Les Enterprises Publiques en droit comparé* por la Faculté internationale pour l'ensignement du droit comparé, París 1968, con un prólogo del profesor Roland Drago, quien más tarde fue Secretario General de la Academia; y luego en Caracas, como *Las empresas públicas en el derecho comparado*, por la Universidad Central de Venezuela, Caracas 1967. La obra ha sido reproducida por Editorial Olejnik en 2022.

En Congresos Internacionales posteriores, también fui nombrado Ponente general para otros temas diferentes: *Les limites a la liberté d'information (presse, radio, cinema y télévision)*, en el octavo Congreso Internacional de Derecho Comparado, en Pescara, Italia, agosto-septiembre de 1970;[2] *Regionalization in Economic Matters*, en el noveno Congreso Internacional de Derecho Comparado, en Teherán, agosto-septiembre de 1974;[3] *La décentralization territoriale, autonomie territoriale et régionalization politique*, en el XI Congreso Internacional de Derecho Comparado, en Caracas, agosto-septiembre de 1982;[4] *Les limitaciones constitutionnelles et légales contre les impositions confiscatoires*, en el decimotercer Congreso Internacional de Derecho Comparado, en Montreal, agosto de 1990;[5] y *Constitutional Implications of Regional Economic Integration*, en el decimoquinto Congreso Internacional de Derecho Comparado, en Bristol, Reino Unido, julio-agosto de 1998.[6]

El texto de todos estas Ponencias generales fue publicado en mi libro *Études de droit public comparé*, publicado en 2000 por la Academia Internacional de Derecho Comparado, por ediciones Bruylant en Bruselas.

---

[2]   Véase Allan R. Brewer-Carías, "Las limitaciones a la libertad de información en el derecho comparado (prensa, radio, cine y televisión)", *Revista Orbita*, núms. 5–6, Caracas 1973, pp. 55–88.

[3]   Véase Allan R. Brewer-Carías, "Regionalization in Economic Matters in Comparative Law", en *Rapports Generaux au IX Congrés International de Droit Comparé, Teherán 1974*, Bruselas 1977, pp. 669–696.

[4]   Véase Allan R. Brewer-Carías, "La descentralización territorial: Autonomía territorial y regionalización política", en *Revista de Estudios de la Vida Local*, n° 218, Instituto de Estudios de Administración Local, Madrid, abril-junio de 1983, pp. 209-232.

[5]   Véase Allan R. Brewer-Carías, "Les protections constitutionnelles et légales contre les impositions confiscatories", *Rapports Généraux XIIIe Congres International*, Académie Internationale de Droit Comparé, Montreal 1990, pp. 795-824.

[6]   Véase Allan R. Brewer-Carías, *Las implicaciones constitucionales de la integración económica regional*, Cuadernos de la Cátedra Allan R. Brewer-Carías de Derecho Público, Universidad Católica del Táchira, Editorial Jurídica Venezolana, Caracas 1998.

Fui elegido formalmente miembro asociado de la Academia hace muchos años, en 1982, con motivo del décimo primer Congreso Internacional de Derecho Comparado celebrado en Caracas, que ayudé a organizar; cargo que ocupé durante casi treinta años, hasta que precisamente con motivo del Congreso de 2010 en Washington, decidí renunciar, para dar paso a otros comparatistas de América Latina para integrar la Junta Directiva.

Como lo expresé al presentar el libro con los trabajos presentados en Washington en 2012, la realización de este trabajo como Ponente general fue una buena ocasión para agradecer nuevamente a todos los miembros de la Junta Directiva de la Academia por todo su apoyo a mis actividades académicas durante el casi medio siglo que había entonces transcurrido desde que entregué por primera vez una Ponencia General en la Universidad de Upsala en 1966. En particular, expresé mi agradecimiento al profesor Roland Drago, durante muchas décadas Secretario General de la academia, quien a través de su persistente trabajo la posicionó entre las instituciones más reconocidas en mundo del derecho comparado.

Beatriz, mi esposa, me acompañó al Congreso de Uppsala en 1966, y me ha acompañado durante las seis últimas décadas en todos mis emprendimientos académicos relacionados con la Academia, y con tantas otras instituciones. Ha sido testigo permanente de las horas, días, semanas y años que requiere la vida académica; y en el caso particular de la obra publicada en este libro, fue testigo aún más cercano durante estos años de exilio en Nueva York, como consecuencia del gobierno autoritario que, desde 1999, se ha apoderado en Venezuela de todos los poderes del Estado, demoliéndo con absoluta impunidad, las instituciones democráticas y el Estado de derecho.[7]

Fue gracias a su fortaleza, apoyo, amor y comprensión que durante los difíciles meses de 2010 pude terminar este trabajo a tiempo. Por eso le dediqué el libro cuando fue publicado en inglés, en 2011, con todo mi amor.

Nueva York, febrero de 2024

---

[7]   Véase por lo que se refiere a los libros que sobre el tema he publicado en inglés: Allan R. Brewer-Carías, *Dismantling Democrary. The Chávez Authoritarian Experiment*, Cambridge University Press, Nueva York, 2010; *Authoritarian Government V. The Rule of Law. Lectures and Essays (1999-2014) on the Venezuelan Authoritarian Regime Established in Contempt of the Constitution*, Fundación de Derecho Público, Editorial Jurídica Venezolana, Caracas 2014; *The Collapse of the Rule of Law and the Struggle for Democracy in Venezuela. Lectures and Essays (2015-2020)*, Foreword: Asdrúbal Aguiar, Colección Anales, Cátedra Mezerhane sobre democracia, Estado de Derecho y Derechos Humanos, Miami Dade College, 2020; *The Fake Rule of Law and the Rise of Kakistocracy in Venezuela (Rule of Lies and Rule of Power)*, EJV International Editions, New York 2023.

HANS KELSEN, EL CONTROL DE CONSTITUCIONALIDAD Y EL LEGISLADOR NEGATIVO

A principios del siglo XX, Hans Kelsen, en su muy conocido artículo *"La garantie juridictionnelle de la constitution (La justice constitutionnelle)"*, publicado en Paris en 1928, en la *Revue du droit public et de la science politique en France et a l'étranger*, comenzó a escribir para lectores que no hablaban alemán sobre los tribunales constitucionales como "legisladores negativos".[1] Como Kelsen fue uno de los constructores más importantes del derecho público moderno del siglo XX, es ciertamente imposible escribir sobre la afirmación contraria – es decir, sobre los tribunales constitucionales como legisladores *positivos*– sin hacer referencia a sus pensamientos al respecto.[2]

En su artículo, mientras compartía su experiencia sobre el establecimiento y funcionamiento de la Corte Constitucional de Austria en 1920, concebida como una parte importante del sistema concentrado de control de constitucionalidad que se había introducido por primera vez en Europa,[3] Kelsen comenzó a explicar el papel de tales órganos constitucionales establecidos fuera de la rama del Poder Judicial, pero con poderes jurisdiccionales para anular leyes que consideraran inconstitucionales.

---

[1] Véase Hans Kelsen, "La garantie juridictionnelle de la constitution (La Justice constitutionnelle)", *Revue du droit public et de la science politique en France et a l'ètranger*, Librairie Général de Droit et de Jurisprudence, París 1928, pp. 197-257. Véase también el texto en español en Hans Kelsen, *La garantía jurisdiccional de la Constitución (La justicia constitucional)*, Universidad Nacional Autónoma de México, Ciudad de México 2001.

[2] Como de una forma u otra lo hicieron todos los Ponentes nacionales, en sus informes nacionales, que pueden verse el Allan R. Brewer-Carías, *Constitutional Court as Positive Legislator*, Cambridge University Press, 2010.

[3] Véase en general Charles Eisenmann, *La Justice Constitutionelle et la Haute Cour Constitutionnelle d'Autriche* (reimpresión de la edición de 1928, con prefacio de H. Kelsen), Economica, París 1986; Konrad Lachmayer, *Ponencia nacional de Austria*, p. 1.

El sistema austriaco, que se estableció el mismo año que el de Checoslovaquia,[4] según las propias ideas de Kelsen,[5] contrastaba marcadamente con el sistema difuso de control de constitucionalidad que ya para aquel entonces estaba establecido y desarrollado en los Estados Unidos de América donde, durante más de un siglo, los tribunales y la Suprema Corte ya habían desarrollado un papel muy activo como jueces constitucionales.[6]

Es cierto que la distinción clásica de los sistemas de control de constitucionalidad en el mundo contemporáneo, entre sistemas concentrados y sistemas difusos de control de constitucionalidad,[7] se ha desarrollado y ha cambiado, y es difícil de aplicar en muchos casos de manera clara y tajante.[8] Igualmente, en casi todos los países democráticos se ha producido progresivamente una convergencia de principios y soluciones en materia de control de constitucionalidad,[9] hasta el punto de que hoy en día es posible decir que no existen medios o soluciones que se apliquen exclusivamente en uno u otro sistema.[10]

---

[4] Véase Zdenek Kühn, *Ponencia nacional Checa*, p. 1.

[5] Kelsen llamó a la justicia constitucional su "trabajo más personal". Véase Theo Öhlinger, "Hans Kelsen y el derecho constitucional federal austriaco: Una retrospectiva crítica", *Revista Iberoamericana de Derecho Procesal Constitucional*, nº 5, Instituto Iberoamericano de Derecho Procesal Constitucional, Editorial Porrúa, Ciudad de México 2006, p. 219.

[6] A los efectos de este informe general, la expresión "tribunales constitucionales" se refiere en general a los tribunales o cortes constitucionales –constituidos específicamente en muchos países como jurisdicciones constitucionales, con facultades para anular con efectos *erga omnes* leyes inconstitucionales–, así como a las cortes o tribunales supremos. actuando también como jurisdicciones constitucionales, o cualquier juzgado o tribunal cuando actúe como jueces constitucionales.

[7] Véase en general Mauro Cappelletti, *Judicial Review in Contemporary World*, Bobbs-Merrill, Indianápolis 1971, p. 45; Mauro Cappelletti y JC Adams, "Judicial Review of Legislation: European Antecedents and Adaptations", *Harvard Law Review* 79, nº 6, abril de 1966, p. 1207; Mauro Cappelletti, "El control judicial de la constitucionalidad de las leyes en el derecho comparado", *Revista de la Facultad de Derecho de México* 61, 1966, p. 28; Allan R. Brewer-Carías, *Judicial Review in Comparative Law*, Cambridge University Press, Cambridge 1989; Allan R. Brewer-Carías, *Estudios de derecho público comparado*, Bruylant, Bruselas 2000, p. 653 ss.

[8] Véase, por ejemplo, Lucio Pegoraro, "Clasificaciones y modelos de justicia constitucional en la dinámica de los ordenamientos", *Revista Iberoamericana de Derecho Procesal Constitucional*, nº 2, Instituto Iberoamericano de Derecho Procesal Constitucional, Editorial Porrúa, Ciudad de México 2004, p. 131 ss; Alfonse Celotto, "La justicia constitucional en el mundo: Formas y modalidades", *Revista Iberoamericana de Derecho Procesal Constitucional*, nº 1, Instituto Iberoamericano de Derecho Procesal Constitucional, Editorial Porrúa, Ciudad de México 2004, p. 3 ss.

[9] Véase, por ejemplo, Francisco Fernández Segado, *La justicia constitucional ante el siglo XXI. La progresiva convergencia de los sistemas americano y europeo-kelseniano*, Librería Bonomo Editrice, Bolonia 2003, p. 40 ss.

[10] Sobre el esfuerzo por establecer una nueva base para nuevas distinciones, véase Louis Favoreu, *Les cours constitutionnelles*, Presses Universitaires de France, 1986; Michel Fromont,

Todo lo cual sin embargo, en mi opinión, no priva a la distinción básica de su sentido básico.

En efecto, y a pesar de las críticas a la distinción concentrado-difuso,[11] la distinción sigue siendo muy útil, particularmente para el análisis de derecho comparado, y no es posible considerarla obsoleta.[12] La base de la distinción, que siempre puede considerarse válida, se establece entre, por una parte, sistemas constitucionales en los cuales todos los tribunales son jueces constitucionales y tienen la facultad de revisar la constitucionalidad de la legislación en sentencias sobre casos y controversias particulares, sin que tal facultad esté necesariamente establecida expresamente en la Constitución; y por la otra, los sistemas constitucionales en los que se establece una competencia constitucional asignando su ejercicio a una Corte, Tribunal O Consejo constitucional o al Tribunal o Corte suprema o superior del país, según el único tribunal con poder jurisdiccional para anular leyes contrarias a la Constitución, debiendo dichos poderes de los tribunales, en estos casos estar expresamente previstos en la Constitución.

Este es el fundamento básico de la distinción que aún existe en el derecho comparado, incluso en países donde ambos sistemas funcio-

---

La justicia constitucional en el mundo, Dalloz, París 1996; D. Rousseau, *La Justice Constitutionnelle en Europe*, Montchrestien, París 1998.

[11] Véase Francisco Fernández Segado, "La obsolecencia de la bipolaridad 'modelo americano-modelo europeo-kelseniano' como criterio analítico del control de constitucionalidad y la búsqueda de una nueva tipología explicativa", en *La justicia constitucional: Una visión de derecho comparada*, Ed. Dykinson, Madrid 2009, vol. 1, p. 129-220; Guillaume Tusseau, *Contre les "modèles" de Justice Constitutionnelle: Essai de critique métodologique*, Bononia University Press, Universitá di Bolonia, Bolonia 2009 (edición bilingüe francés-italiano); Guillaume Tusseau, "Consideración de la crítica de las herramientas metodológicas del comparatismo. L'example des modèles de Justice Constitutionnelle", *IUSTEL: Revista General de Derecho Público Comparado*, n° 4, Madrid, enero de 2009, p. 1–34.

[12] De hecho, lo que puede considerarse obsoleto es la distinción que se deriva de una denominación errónea que se ha dado a ambos sistemas, particularmente por muchos en Europa, contrastando los llamados sistemas americano y europeo. Esto ignora que el "sistema europeo", que no puede reducirse a la existencia de un Tribunal Constitucional especializado, estuvo presente en América Latina unas décadas antes de su introducción en la Constitución checoslovaca y que el "sistema americano" no es en absoluto endémico a países con sistemas de derecho consuetudinario, habiéndose extendido desde el siglo XIX a países con tradiciones de derecho romano. Véase Allan R. Brewer-Carías, *Judicial Review in Comparative Law*, Cambridge University Press, Cambridge 1989; Vicki C. Jackson y Mark Tushent, *Comparative Constitutional Law*, 2ª ed., Foundation Press/Thomson West, Nueva York 2006, p. 465 ss., 485 ss.. Además, como ha señalado Francisco Rubio Llorente, es imposible hablar de un sistema europeo, cuando dentro de Europa hay más diferencias entre los sistemas de control judicial existentes que entre cualquiera de ellos y el sistema americano. Véase Francisco Rubio Llorente, "Tendencias actuales de la jurisdicción constitucional en Europa", en *Manuel Fraga: Homenaje académico*, Fundación Cánovas del Castillo, Madrid 1997, vol. 2, p. 1416.

nan en paralelo, como ocurre en muchos países latinoamericanos.[13] Es en este sentido que este libro nos referimos al sistema concentrado y al sistema difuso de control de constitucionalidad.[14]

En este sentido, el sistema concentrado de control de constitucionalidad, luego de haber sido adoptado desde el siglo XIX en muchos países latinoamericanos, fue introducido en Europa, siguiendo las ideas de Kelsen, quedando plasmado en las Constituciones de Checoslovaquia y de Austria de 1920, basadas en el principio de supremacía constitucional y su garantía principal, es decir, la nulidad y la anulabilidad de las leyes y demás actos del Estado de rango similar, cuando sean contrarios a la Constitución. Dada la reticencia general que existía aun respecto del Poder Judicial y el principio predominante de la soberanía del Parlamento, el sistema se materializó mediante la creación de un tribunal constitucional especial establecido fuera del Poder Judicial con el poder, no sólo de declarar la inconstitucionalidad de leyes que violen la Constitución sino también anularlas con efectos *erga omnes*, es decir, expulsarlas del orden jurídico.

Los argumentos iniciales de Kelsen se desarrollaron para enfrentar los problemas que tales poderes de control de constitucionalidad, en manos de un nuevo órgano constitucional distinto del Legislador, podrían originar en Europa respecto del principio de separación de poderes y, en particular, su incidencia en las funciones legislativas.

Pero lo cierto es que el sistema, para entonces y sin necesidad de crear un tribunal constitucional separado, ya existía con tendencias sustantivas similares en algunos países latinoamericanos como Colombia y Venezuela, donde las facultades de anulación de leyes inconstitucionales se habían otorgado desde 1858 a las respectivas Cortes Supremas de Justicia.[15]

Por otro lado, en el momento en cual se formuló el sistema concentrado de control de constitucionalidad en Europa, contrastaba

---

[13] Como es, por ejemplo, el caso de Brasil, C olombia, República Dominicana, Ecuador, Guatemala, México, Nicaragua, Perú y Venezuela, además de Portugal y, en cierto modo, Grecia y Canadá. Véase Allan R. Brewer-Carías, "La jurisdicción constitucional en América Latina", en Domingo García Belaúnde y Francisco Fernández Segado (coords.), *La jurisdicción constitucional en Iberoamérica*, Dykinson SL (Madrid), Editorial Jurídica Venezolana (Caracas), Ediciones Jurídicas (Lima), Editorial Jurídica E. Esteva (Uruguay), Madrid 1997, p. 117–161.

[14] Véase Allan R. Brewer-Carías, *Protección constitucional de los derechos humanos en América Latina: un estudio comparativo del procedimiento de amparo*, Cambridge University Press, Nueva York 2009, p. 81 ss..

[15] Sobre los orígenes de los sistemas colombiano y venezolano, ver Allan R. Brewer-Carías, *El sistema mixto o integral de control de la constitucionalidad en Colombia y Venezuela*, Universidad Externado de Colombia, Pontificia Universidad Javeriana, Bogotá 1995. Véase Sandra Morelli, *Ponencia nacional de Colombia II*, p. 2.

marcadamente con el sistema difuso o descentralizado de control de constitucionalidad que se había desarrollado en los Estados Unidos desde el caso *Marbury contra Madison* decidido por la Corte Suprema de 1808, 1 Cranch 137 (1803), que a partir del siglo XIX también se extendió a muchos países latinoamericanos, incluidos Argentina, Brasil, Colombia y Venezuela,[16] y fue adoptado en algunos países europeos, incluidos Noruega,[17] Dinamarca, Suecia y Grecia.[18]

En resumen, cuando Kelsen formuló sus argumentos en apoyo del sistema concentrado de control de constitucionalidad en Europa, el mismo sistema ya existía desde hacía más de seis décadas en América Latina, y el sistema difuso existía desde hacía casi un siglo en América del Norte y más tarde, también, en América Latina y en algunos países europeos.

Pero el hecho es que fue a través de las propuestas y escritos de Kelsen que el control de constitucionalidad se desarrolló en Europa, contribuyendo finalmente a poner fin al principio de soberanía parlamentaria. El propio Kelsen no sólo redactó la propuesta para incorporar el nuevo Tribunal Constitucional en la Constitución austriaca de 1920 sino que también fue un miembro distinguido de ese tribunal durante muchos años, donde actuó como su juez ponente. Luego, fue factor clave en la implementación del sistema concentrado de control de constitucionalidad que durante las décadas siguientes, y particularmente después de la Segunda Guerra Mundial, se desarrolló en toda Europa. Incluso en Francia, con su tradicional e inicial sistema concentrado a priori de control de constitucionalidad, el resultado de la jurisprudencia del Consejo Constitucional ha sido considerado como el "fin simbólico de la soberanía de la ley", dada la actual consideración de la ley como "la expresión de la voluntad general *dentro del respeto de la Constitución.*"[19]

Las ideas básicas de Kelsen sobre el tema, como ya se mencionó, dirigidas a lectores que no hablaban alemán, fueron expresadas en su artículo de 1928 "La garantía jurisdiccional de la Constitución (Justicia Constitucional)",[20] en el cual se refirió el problema general de la

---

16 Véase Allan R. Brewer-Carías, "La jurisdicción constitucional en América Latina", en Domingo García Belaúnde-Francisco Fernández Segado (coords.), *La jurisdicción constitucional en Iberoamérica*, Dykinson SL (Madrid), Editorial Jurídica Venezolana (Caracas), Ediciones Jurídicas (Lima), Editorial Jurídica E. Esteva (Uruguay), Madrid 1997, p. 117–161.

17 Véase Eivind Amith, *Ponencia nacional de Noruega,* p. 1.

18 Véase Julia Iliopoulos-Strangas y Stylianos-Ioannis G. Koutnatzis, *Greek National Report,* p. 2-3.

19 Véase Bertrand Mathieu, *Ponencia nacional Francia,* p. 5.

20 Véase Hans Kelsen, "La garantie juridictionnelle de la constitution (La Justice constitutionnelle)", *Revue du droit public et de la science politique en France et a l'ètranger*, Librairie Général de Droit et de Jurisprudence, París 1928, p. 257. Véase también Hans Kelsen,

legitimidad del sistema concentrado de control de constitucionalidad. En particular, analizó la compatibilidad del sistema con el principio de separación de poderes, basándose en el hecho de que un órgano del Estado distinto del Legislador podría anular leyes sin que la decisión de hacerlo pudiera ser considerada como una invasión del dominio del Legislador.

Al respecto, luego de sostener que "anular una ley [...] es establecer una norma general, porque la anulación de una ley tiene el mismo carácter general de su sanción", y después de considerar que anular una ley es "lo mismo que sancionarla pero con signo negativo y, en consecuencia, en sí mismo, una función legislativa"; Kelsen consideró que el tribunal que tiene la facultad de anular leyes es, en consecuencia, "un órgano del Poder Legislativo".[21]

Sin embargo, Kelsen finalizó afirmando que, si bien la "actividad de la jurisdicción constitucional" es una "actividad del Legislador Negativo", esto no significa que el tribunal constitucional ejerza una "función legislativa", porque ésta se caracterizaría por la "libre creación" de normas.

La libre creación de normas, sin embargo, no existe en el caso de la nulidad de leyes, que es una "función jurisdiccional" que sólo puede ser "cumplida esencialmente en aplicación de las normas de la Constitución", es decir, "absolutamente determinada" en la Constitución".[22]

Su conclusión fue que la jurisdicción constitucional cumple una "misión puramente jurídica, la de interpretar la Constitución", siendo la facultad de anular leyes inconstitucionales la principal garantía de la supremacía de la Constitución.[23]

Como sostuve hace unos años, en realidad, los tribunales constitucionales no "derogan" una ley al anularla, y la anulación que pueden pronunciar no se basa en facultades discrecionales sino en criterios constitucionales y legales, en la aplicación de una norma superior,

---

"Judicial Review of Legislation: A Comparative Study of the Austrian and the American Constitutions", *Journal of Politics* 4, nº 2, Southern Political Science Association, mayo de 1942, p. 183-200; "El control de la constitucionalidad de las leyes: Estudio comparado de las Constituciones Austríacas y Norteamericana", *Revista Iberoamericana de Derecho Procesal Constitucional*, No 12, Editorial Porrúa, México 2009, pp. 3-17; "Le control de constitucionalité des lois. Une étude comparative des Constitutions autrichienne et américaine", *Revue française de droit constitutionnel*, nº 1, Presses Universitaires de France, París 1999, p. 17 – 30.

[21]   Véase Hans Kelsen, *La garantía jurisdiccional de la Constitución (La justicia constitucional)*, Universidad Nacional Autónoma de México, Ciudad de México 2001, p. 54.

[22]   *Id.*, p. 56–57. Véase Allan R. Brewer-Carías, Études de droit public comparé, Bruylant, Bruselas 2003, p. 682.

[23]   Véase Hans Kelsen, *La garantía jurisdiccional de la Constitución (La justicia constitucional)*, Universidad Nacional Autónoma de México, Ciudad de México 2001, p. 57.

plasmado en la Constitución. Por tanto, en ningún caso dichos tribunales ejercen una función legislativa. La función de un tribunal constitucional, como sostuvo Kelsen es, por tanto, jurisdiccional; similar a la que está asignada a un tribunal ordinario pero caracterizada como una garantía de la Constitución. Y, si es cierto que los jueces constitucionales en muchos casos deciden cuestiones políticas al considerar la constitucionalidad de los actos legislativos, lo hacen con métodos y criterios jurídicos, en un proceso iniciado por una parte con la legitimación requerida.[24] Sólo excepcionalmente los tribunales constitucionales s están autorizados a iniciar procedimientos constitucionales *de oficio*.

Finalmente, Kelsen, en el mismo artículo, resumió el "resultado" del control de constitucionalidad en el sistema concentrado, destacando que, para garantizar la Constitución, es indispensable que la ley inconstitucional sea anulada por una sentencia del tribunal constitucional, que tiene como cuestión de principio y en interés de la seguridad jurídica, efectos *ex nunc, pro futuro* (es decir, efectos no retroactivos); regla que sin embargo podría ser mitigada. Kelsen también consideró que la anulación de una ley no producía la revivencia de las antiguas leyes que habían sido derogadas por la ley anulada, decisión que, sin embargo, consideró podía ser asignada al tribunal constitucional, evidenciando en tal caso el "carácter legislativo" de su función.[25]

El propósito de este libro es precisamente analizar en punto de vista del derecho comparado todas aquellas situaciones en las cuales los tribunales constitucionales interfieren no sólo con el Legislador y sus funciones legislativas, sino también con el "legislador constitucional", es decir, con el Poder Constituyente,[26] al asumir, de una u otra forma, el papel de los legisladores positivos. Para ello, he dividido esta Ponencia general en cinco capítulos.

El primero, analiza los aspectos generales del control jurisdiccional de constitucionalidad de la legislación ejercido por los Tribu-

---

[24]   Véase Allan R. Brewer-Carías, Études de droit public comparé, Bruylant, Bruselas 2003, p. 685. Véase también A. Pérez Gordro, *El Tribunal Constitucional y sus funciones*, Barcelona 1982, p. 41. Véase el comentario de Laurence Claus y Richard S. Kay, *US National Report*, p. 4, 6.

[25]   Véase Hans Kelsen, *La garantía jurisdiccional de la Constitución (La justicia constitucional)*, Universidad Nacional Autónoma de México, Ciudad de México 2001, p. 82–86.

[26]   Usaré la expresión "Poder Constituyente" para referirme a la voluntad del pueblo (poder constituyente original) al aprobar una Constitución (por ejemplo mediante un referéndum), o a una Asamblea Constituyente al sancionar una Constitución, o a cualquier órgano. del estado con poder constitucional para revisar o cambiar la Constitución. Véase en general, Pedro de Vega, *La Reforma Constitucional y la Problemática del Poder Constituyente*, Ed. Tecnos, Madrid 2000; Allan R. Brewer-Carías, *Poder Constituyente Originario y Asamblea Nacional Constituyente*, Editorial Jurídica Venezolana, Caracas 1998.

nales constitucionales, así como la relación de los tribunales con el Legislador.

El segundo capítulo examina casos en los que los Tribunales constitucionales interfieren con el Poder Constituyente, adoptando normas constitucionales e incluso mutando[27] la Constitución.

El tercer capítulo explora el rol de los Tribunales constitucionales que interfieren con el Legislador respecto de la legislación existente, asisten al Legislador, complementan las leyes y les añaden disposiciones mediante la interpretación constitucional, y determinan los efectos temporales de la legislación.

El cuarto capítulo analiza el papel de los Tribunales constitucionales que interfieren con el Legislador respecto de omisiones legislativas absolutas y relativas y, en algunos casos, actúan como legisladores provisionales.

Y el quinto capítulo analiza el papel de los Tribunales constitucionales como Legisladores precisamente en cuestiones de control de constitucionalidad.

---

[27] La expresión "mutación constitucional" se utiliza para referirse a los cambios que se realizan en el contenido de una disposición constitucional cuando sin "reformar" formalmente su texto, mediante una interpretación judicial resulta con un significado diferente. Véase Salvador O. Nava Gomar, "Interpretación, mutación y reforma de la Constitución. Tres extractos", en Eduardo Ferrer Mac-Gregor (coord.), *Interpretación Constitucional,* vol. II, Editorial Porrúa, Universidad Nacional Autónoma de México, México 2005, p. 804 ss. Véase también en general sobre el tema, Konrad Hesse, "Límites a la mutación constitucional", en *Escritos de derecho constitucional,* Centro de Estudios Constitucionales, Madrid 1992, pp. 79 - 104; y Rogelia Calzada Conde, "Poder Constituyente y mutación constitucional: especial referencia a la interpretación judicial", en *Jornadas de Estudio sobre el Título Preliminar de la Constitución,* Ministerio de Justicia/Secretaría General Técnica/Centro de Publicaciones, Madrid 1988, vol. 11., p. 1.097 - 1.111.

CAPÍTULO **1**

CONTROL DE CONSTITUCIONALIDAD DE LA LEGISLACIÓN Y EL LEGISLADOR

I. LOS SISTEMAS DE CONTROL DE CONSTITUCIONALIDAD Y EL PAPEL DE LOS TRIBUNALES CONSTITUCIONALES

El resultado de las propuestas de Kelsen y sus aplicaciones en Europa fue el desarrollo del sistema concentrado de control de constitucionalidad, que atribuyó a órganos constitucionales especialmente creados (Tribunales, Cortes o Consejos constitucionales) generalmente concebidos fuera del Poder Judicial la facultad de anular, con efectos *erga omnes*, leyes inconstitucionales. Este fue el patrón inicial seguido después de la Segunda Guerra Mundial en Alemania, Italia, Francia, España y Portugal.

El sistema se desarrolló como resultado de un compromiso entre la necesidad de un sistema de control de constitucionalidad derivado de la noción de supremacía constitucional, y la idea tradicional europea de la separación de poderes, que había negado a los tribunales cualquier poder para invalidar leyes.

Pero sin perjuicio de la importancia de las contribuciones de Kelsen en esta materia, es inadecuado identificar el sistema concentrado de control de constitucionalidad en su conjunto, con el llamado "modelo europeo", porque también ha habido sistemas concentrados de control de constitucionalidad en los que la jurisdicción exclusiva y original para anular leyes, sin la creación de una Corte o Tribunal especial, se ha atribuido a las Cortes Supremas de Justicia, ubicadas en la cúspide del Poder Judicial, como ha sido el caso, desde el siglo XIX, en muchos países latinoamericanos.[1] Además, en muchos países

---

[1] El "modelo europeo" se refiere al sistema concentrado de control de constitucionalidad cuando la competencia constitucional se asigna a un tribunal constitucional especial. Otros países sin tribunales constitucionales especiales también siguen el sistema concentrado de control de constitucionalidad asignando la jurisdicción constitucional a los tribunales supremos existentes. En este sentido, el sistema concentrado de control de constitucionalidad ha sido adoptado en Brasil, Bolivia, Colombia, Costa Rica, Chile, Ecuador, El Salvador,

25

latinoamericanos, el sistema de control de constitucionalidad se ha desarrollado como un sistema mixto, combinando los métodos difusos y concentrados que funcionan en paralelo,[2] como también es el caso en Portugal, [3]Grecia [4]y Canadá.[5]

Además, debe recordarse que antes de que las ideas de Kelsen se arraigaran en Europa, también desde el siglo XIX, el otro sistema principal de control judicial de constitucionalidad, el difuso o descentralizado, se desarrolló en Estados Unidos como consecuencia del mismo principio de la supremacía de la Constitución. Según este sistema difuso, todos los jueces y tribunales están facultados para actuar como jueces constitucionales, en el sentido de que al aplicar la ley, se les permite decidir la constitucionalidad de la misma. Para ello están facultados para decidir no aplicar una norma que consideren inconstitucional al decidir sobre un determinado caso o controversia judicial, dando aplicación prevalente a la Constitución. En este sistema, los tribunales están facultados, no para anular formalmente leyes con efectos *erga omnes,* sino sólo para declarar su inconstitucionalidad con efectos *inter partes* .

Aunque el sistema se implementó por primera vez en los Estados Unidos y fue seguido en muchos países del *common law,* no puede considerarse como un sistema peculiar del sistema de common law y, por lo tanto, que pudiera ser incompatible con la tradición del derecho civil o romano.[6] Como ya se mencionó, este sistema ha existido y se ha desarrollado desde el siglo XIX en paralelo con el sistema concentrado

---

Guatemala, Honduras, México, Nicaragua, Panamá, Paraguay, Perú, República Dominicana, Uruguay y Venezuela. Pero sólo en Bolivia, Colombia, Chile, Guatemala, Perú y Ecuador la competencia constitucional está asignada a cortes o tribunales constitucionales especiales. En los demás países, lo ejercen los tribunales supremos existentes. Sólo en Bolivia, Costa Rica, Chile, Ecuador, El Salvador, Honduras, Panamá, Paraguay y Uruguay el sistema permanece exclusivamente concentrado. En los demás países se ha mezclado con el sistema difuso, funcionando en paralelo. Véase Allan R. Brewer-Carías, *Judicial Review in Comparative Law*, Cambridge University Press, Cambridge 1989; y Allan R. Brewer-Carías, *Protección constitucional de los derechos humanos en América Latina: un estudio comparativo del procedimiento de amparo*, Cambridge University Press, Nueva York 2009.

[2] Como en Brasil, Colombia, República Dominicana, Guatemala, México, Nicaragua, Perú y Venezuela . Ver *Id.*

[3] Véase Allan R. Brewer-Carías, *Judicial Review in Comparative Law*, Cambridge University Press, Cambridge 1989; Joaquim de Sousa Ribeiro y Esperança Mealha, *Ponencia nacional Portugal,* p. 1.

[4] Véase Julia Iliopoulos-Strangas y Stylianos-Ioannis G. Koutnatzis, *Greek National Report*, p. 6-7.

[5] Véase Kent Roach, *Ponencia nacional canadiense,* p. 1.

[6] Véase Allan R. Brewer-Carías, *Judicial Review in Comparative Law*, Cambridge University Press, Cambridge 1989; Vicki C. Jackson y Mark Tushent, *Comparative Constitutional Law,* 2ª ed., Foundation Press y Thomson West 2006, p. 465 ss., 485 ss..

de control de constitucionalidad en muchos países latinoamericanos,[7] todos ellos parte de la familia de sistemas jurídicos del derecho romano; y también en algunos países europeos.

En todo caso, un aspecto importante a tener en cuenta es que en los sistemas difusos de control de constitucionalidad, cuando la decisión final de un caso llega al Tribunal supremo, según el principio de *stare decisis*, los efectos prácticos de la no aplicación de una ley declarada inconstitucional son similares a los efectos de su anulación, en el sentido de que incluso si la ley continúa apareciendo las Compilaciones en la práctica se considera nula y sin valor.

Además, incluso en países con un sistema difuso de control de constitucionalidad que no se ha desarrollado la doctrina *stare decisis*, los efectos de las sentencias de la Corte Suprema en materia de control de constitucionalidad son similares, debido a la autoridad que la comunidad jurídica y judicial otorgan a las sentencias de la máxima autoridad judicial.

Este es el caso de los Países Bajos,[8] y también el de Argentina, donde la Corte Suprema, desde sus primeras sentencias, ha ido imponiendo progresivamente la doctrina del *stare decisis*.[9] Se ha considerado como una doctrina[10] *stare decisis de facto* respecto de la interpretación de la Constitución y de las leyes federales, cuyo objetivo es proporcionar a los litigantes cierto grado de certeza sobre cómo debe interpretarse la ley, requisito que el tribunal encuentra incluido en la cláusula del debido proceso de la Constitución. En el caso *García Aguilera* decidido en 1870, por la Corte Suprema de Argentina, la misma sostuvo, en una declaración reiterada desde entonces, que "los tribunales inferiores están obligados a ajustar sus procedimientos y sentencias a los de la

---

[7] El sistema difuso de control de constitucionalidad ha sido adoptado en Argentina, Brasil, Colombia, Guatemala, México, Nicaragua, Perú, República Dominicana y Venezuela. Sólo en Argentina permanece exclusivamente difuso. En los demás países, el sistema difuso se combina con el concentrado. Véase Allan R. Brewer-Carías, *Judicial Review in Comparative Law*, Cambridge University Press, Cambridge 1989; y *Protección constitucional de los derechos humanos en América Latina: un estudio comparativo del procedimiento de amparo*, Cambridge University Press, Nueva York 2009.

[8] Véase J. Uzman, T. Barkhuysen y ML van Emmerik, *Ponencia Nacional Países Bajos*, p. 18.

[9] Néstor P. Sagües ha llamado a esto "*mirada decisis argentina*". Véase Néstor P. Sagües, "Los efectos de las sentencias constitucionales en el derecho argentino", en *Anuario Iberoamericano de Justicia Constitucional*, Centro de Estudios Políticos y Constitucionales, n° 12, 2008, Madrid 2008, p. 345–347; *Ponencia nacional Argentina II*, p. 3.

[10] Véase Alejandra Rodríguez Galán y Alfredo Mauricio Vítolo, *Ponencia nacional Argentina I*, p. 3.

Corte Suprema en casos similares",[11] de los cuales sólo pueden apartarse si dan "motivos válidos".[12]

En todos los sistemas de control de constitucionalidad –ya sean concentrados o difusos, híbridos o mixtos– lo que está claro es que el papel principal de los Tribunales constitucionales es interpretar y aplicar la Constitución para controlar la constitucionalidad de las leyes y así preservar la supremacía de la Constitución.

En consecuencia, los Tribunales constitucionales siempre están subordinados a una Constitución, no teniendo en principio facultad alguna para modificarla o mutarla o para usurpar competencias asignadas a otros órganos del Estado. Su función esencial es garantizar la supremacía e integridad de la Constitución declarando inconstitucionales o anulando actos del Estado que la violen, estando obligados a obedecer la Constitución en el ejercicio de las facultades que expresamente les atribuye la misma. Por lo tanto, los tribunales constitucionales no pueden asumir poderes constituyentes (por ejemplo, emitir sentencias que modifiquen o muten ilegítimamente la Constitución) o usurpar poderes atribuidos a otros poderes u órganos constituidos del Estado, como el Ejecutivo o el Legislativo. Lo contrario debe considerarse como un caso de patología de la Justicia constitucional.

En relación con otros principios claves, en términos generales, sobre el ejercicio de sus funciones, los Tribunales constitucionales las deben cumplir en el curso de procesos judiciales normalmente iniciados por un interesado con debida legitimación n relación a determinados casos o controversias. En el sistema difuso el solicitante debe ser parte en el juicio o proceso concreto, y en el sistema concentrado el demandante debe ser una persona con interés específico para interponer acciones directas sobre inconstitucionalidad de leyes ante los Tribunales constitucionales.[13] Como lo menciona Zdenek Kühn, en referencia a la Corte Constitucional de la República Checa, "a diferencia de su efímero predecesor federal (el Tribunal Constitucional de Checoslovaquia), el Tribunal Constitucional checo no tiene el poder de emitir una interpretación generalmente vinculante de la Constitución que no tenga conexión con una petición de control de constitucionalidad o con una denuncia constitucional".[14]

---

[11]   Fallos 9:53 (1870), en Alejandra Rodríguez Galán y Alfredo Mauricio Vítolo, *Ponencia nacional Argentina I*, p. 4 (nota al pie 11).

[12]   Véase Néstor P. Sagües, *Ponencia nacional Argentina II*, p. 3.

[13]   Véase en general Richard S. Kay (ed.), *Standing to Raise Constitutional Issues: Comparative Perspectives, XVI Congreso de la Academia Internacional de Derecho Comparado, Académie Internationale de Droit Comparé, Brisbane 2002*, Bruylant, Bruselas 2005.

[14]   Véase Zdenek Kühn, *Ponencia nacional Checa*, p. 2.

Así, incluso en los casos de Tribunales constitucionales con poderes constitucionales expresos para interpretar la Constitución de manera abstracta, es decir, sin ninguna referencia a una acción, omisión o decisión particular de un organismo estatal, siempre debe existir una disputa fáctica, por ejemplo, entre dos órganos constitucionales en materia de interpretación de la Constitución. Este es, por ejemplo, el caso de Eslovaquia, donde el artículo 128 de la Constitución establece expresamente que "la Corte Constitucional dará una interpretación de la Constitución o del derecho constitucional si la cuestión es discutible". La misma Corte Constitucional de Eslovaquia ha declarado que la misma "no decide si los órganos estatales violaron la Constitución mediante una interpretación incorrecta" ni decide sobre la constitucionalidad "de la acción, omisión o decisión del órgano estatal, que dio lugar al inicio del conflicto. El tribunal sólo proporciona la interpretación de la parte cuestionada de una ley constitucional".[15]

En Eslovaquia, sólo algunos funcionarios públicos u órganos estatales pueden presentar peticiones de interpretación abstracta de la Constitución[16] y, como se ha mencionado, cuando se produce un conflicto entre dos órganos estatales enfrentados con opiniones diferentes sobre la interpretación de una disposición constitucional.[17] Como consecuencia del ejercicio de esta competencia, las sentencias de la Corte Constitucional de Eslovaquia complementan directamente el texto normativo de la Constitución, y su redacción tiene idéntico valor jurídico y efecto vinculante que el texto de la propia Constitución.[18] Este poder de control de constitucionalidad se ha utilizado especialmente desde 1993, después del establecimiento de la República Eslovaca, y ha tenido una importante influencia en la configuración del orden constitucional del nuevo Estado, por ejemplo, en cuestiones relacionadas con el cargo y la autoridad del Presidente de la República Eslovaca.

---

[15]   El Tribunal también ha dicho: "De ello se deduce que las sentencias sobre interpretación del Tribunal Constitucional de la República Eslovaca no tienen ni pueden tener ningún efecto jurídico en relación con acciones, omisiones o sentencias de órganos estatales que llevaron al origen del conflicto. igualmente en los casos de procedimiento según el art. 125a y art. 152 de la Constitución." Ver Sentencia n° II. ÙS 69/99. Ver Ján Svák y Lucía Berdisová, *Ponencia nacional Eslovaquia*, p. 3 (nota al pie 2).

[16]   Por al menos una quinta parte de los miembros del Consejo Nacional de la República Eslovaca, el Presidente de la República Eslovaca, el Gobierno de la República Eslovaca, un tribunal, el Fiscal General o el Defensor Público de los Derechos.

[17]   "Una disputa constitucionalmente relevante sobre la interpretación de la Constitución es una disputa sobre derechos o deberes entre órganos del Estado que tienen dichos derechos y deberes prescritos en la Constitución". Ver Sentencia n° I. ÙS 30/97. Ver Ján Svák y Lucía Berdisová, *Ponencia nacional Eslovaquia*, p. 3 (nota al pie 3)

[18]   Ver Ján Svák y Lucía Berdisová, *Ponencia nacional Eslovaquia*, p. 3.

En Canadá, la Constitución también puede ser interpretada por los tribunales constitucionales de forma abstracta, sin necesidad de casos ni controversias concretas. Una característica importante del sistema canadiense de control de constitucionalidad son los poderes estatutarios del gobierno federal para remitir cuestiones legales y constitucionales abstractas a la Corte Suprema mediante un "procedimiento de referencia", incluidas aquellas que involucran la constitucionalidad de la legislación. Ha sido a través de este procedimiento de referencia que los tribunales han desarrollado los roles más importantes como legisladores positivos, mutando en algunos casos la Constitución.[19]

Una deformación de esta posibilidad de un tribunal constitucional de interpretar con efectos vinculantes una constitución de manera abstracta, es decir, sin ningún caso o disputa en particular involucrado, a solicitud del gobierno o de cualquier particular, ha sido desarrollado por la Sala Constitucional del Tribunal Supremo de Venezuela, sin ningún sustento constitucional o legal. La Sala, en efecto, "creó" un "recurso de interpretación abstracta de la Constitución", cuyo uso indiscriminado ha tenido consecuencias catastróficas para la democracia, dando paso a un camino institucional contrario a la democracia y al Estado de derecho.[20] El resultado ha sido el refuerzo de un gobierno autoritario que se ha desarrollado durante la última década ain perjuicio de su origen electoral inicial (1998).[21] Esta deformación de los poderes de control de constitucionalidad es también un caso de patología de la Justicia Constitucional.

En otros casos, como excepción a la regla de legitimación activa, en algunos supuestos los tribunales constitucionales pueden dictar sentencias también para la interpretación abstracta de la Constitución actuando *motu proprio*, es decir, sin la solicitud de ninguna parte específica, ya sea un individuo o un Entidad estatal. Este es el caso, por ejemplo, de las Cortes Constitucionales de Croacia y Serbia. En Croacia, el Tribunal Constitucional ha evitado cautelosamente utilizar esta facultad, mostrando un considerable grado de deferencia, excepto en

---

[19] Véase Kent Roach, *Ponencia nacional Canadiense*, p. 1, 9.

[20] Véase en general Allan R. Brewer-Carías, "Le recours d'interprétation abstrait de la Constitution au Vénézuéla", en *Renouveau du droit constitutionnel. Mélanges en l'honneur de Louis Favoreu*, París 2007, p. 61–70; Brewer-Carías, *Crónica de la " in"justicia constitucional: La Sala Constitucional y el autoritarismo en Venezuela*, Editorial Jurídica Venezolana, Caracas 2007.

[21] Véase en general Allan R. Brewer-Carías, *Dismantling Democracy. El experimento autoritario de Chávez*, Cambridge University Press, Nueva York 2010; Brewer-Carías, "El juez constitucional al servicio del autoritarismo y la ilegítima mutación de la Constitución: el caso de la Sala Constitucional del Tribunal Supremo de Justicia de Venezuela (1999 - 2009)", en *Revista de Administración Pública*, n° 180, Centro de Estudios Constitucionales, Madrid 2009, p. 383 - 418.

los casos en que un acto obviamente inconstitucional ha regulado de manera inconstitucional a la propia Corte Constitucional.[22]

En el caso de Serbia, en contraste, la Corte Constitucional a menudo ha iniciado procedimientos *de oficio* para evaluar la constitucionalidad de las leyes, lo que en la práctica desdibuja la diferencia con las demandas de control de constitucionalidad presentadas por autoridades (iniciativas) que tienen la legitimidad necesaria. Además, cuando la Corte declina iniciar un procedimiento por iniciativa, suele pronunciarse sobre la constitucionalidad del acto impugnado. Sólo cuando rechaza una iniciativa por motivos formales la Corte no valora la constitucionalidad del acto en el razonamiento de la decisión. Sin embargo, la Corte puede, en todo caso, iniciar el procedimiento de forma independiente, incluso cuando la iniciativa se haya presentado con inexactitudes formales.[23]

En otros casos, como en Venezuela, la Sala Constitucional del Tribunal Supremo también ha asumido facultades de control de constitucionalidad *de oficio* pero en este caso sin ninguna autorización constitucional o legal, en lo que también puede considerarse un caso de patología de la Justicia Constitucional.[24]

El principio general, en todo caso, es que, en términos generales, en el ejercicio del control de constitucionalidad, los tribunales constitucionales no actúan como instituciones consultivas, sin la solicitud de una determinada parte basada en un interés particular, incluso si la acción de inconstitucionalidad se concibe como una *actio popularis*, es decir, una acción popular que puede interponer cualquier ciudadano.

En Australia, por ejemplo, el Tribunal Superior sostuvo en 1921:

"El Parlamento no podría conferir a una corte competencia para emitir opiniones consultivas incluso cuando dichas opiniones se limitaban a la validez de la legislación promulgada y cuando la determinación del tribunal era "final y concluyente". En virtud de tal disposición no había ningún "asunto" en el sentido de la Constitución, porque no había ningún "derecho, deber o responsabilidad inmediatos que pudieran establecerse mediante la determinación de la Corte", la cual estaría obligada a hacer una "de-

---

22 Véase Sentencia n° UI-39/2002, Boletín Oficial *Narodne novine,* n° 10/2002; Sanja Barić y Petar Bačić, *Ponencia nacional Croacia,* p. 7.

23 Véase Boško Tripković, *Ponencia nacional de Serbia,* p. 6.

24 Véase Allan R. Brewer-Carías, "Régimen y alcance de la actuación judicial de oficio en materia de justicia constitucional en Venezuela", *Estudios Constitucionales: Revista Semestral del Centro de Estudios Constitucionales* 4, n° 2, Universidad de Talca, Santiago, Chile 2006, p. 221–250.

claración de la ley, separada de cualquier intento de administrar ese derecho."[25]

También en Hungría, en la fase inicial de las actuaciones judiciales, la Corte Constitucional declaró que no se ocupaba de responder a cuestiones constitucionales hipotéticas y, en varias sentencias, entró a considerar cuán abstracta era la cuestión planteada. Por un lado, la Corte, cuando interpreta su competencia de manera estricta, requiere una necesaria cercanía entre la exposición de los hechos y la disposición correspondiente de la Constitución, y proporciona una interpretación de la Constitución sólo para resolver un "problema constitucional particular".[26] Por otro lado, la Corte exige cierta distancia; y requiere que la cuestión no esté estrechamente relacionada con el caso y que la decisión no se convierta en un hecho,[27] porque el Tribunal no es un abogado sino el juez del Parlamento.[28]

II . CONTROL DE CONSTITUCIONALIDAD Y CONTROL DE CONVENCIONALIDAD

En los regímenes democráticos, todos los métodos de control de constitucionalidad tienen como objetivo principal garantizar la supremacía de la Constitución. En consecuencia, cuando los tribunales constitucionales ejercen control de constitucionalidad, tienen la tarea de comparar las leyes o la legislación primaria con las disposiciones de la Constitución. Es por ello que el control de constitucionalidad es, fundamentalmente, un control constitucional de la legislación o el ejercicio del control judicial sobre la constitucionalidad de la legislación.

Sin embargo, las constituciones de muchos países, al otorgar rango constitucional o supralegal a los tratados internacionales, también permiten a los tribunales, dentro de sus funciones constitucionales de control judicial, la posibilidad de ejercer lo que se puede llamar "con-

---

[25] Ver *In re Judiciary and Navigation Acts (caso Opiniones Consultivas)* (1921) 29 CLR 257; Cheryl Saunders, *Ponencia nacional australiano*, p. 4.

[26] El Tribunal se negó a hacer una declaración sobre la posibilidad de aumentar las tasas de interés de los préstamos para vivienda, porque habría significado interpretar la "disposición constitucional de alguna manera abstracta sin relación con ningún problema individual, o. . . una posibilidad de interpretación ilimitada". Véase Sentencia nº 31/1990, en Lóránt Csink, Józef Petrétei y Péter Tilk, *Ponencia nacional Hungría*, p. 7 (nota al pie 24).

[27] Ante esto, la Corte no interpretó si la petición de destitución del director de la radio pública puede considerarse violatoria de la libertad de prensa; podría haber dado, por tanto, una respuesta objetiva a la disputa entre el Primer Ministro y el Presidente de la República. Véase Sentencia nº 36/1992, en Lóránt Csink, Józef Petrétei y Péter Tilk, *Ponencia nacional Hungría*, p. 7 (nota al pie 26).

[28] Véase Sentencia nº 16/1991, en Lóránt Csink, Józef Petrétei y Péter Tilk, *Ponencia nacional Hungría*, p. 7.

trol de convencionalidad" de las leyes, en el sentido de garantizar la sujeción de la legislación primaria a los convenios internacionales, particularmente en materia de derechos humanos.[29] Este es el caso, por ejemplo, de Argentina y Venezuela, donde a los tratados internacionales sobre derechos humanos se les ha dado jerarquía constitucional, es decir, el mismo rango que las disposiciones constitucionales.[30]

En Argentina, incluso antes de la reforma constitucional de 1994 que otorgó formalmente "jerarquía constitucional" a una serie de instrumentos internacionales enumerados, particularmente en materia de derechos humanos (artículo 75.22), la Corte Suprema en el caso *Ekmekdjián v. Sofovich* (1992),[31] sobre el derecho de corrección (rectificación) y respuesta respecto de las informaciones publicadas, reconoció que los tratados internacionales tienen precedencia sobre la legislación interna. Las sentencias en este sentido se multiplicaron después de la reforma constitucional de 1994, en la que la Corte ha sostenido que el control de constitucionalidad incluye, además, comparar las leyes y normas internas con los convenios internacionales, con la facultad de declarar tales leyes como "no convencionales",[32] es decir, contrarias a un acuerdo o convención internacional.

En este sentido, por ejemplo, la Corte comparó la disposición de la Convención Americana sobre Derechos Humanos que garantiza el derecho a recurrir ante un tribunal superior como una de las reglas del debido proceso (artículo 8.2.h), con disposiciones del derecho penal argentino que, en algunos casos, establece el juicio en única instancia limitando la revisión de la sentencia ante el Tribunal de Casación Penal. En consecuencia, la Corte Suprema en el caso *Casal* (2005) sostuvo que la única manera de cuadrar el requisito establecido en la

---

29   Véase, por ejemplo, Ernesto Rey Cantor, *El control de convencionalidad de las leyes y derechos humanos,* Editorial Porrúa, Ciudad de México 2008; Juan Carlos Hitters, "C ontrol de constitucionalidad y control de convencionalidad. Comparación (Criterios fijados por la Corte Interamericana de Derechos Humanos), en *Estudios Constitucionales 7,* n° 2, Santiago de Chile 2009, p. 109-128; Fernando Silva García, "El control judicial de las leyes con base en tratados internacionales sobre derechos humanos", en *Revista Iberoamericana de Derecho Procesal Constitucional,* n° 5, Instituto Iberoamericano de Derecho Procesal Constitucional, Editorial Porrúa, Ciudad de México 2006, p. 231 ss. ; Víctor Bazán, "Corte Interamericana de derechos humanos y Cortes Supremas o Tribunales Constitucionales latinoamericanos: el control de convencionalidad y la necesidad de un diálogo interjurisdiccional crítico", en *Revista Europea de Derechos Fundamentales,* n° . 16/2, 2010, p. 15 – 44 .

30   Véase Allan R. Brewer-Carías, "La aplicación de los tratados internacionales sobre derechos humanos en el orden interno ", *Revista Instituto Interamericano de Derechos Humanos,* n° 46, San José, Costa Rica, 2007, p. 219–271.

31   Véase Fallos 315:1492 (1992). Véase Alejandra Rodríguez Galán y Alfredo Mauricio Vítolo, *Ponencia nacional Argentina I,* p. 14 (nota al pie 55). Véase Néstor Pedro Sagües, *Ponencia nacional De Argentina II,* p. 19.

32   Véase *Mazzeo,* Fallos 330 (2007). Véase Alejandra Rodríguez Galán y Alfredo Mauricio Vítolo, *Ponencia nacional Argentina I,* p. 14 (nota al pie 57).

Convención Americana con el ordenamiento jurídico penal argentino era interpretar el artículo 456 del Código Procesal Penal en el sentido de permitir un amplio control de las sentencias anteriores.[33]

En Venezuela, todos los tratados internacionales sobre derechos humanos tienen la misma jerarquía constitucional que la Constitución (artículo 23) e incluso prevalecen en su aplicación sobre la misma Constitución si dichos tratados establecen disposiciones más favorables para el ejercicio de determinados derechos. Así, la Sala Constitucional del Tribunal Supremo, durante los primeros años de vigencia de la Constitución de 1999, en muchas ocasiones anuló leyes por ser contrarias a la Convención Americana sobre Derechos Humanos, por ejemplo, en cuestiones sobre el derecho a la participación política y sobre el derecho a apelar ante un tribunal superior en todos los procesos judiciales.[34] Lamentablemente, esta disposición constitucional del artículo 23 de la Constitución, en años más recientes, ha sido ilegítimamente mutada por la misma Sala Constitucional, adoptando sentencias a solicitud del Procurador General, negando la facultad general de todo tribunal de dar preferencia a los tratados internacionales sobre los derechos humanos sobre el derecho interno, e, incluso, decidiendo en 2008 que las sentencias de la Corte Interamericana de Derechos Humanos son inejecutables en el país.[35]

En efecto, en la sentencia No. 1.939 del 18 de diciembre de 2008, la Sala Constitucional del Tribunal Supremo, al resolver un recurso de interpretación de una decisión adoptada por la Corte Interamericana de Derechos Humanos interpuesto por el Procurador General de la República, rechazó la prevalencia general de los tratados internacio-

---

[33] Fallós, 328:3399 (2005). Véase Alejandra Rodríguez Galán y Alfredo Mauricio Vítolo, *Ponencia nacional Argentina I*, p. 14 (nota al pie 59).

[34] Ver Sentencia n° 87 del 13 de marzo de 2000. " *CA Electricidad del Centro (Elecentro) v. Superintendencia para la Promoción y Protección de la Libre Competencia (Procompetencia)* ", *Revista de Derecho Público*, n° 81, Editorial Jurídica Venezolana, Caracas 2000, p. 157 ss.. Véase Carlos Ayala Corao, "Las consecuencias de la jerarquía constitucional de los tratados relativos a derechos humanos", en *Rumbos del Derecho Internacional de los Derechos Humanos, Estudios en Homenaje al Profesor Antonio Augusto Cancado Trindade*, vol. 5, Sergio Antonio Fabris Editor, Porto Alegre, Brasil, 2005.

[35] Ver Resolución n° 1.939 del 18 de diciembre de 2008, caso Procuraduría General de la República, http://www.tsj.gov.ve/sentencias/scon/Diciembre/1939-181208-2008-08-1572. html . Véanse los comentarios en Allan R. Brewer-Carías, "La interrelación entre los Tribunales Constitucionales de América Latina y la Corte Interamericana de Derechos Humanos, y la cuestión de la inejecutabilidad de sus sentencias en Venezuela", en Armin von Bogdandy, Flavia Piovesan y Mariela Morales Antonorzi (coords.), *Direitos humanos, democracia e integra* ção *jurídica na América do Sul*, Juris Editora, Río de Janeiro 2010, p.

nales de derechos humanos respecto del derecho interno, salvo cuando la cuestión sea decidida por la propia Sala.[36]

Por otro lado, en 2007 se propuso eliminar el rango constitucional de los tratados internacionales sobre derechos humanos en un proyecto de reforma constitucional elaborado por un Consejo Presidencial diseñado por el Presidente de la república.[37] La propuesta, finamente, no fue incluida en la reforma constitucional aprobada y sometida a votación popular, que ese año fue rechazada por el pueblo. Sin embargo, lo que el régimen autoritario no pudo lograr mediante una reforma constitucional, en cierto modo lo llevó a cabo la Sala Constitucional de la Corte Suprema.[38]

Como se mencionó anteriormente, en la misma decisión, y contrariamente a lo expresamente dispuesto por el mismo artículo 23 de la Constitución que establece la "aplicación inmediata y directa por los tribunales y demás órganos del Poder Público" de los tratados de derechos humanos, la Sala Constitucional decidió reservarse la facultad de determinar qué disposiciones de los tratados prevalecerían en el ordenamiento jurídico interno.[39] Con esta decisión inconstitucional, la Sala Constitucional mutó ilegítimamente la Constitución: según el artículo 23, la facultad de aplicar los tratados internacionales en materia de derechos humanos corresponde no sólo a la Sala Constitucional sino también a todos los tribunales de la República cuando actúen como jueces constitucionales, por ejemplo, al ejercer el control difuso de constitucionalidad de las leyes o al resolver casos de acciones de amparo. La intención de la Sala Constitucional de reservarse este aspecto del control de constitucionalidad no se ajusta a la Constitución ni al sistema de control de constitucionalidad que establece.

En todo caso, y refiriéndose al mismo tipo de control de "convencionalidad" de las leyes en los países democráticos, este control se ha desarrollado en todos los países europeos donde el derecho de la Unión Europea y, en particular, el Convención Europe de Derechos Humanos, tienen prevalencia sobre el derecho nacional.[40]

---

[36]   Ver caso *Gustavo Álvarez Arias*, http://www.tsj.gov.ve/sentencias/scon/Diciembre/1939-181208-2008-08-1572.html .

[37]   Véase *Consejo Presidencial para la Reforma de la Constitución de la República Bolivariana de Venezuela, "Modificaciones propuestas"*. El texto completo fue publicado como *Proyecto de Reforma Constitucional. Versión atribuida al Consejo Presidencial para la reforma de la Constitución de la república Bolivariana de Venezuela*, Editorial Atenea, Caracas, 1 de julio de 2007.

[38]   Véase Allan R. Brewer-Carías, *Reforma constitucional y fraude a la Constitución. Venezuela 1999 – 2009*, Academia de Ciencias Políticas y Sociales, Caracas 2009, pp 249 – 261.

[39]   Véase *Revista de Derecho Público*, n° 93–96, Editorial Jurídica Venezolana, Caracas 2003, p. 135 ss.

[40]   En el caso de Polonia, como lo menciona Marek Safjan, "El tribunal nacional, al negar la aplicación de una norma nacional que es contradictoria con el derecho europeo o al inter-

En particular, cabe destacar el caso de los Países Bajos donde, como la Constitución no permite ningún control judicial de la constitucionalidad de las leyes, el control judicial se ha desarrollado sólo como un control de la "convencionalidad" de dichas leyes para asegurar su sujeción a las convenciones internacionales, específicamente en materia de derechos humanos.

En efecto, según el artículo 120 de la Constitución holandesa, "La constitucionalidad de las leyes del Parlamento y de los tratados no será revisada por los tribunales", lo que significa que el control de constitucionalidad de la legislación primaria está prohibido, estando los tribunales vedados no solo de determinar la inconstitucionalidad de las leyes sino también declararlas incompatibles con la Carta del Reino.[41] Sin embargo, el artículo 94 de la misma Constitución establece que "Las normas legales vigentes en el Reino no serán aplicables si dicha aplicación está en conflicto con disposiciones de tratados vinculantes para todas las personas o con resoluciones de instituciones internacionales", lo que ha llevado al desarrollo muy importante del sistema de control de constitucionalidad de la "convencionalidad" de las leyes, particularmente en materia de derechos humanos.

Por lo tanto, el sistema holandés se identifica como un sistema de "revisión de los derechos fundamentales constitucionales por parte del poder judicial" o como de "revisión de los derechos fundamentales de la legislación parlamentaria", es decir, en lo que respecta a los poderes de los tribunales y, en particular, del Hoge Raad (Tribunal Superior) de revisar las leyes del Parlamento para verificar su conformidad con los derechos convencionales si el tratado es ratificado y en la medida en que las disposiciones individuales sean autoejecutables.[42] Esto significa que, en los Países Bajos, los tribunales pueden revisar las leyes para comprobar su consistecia con las disposiciones escritas del derecho internacional, en particular el Pacto Internacional de Derechos Civiles y Políticos de las Naciones Unidas y la Convención Europea para la Protección de los Derechos Humanos y de las Li-

---

pretar creativamente una norma nacional en el espíritu de una norma europea, se aplica *de facto* en el sistema jurídico. una norma nueva, que antes no existía, convirtiéndose así en cierto modo en un legislador positivo en el nivel de un caso específico". Véase Marek Safjan, *Ponencia nacional Polonia*, p. 16. También en Eslovaquia, según el artículo 154c de la Constitución, dado que los tratados internacionales, en particular la Convención Europea de Derechos Humanos, tienen precedencia sobre las leyes, los tribunales (incluido el Tribunal Constitucional) ejercen un control de la convencionalidad, dando preferencia a las convenciones. Ver Ján Švák y Lucía Berdisová, *Ponencia nacional Eslovaquia*, p. 11, 12.

41   Véase J. Uzman, T. Barkhuysen y ML van Emmerik, *Ponencia Nacional Países Bajos*, p. 2, 5.

42   *Id.*, p.1, 2, 9, 12, 22.

bertades Fundamentales, que se ha convertido en la Carta de derechos
civiles más importante de los Países Bajos.[43]

Este control judicial también se ha desarrollado en relación con el
derecho de la Unión Europea, que también contiene disposiciones sobre derechos fundamentales, en el sentido de que, dado que los tratados internacionales tienen precedencia sobre el derecho nacional, los
tribunales deben examinar si el derecho nacional es compatible con el
derecho de la Unión Europea y, si es necesario, interpretar el derecho
nacional de manera coherente con el derecho de la Unión Europea o
dejarlo de lado si tal interpretación resulta imposible según el derecho
constitucional nacional.[44]

En Grecia, aunque la Constitución no contiene disposición alguna
explícita para el control de la convencionalidad de las leyes, los tribunales han sostenido que los tratados internacionales tienen rango
supra legislativo (artículo 28.1 de la Constitución), lo que constituye base suficiente para ejercer el control de la convencionalidad si el
tratado en cuestión es auto ejecutable, como la Convención Europea
de Derechos Humanos. En el mismo sentido del control de constitucionalidad, si los tribunales griegos determinan que una disposición
legal es incompatible con el derecho internacional, esa disposición
no puede aplicarse en el caso pendiente. Sin embargo, la legislación
no convencional sigue vigente y, por lo tanto, puede aplicarse en el
futuro.[45]

También debe mencionarse la situación en el Reino Unido. La Constitución británica no es un documento escrito único y global como las
Constituciones de otros estados democráticos contemporáneos. Además, en principio no es posible distinguir formalmente una ley constitucional de una ley ordinaria. No obstante, la Constitución británica
indudablemente existe, y es posible asignar la etiqueta de "constitucional" a algunas[46] normas legales y no legales,[47] llamadas "*Conventions of the Constitution*", que se consideran normas vinculantes de
moralidad política y se denominan "*common law constitución*," como
un conjunto de principios y reglas legales que han sido establecidos a

---

[43]   *Id.*, p. 7.

[44]   *Id.*, p.2, 31, 32.

[45]   Véase Julia Iliopoulos-Strangas y Stylianos-Ioannis G. Koutnatzis, *Ponencia nacional Grecia*, p. 10.

[46]   Un ejemplo es el acuerdo alcanzado por los Primeros Ministros del Imperio Británico en 1931 para que el Parlamento del Reino Unido no legislara para los Dominios sin el consentimiento de sus parlamentos. Véase John Bell, *Ponencia nacional Reino Unido*, p. 1.

[47]   Un ejemplo son los principios de Nolan (1995), que rigen las normas en la vida pública e introducen un conjunto de valores que rigen a los titulares de una variedad de cargos públicos. Véase John Bell, *Ponencia nacional Reino Unido*, p. 2.

lo largo del tiempo, generalmente por jueces.[48] Es posible, por tanto, identificar un proceso judicial de control de la sujeción de las leyes a estas Convenciones, que puede denominarse *"constitutional review"*.[49] Como lo ha resumido John Bell:

> "Gran Bretaña no tiene "disposiciones constitucionales o estatutarias específicas que faculten a los jueces constitucionales, mediante la interpretación de la Constitución, a adoptar sentencias obligatorias sobre cuestiones constitucionales" ni sentencias específicas sobre cuestiones constitucionales. Pero este sería un enfoque demasiado simplista. La naturaleza de una *common law constitution* es que las "reglas de reconocimiento" básicas (H.L.A Hart) no están contenidas en una ley, sino en el *common law*. Los principios son más bien como los "principios fundamentales reconocidos por las leyes de la República" en el derecho francés, que no están establecidos por ley, pero que están judicialmente identificados, aun cuando no hayan sido formalmente creados por los jueces. Los mismos generan una serie de cuestiones sobre las cuales los jueces ordinarios deben tomar sentencias que son vinculantes y que podrían caracterizarse como constitucionales."[50]

En este sentido, en lo que respecta a las Convenciones de la Constitución británica, también es posible llamar a este proceso de revisión constitucional –por supuesto, en su propio contexto histórico– como un control judicial de la convencionalidad.

Pero en otras cuestiones constitucionales, dada la reciente evolución de la Constitución británica con la creación de una Corte Suprema en 2009, también es posible distinguir poderes de revisión constitucional ejercidos por los tribunales. Este es el caso de las cuestiones de *devolution*, relativas al control de la validez de la legislación de las tres Asambleas descentralizadas (Gales, Escocia e Irlanda del Norte) que pueden ser remitidas a la Corte Suprema por el Secretario de Estado británico, el Fiscal General Británico, o los Fiscales Generales nacionales (o equivalentes), o por los tribunales nacionales ante los cuales se plantea la cuestión.[51]

Pero los acontecimientos recientes más importantes en el Reino Unido en materia de revisión constitucional tuvieron que ver con la compatibilidad de las leyes británicas con el derecho de la Unión Europea, es decir, en cuestiones de control de convencionalidad. Un ejemplo fue el asunto decidido sobre la compatibilidad de una ley británica

---

[48]   Véase John Bell, *Ponencia nacional Reino Unido*, p. 1.

[49]   *Id.,* p. 2.

[50]   *Id.,* p.3.

[51]   *Id.,* p. 2.

relativa a los límites de pesca con la legislación de la Unión Europea, que fue planteado y decidido por el nivel más bajo de los tribunales penales, el Tribunal de Magistrados.[52]

Pero lo más importante en este proceso de desarrollo del control constitucional en el Reino Unido ha sido el ejemplo de la protección e interpretación de los derechos humanos, particularmente después de que se aprobara la Ley sobre Derechos Humanos en 1998 para implementar la Convención Europea de Derechos Humanos. John Bell ha considerado dicha ley es una importante "ley constitucional sobre derechos fundamentales" que puede conducir "a la reducción del alcance de la legislación nacional mediante una interpretación que haga la ley compatible con la Convención, o a una declaración de incompatibilidad, lo que faculta a un ministro para modificar o derogar una disposición legal incompatible".[53]

Adicionalmente, la cuestión relativa a la compatibilidad del derecho británico con el derecho de la UE se pudo plantear ante los tribunales británicos y, si la cuestión no planteaba dificultades graves de interpretación, los tribunales podían aplicar el derecho europeo directamente y negarse a aplicar el derecho británico."[54] La compatibilidad con la legislación de la UE era el único ámbito en el cual los jueces británicos tenían el poder de anular la legislación del Parlamento, un enfoque que se adoptó definitivamente después de que el Tribunal de Justicia Europeo declarara específicamente que los tribunales británicos no debían aplicar una ley británica del Parlamento que fuera incompatible con la legislación europea.[55]

En todo caso, la decisión del tribunal en estos casos no anulaba un acto del Parlamento. Como lo expresó John Bell:

> "El Gobierno tiene que decidir si propone una enmienda de la ley para ponerla en conformidad con el Convenio o si toma otras medidas para mantener la incompatibilidad, por ejemplo registrando una derogación formal del Convenio. Esto es lo más cerca que están los jueces ingleses de una revisión constitucional.[56]

---

[52]   *Id.*, p. 3.

[53]   Véase N. Bamforth, "Parliamentary Sovereignty and the Human Rights Act 1998", [1998] Public Law 572. Véase John Bell, *British National Report*, p. 3.

[54]   Caso 283/81, *Srl CILFIT contra Ministro de Salud*, [1982] Rec. 3415. Véase John Bell, *British National Report*, p. 3 (nota al pie 14).

[55]   Véase *R contra el Secretario de Estado de Transporte, ex parte Factortame Ltd.*, [1990] 2 AC 85; *R contra el Secretario de Estado de Transportes, ex parte Factortame Ltd* (n° 2), [1991] 1 AC 603; *R contra el Secretario de Estado de Empleo, ex parte Comisión de Igualdad de Oportunidades*, [1995] 1 AC 1. Véase John Bell, *Ponencia nacional Reino Unido*, p. 3 (notas a pie de página 15 y 16).

[56]   Véase John Bell, *Ponencia nacional Reino Unido*, p. 3.

Como destacó Lord Bingham en el caso *A (FC) contra el Secretario de Estado del Departamento del Interior*:

"El efecto, por supuesto, no es anular la autoridad legislativa soberana de la Reina en el Parlamento, ya que si la legislación primaria se declara incompatible, la validez de la legislación no se ve afectada (sección 4(6)) y el remedio recae en el ministro apropiado. ministro (artículo 10), que responde ante el Parlamento. [57]

Este caso de la Cámara de los Lores se emitió para decidir la impugnación presentada por varias personas con respecto a su detención sin juicio por considerarlas un peligro para la seguridad nacional, según la Ley contra el terrorismo, el crimen y la seguridad de 2001. La Cámara de los Lores declaró la disposición correspondiente incompatible con los artículos 5 y 14 del Convención Europea.

Por lo tanto, este control de la "convencionalidad" de las leyes, como es el caso en los Países Bajos, ha sido el procedimiento de control de constitucionalidad más común en el Reino Unido; se ha aplicado en numerosos casos y se ha considerado la función constitucional más importante de la nueva Corte Suprema en el futuro.[58]

En Suecia existe un método difuso y muy débil de control de constitucionalidad que se desarrolló después de la reforma constitucional de 1979, que estableció el poder de control de constitucionalidad sólo cuando el Parlamento ha emitido una ley inconstitucional debido a un "error manifiesto".[59] Sólo después del comienzo de la europeización del derecho sueco a finales de los años 1990 se desarrolló algún tipo de control de constitucionalidad, principalmente como resultado de la progresiva subordinación del derecho sueco al derecho europeo y, en particular, a la Convención Europea de Derechos Humanos. En consecuencia, los casos de control judicial más importantes han sido casos de control de convencionalidad decididos por los tribunales, que han comparado la legislación nacional con las disposiciones de la Convención Europea de Derechos Humanos.[60]

Por último, también en lo que respecta al control de convencionalidad de las leyes, cabe destacar la situación de Francia, donde la Corte

---

[57]   Véase [2004] HL 56. Véase John Bell, *Ponencia nacional Reino Unido*, p. 5 (nota al pie 25).

[58]   Véase John Bell, *Ponencia nacional Reino Unido*, p. 6.

[59]   Capítulo 11, artículo 14 del Instrumento de Gobierno. Véase Joakim Nergelius, *Ponencia nacional sueco*, p. 17-18.

[60]   Véase el caso *Lassagard*, Tribunal Administrativo de Apelación de Jönköping, 1996, que declaró que la falta de control de constitucionalidad en el caso particular (subsidio agrícola) era contraria al artículo 6 del CEDH; véase también el caso *Lundgren*, Tribunal Supremo, 2005, en el cual la ampliación de un procedimiento judicial penal también se consideró contraria al artículo 6 del CEDH. Véase Joakim Nergelius, *Ponencia nacional sueco*, p. 21-29.

de Casación y el Consejo de Estado han desarrollado el control de la convencionalidad de las leyes, en paralelo al tradicional poder de control de constitucionalidad *a priori* de la legislación ejercido por el Consejo Constitucional. Como lo ha resumido Bertrand Mathieu, ha sido debido a las exigencias impuestas por el derecho internacional, en particular por el derecho de la Unión Europea y el derecho de la Convención Europea de Derechos Humanos, que, primero, la *Cour de Cassation* y, después, el *Conseil d'État*, han procedido a rechazar la aplicación de leyes consideradas *inconventionnelles*, es decir, contrarias a los convenios internacionales. La jurisprudencia en tales casos se ha conformado no sólo sobre la base del artículo 55 de la Constitución, que atribuye a los tratados o acuerdos internacionales periódicamente ratificados o aprobados una autoridad superior a la de las leyes, sino también debido a la negativa del Consejo Constitucional a examinar la *convencionalité de la loi* de conformidad con sus atribuciones en materia de control de constitucionalidad de las leyes.

La consecuencia de esta situación en materia de control de constitucionalidad ha sido una clara división de tareas: el control de la constitucionalidad de las leyes de forma abstracta y *a priori* lo ejerce el Consejo Constitucional cuando lo solicitan las autoridades políticas; y el control de la convencionalidad de las leyes es ejercido por los jueces judiciales o administrativos ordinarios, en casos y controversias específicas, particularmente en materia de derechos y libertades fundamentales, que el Consejo Constitucional se ha negado a examinar.

Sobre esta situación, Bertrand Mathieu se ha referido a la paradoja que existe en Francia entre la teoría tradicional y la afirmación platónica de la preeminencia constitucional, y la impotencia jurisdiccional respecto de las disposiciones constitucionales.[61]

III. LA INTERPRETACIÓN DE LA CONSTITUCIÓN Y LA INFLUENCIA DE LOS TRIBUNALES CONSTITUCIONALES EN LAS REFORMAS CONSTITUCIONALES Y LEGALES

La principal herramienta con la que cuentan los tribunales constitucionales es el poder de interpretar la Constitución para asegurar su aplicación, exigibilidad y supremacía, adaptando la Constitución cuando los cambios y el tiempo requieran tal tarea, pero sin asumir el papel de un poder constituyente o del Legislador. Lo que no implica que por supuesto puedan crear normas o disposiciones jurídicas que no pueden deducirse de la propia Constitución, y menos sobre una base política discrecional[62]

---

[61]   Véase Bertrand Mathieu, *Ponencia nacional Francia*, p. 3.

[62]   Véase Jorge Carpizo, *El Tribunal Constitucional y sus límites*, Grijley, Lima 2009, p. 56, 68.

Es por eso que, por principio, los tribunales constitucionales son considerados "legisladores negativos", particularmente cuando deciden anular leyes,[63] y no pueden actuar como "legisladores positivos" en el sentido de crear leyes *ex novo o introducir "reformas" a las leyes.*

En palabras de Laurence Claus y Richard S. Kay, "se considera a los jueces como involucrados en la elaboración de legislación positiva cuando originen un esquema de legislación en lugar de simplemente considerar, revisar o rechazar esquemas concebidos por otros actores legislativos;" y en cuanto a "un tribunal constitucional de ser legislador positivo, bajo esta terminología, ocurriría cuando el tribunal considere, proponga y cree un esquema de regulación de su propia concepción".[64]

Conforme a ello, los tribunales constitucionales, como cuestión de principio, no pueden innovar en el orden legislativo de manera discrecional, ya que no tienen autoridad para crear nuevas leyes.[65]

Como lo ha explicado el Supremo Tribunal Federal de Brasil respecto de sus sentencias que anulan leyes:

"El Supremo Tribunal Federal, al ejercer el control de constitucionalidad abstracto del derecho objetivo positivizado en la Constitución de la República, actúa como un virtual Legislador Negativo, por lo que su declaración de inconstitucionalidad comprende una sentencia de control de exclusión que, conforme a las atribuciones asignadas al Tribunal, consiste en remover del ordenamiento jurídico positivo, la expresión inválida del Estado que no se ajuste al modelo incluido en la Constitución de la República."[66]

En otro caso, el mismo Tribunal Supremo Federal de Brasil, al revisar la Ley N° 9.504/97 sobre la libre utilización de programas de radio y televisión por parte de los partidos políticos impugnada por considerarse contraria al principio de igualdad, argumentó que:

---

[63]   En este sentido, en algunos países, como en Chile, se ha dicho que el Tribunal Constitucional sólo puede actuar como legislador negativo. Véase Francisco Zúñiga Urbina, "Control de constitucionalidad y sentencia", *Cuadernos del Tribunal Constitucional,* n° 34, Santiago de Chile 2006, p. 107, 109.

[64]   Véase Laurence Claus y Richard S. Kay, *Ponencia nacional de EE. UU.,* p. 3, 5.

[65]   Véase Luis Roberto Barroso et al., "Notas sobre a questão do legislador positivo", *Ponencia nacional de Brasil III,* p. 19-20; Néstor Pedro Sagües ha mencionado que la jurisdicción constitucional se transforma en legislación positiva, cuando genera disposiciones infra-constitucionales compatibles con la Constitución, con la excusa de controlar la constitucionalidad del orden jurídico, en *Ponencia nacional Argentina II,* p. 3.

[66]   STF, *DJ,* 18 de junio de 1993, Rcl 385 QO/MA, Rel. Mín. Celso de Mello, en Luis Roberto Barroso et al., "Notas sobre a questão do legislador positivo", *Ponencia nacional Brasil III,* p. 9.

"La declaratoria de inconstitucionalidad en la forma solicitada,
modificaría el sistema de la ley, alterando su sentido, lo cual es
una imposibilidad jurídica, porque el Poder Judicial, al controlar
la constitucionalidad de los actos normativos, sólo actúa como
legislador negativo y no como legislador positivo.[67]

La consecuencia de este clásico enfoque es que, al ser los tribunales
constitucionales legisladores negativos, el efecto directo de las sentencias de los tribunales constitucionales que excluyen del orden jurídico
textos legislativos es que el Legislador, en respuesta, muy frecuentemente decide reformar la legislación o promulgar una nueva ley
para cumplir con los criterios del tribunal constitucional.[68] Asimismo,
reformas constitucionales también se han producido tras sentencias
adoptadas por los tribunales constitucionales para adaptarse a la doctrina que han establecido.

Por ejemplo, en Argentina se aprobó la Ley N° 26.025 para modificar las normas aplicables a la competencia de apelación de la Suprema
Corte (artículo 117 de la Constitución), luego de que la misma se pronunciara sobre la inconstitucionalidad de la legislación anterior que
disponía que todos los casos que ordenaran al gobierno pagar prestaciones de seguridad social debían ser apeladas ante la Suprema Corte.
Debido a que la norma en realidad retrasaba el pago de las pensiones
a las personas mayores, en el caso *Itzcovich* (Fallos 2005), la Corte declaró que el procedimiento de apelación se había vuelto inconstitucional en cuanto afectaba el derecho del peticionario a un juicio rápido.[69]

Algo similar ocurrió en materia de derecho matrimonial. Si bien la
Constitución argentina reconoce el derecho al matrimonio, el Código
Civil estableció que el divorcio no conllevaba el derecho a un nuevo
matrimonio, cláusula cuya constitucionalidad los tribunales confir-
maron varias veces. Sin embargo, en 1986, la Suprema Corte aplicó
lo que se llamó una constitución viva o "dinámica", considerando en
el caso *Sejean*[70] que los cambios en la percepción que la sociedad tiene
sobre un tema, requieren dar nuevos alcances al derecho a la dignidad
humana, por lo que declaró inconstitucional la ley que estaba vigente
desde hacía casi un siglo. Esta decisión fue la antesala de la reforma de

---

67   Véase STF, *DJ*, 10 de diciembre de 1999, ADI 1.822/DF, Rel. Mín. Moreira Alves, en Luis
      Roberto Barroso et al., "Notas sobre a questão do legislador positivo", *Ponencia nacional
      Brasil III*, p. 15.

68   Por ejemplo, en los Países Bajos, la legislación se promulgó después del caso *de ciudadanía
      holandesa* (sentencia del Tribunal Supremo del 12 de octubre de 1984, NJ 1985/230). Véase
      J. Uzman, T. Barkhuysen y ML van Emmerik, *Ponencia Nacional Países Bajos*, p. 21.

69   Véase Fallos: 328:566 (2005). Véase Alejandra Rodríguez Galán y Alfredo Mauricio
      Vítolo, *Ponencia nacional Argentina I*, p. 13 y 14 (nota al pie 54).

70   Véase Fallos 308:2268 (1986). Véase Alejandra Rodríguez Galán y Alfredo Mauricio Vítolo,
      Ponencia nacional Argentina I, p. 15 (nota al pie 61).

la ley del matrimonio civil, que, tras la decisión del Tribunal Supremo, permitió la posibilidad de un matrimonio posterior.[71]

Con respecto a Portugal, como lo mencionó Joaquim de Sousa Ribeiro, es un hecho que, "aunque la Corte Constitucional no participa en el proceso de elaboración de leyes, muchas reformas introducidas en la legislación existente son el resultado de sus sentencias, ya sea para incorporar o dejar sin efecto la sentencia de la Corte en la materia".[72]

IV. LA CUESTIÓN DE LOS TRIBUNALES CONSTITUCIONALES COMO LEGISLADORES POSITIVOS

En todo caso, en el mundo contemporáneo, lo cierto es que el control de constitucionalidad ha ido evolucionando progresivamente, superando el antiguo carácter rígido de los tribunales considerados sólo como legisladores negativos,[73] como resultado del desarrollo de nuevos principios que en el momento de las propuestas de Kelsen, no estaban en la agenda de los tribunales y jueces constitucionales.[74]

Por eso, por ejemplo, en Brasil, el Supremo Tribunal Federal en algunos casos ha considerado la misma noción de "legislador negativo" que defendió en muchas sentencias anteriores, como un "dogma antiguo" y un "mito".[75]

En consecuencia, se han desarrollado nuevos principios; por ejemplo, el principio de preservación de las leyes, derivado de la presunción de constitucionalidad que tienen, ha facultado a los tribunales constitucionales para interpretar las leyes de acuerdo o en armonía con la Constitución,[76] para evitar cualquier vacío legislativo, evitando la necesidad de declarar las leyes inconstitucionales. Esta es hoy una de las principales herramientas de los tribunales constitucionales a la hora de interpretar la Constitución, que han utilizado en algunos

---

[71] Véase Alejandra Rodríguez Galán y Alfredo Mauricio Vítolo, *Ponencia nacional Argentina I*, p. 5.

[72] Véase Joaquim de Sousa Ribeiro y Esperança Mealha, *Ponencia nacional Portugal*, p. 9.

[73] Véase Francisco Fernández Segado, "Algunas reflexiones generales en torno a los efectos de las sentencias de inconstitucionalidad ya la relatividad de ciertas fórmulas estereotipadas vinculadas a ellas", *Anuario Iberoamericano de Justicia Constitucional*, Centro de Estudios Políticos y Constitucionales, n° 12, 2008, Madrid 2008, p. 195.

[74] Por eso Francisco Javier Díaz Revorio, refiriéndose al sistema europeo de control de constitucionalidad ha dicho: "Somos deudores de Kelsen, pero no 'esclavos' de sus ideas", en *Las sentencias interpretativas del Tribunal Constitucional,* Lex Nova, Valladolid 2001, p. 305.

[75] Véase Luis Roberto Barroso et al., "Notas sobre a questão do legislador positivo", *Ponencia nacional Brasil III,* p. 22.

[76] Véase Francisco Javier Díaz Revorio, *Las sentencias interpretativas del Tribunal Constitucional,* Lex Nova, Valladolid 2001, p. 288; Véase Joaquim de Sousa Ribeiro y Esperança Mealha, *Ponencia nacional Portugal,* p. 7.

casos para llenar, permanente o temporalmente, los vacíos que podría
originar la anulación de la ley.

Otro papel importante que se ha desarrollado progresivamente durante las últimas décadas, lejos del rol de declarar nulas leyes inconstitucionales, es el poder de los tribunales constitucionales en materia
de control de constitucionalidad, no de la legislación existente, sino
de la ausencia de leyes o de las omisiones o abstenciones en las que
incurre el Legislador al sancionar las leyes.[77]

Es decir, los tribunales constitucionales también controlan las omisiones de los Legisladores al aprobar la legislación que tienen la obligación constitucional de sancionar. Estas omisiones pueden ser absolutas o relativas, y el control de constitucionalidad, en ambos casos, ha
contribuido al desarrollo de nuevas tendencias en el control de constitucionalidad de las leyes, que convierte a los tribunales constitucionales en una especie de "asistente legislativo." Sin embargo, en algunos
casos, cuando el control de constitucionalidad de las omisiones legislativas no se desarrolla efectivamente, el control de esas omisiones
sólo es posible de manera indirecta, reclamando la responsabilidad
del Estado por la ausencia de un acto legislativo.[78]

En cambio, el mismo cambio en el alcance del control de constitucionalidad se ha producido en sistemas difusos o descentralizados
de control de constitucionalidad, donde, en la práctica, como afirmó
Christopher Wolfe, los tribunales supremos, que "antes eran un poder
distintivamente judicial, esencialmente diferente del poder legislativo" [se han] convertido simplemente en otra variante del poder legislativo"; considerando que, aunque la Corte nunca lo ha proclamado,
para la profesión legal, "el control de constitucionalidad es una actividad esencialmente legislativa"; de manera que como tal, la controversia "generalmente se restringe a cómo se debe emplear este poder, de
forma activa o con moderación".[79]

Por eso a veces resulta difícil comprender, especialmente para los
abogados no estadounidenses, el alcance exacto de la expresión que
cualquier candidato a la Suprema Corte de los Estados Unidos debe
repetir una y otra vez ante el Senado en las audiencias de confirma-

---

[77] Estos poderes de control de constitucionalidad no se corresponden con el patrón de Kelsen de control de constitucionalidad como legislación negativa. Véase Francisco Javier
Díaz Revorio, *Las sentencias interpretativas del Tribunal Constitucional*, Lex Nova, Valladolid
2001, p. 278.

[78] Esto es lo que se ha previsto en Grecia. Véase Julia Iliopoulos-Strangas y Stylianos-Ioannis
G. Koutnatzis, *Ponencia nacional Grecia*, p. 5.

[79] Véase Christopher Wolfe, *The Rise of Modern Judicial Review: From Constitutional Interpretation to Judge-Made Law*, Basic Books, Nueva York 1986, p. 3; Wolfe, *La transformación de la
interpretación constitucional*, Civitas, Madrid 1991, p. 15.

ción, de que: "la tarea de un juez es no hacer leyes; es aplicar la ley".[80] Este enfoque ha sido considerado un "mito" que, como dijo Geoffrey R. Stone, debe ser expuesto antes de que pueda haber una discusión seria sobre el papel adecuado de los jueces estadounidenses:

> "Aplicar fielmente el texto de nuestra Constitución de los siglos XVIII y XIX a los problemas del siglo XXI requiere no sólo una cuidadosa atención al texto, fidelidad a los objetivos de sus redactores y respeto por los precedentes, sino también conciencia de las realidades prácticas del presente. Sólo con esa conciencia pueden los jueces, en una sociedad en constante cambio, esperar mantener la fe en nuestra ley suprema.
>
> Esto no significa que los jueces sean libres de elaborar la ley sobre la marcha. Pero sí significa que el derecho constitucional no es un ejercicio mecánico de simplemente "aplicar la ley".[81]

En todo caso, es un hecho en el mundo contemporáneo que los tribunales constitucionales han asumido progresivamente un papel más importante asistiendo al Legislador en sus funciones e, incluso, creando normas que se pueden deducir de la Constitución.[82] En algunos casos, son más que auxiliares del Legislador; lo sustituyen, asumiendo el papel de legisladores positivos al emitir normas temporales o provisionales para ser aplicadas en materias específicas.

Esto se ha producido en muchos casos, por ejemplo, mediante la aplicación del principio de progresividad y de la prevalencia de derechos fundamentales, como el derecho a la igualdad y a la no discriminación, en aras de la protección de los derechos y garantías de los ciudadanos, en cuyos casos, la injerencia de los tribunales en la función legislativa ha sido considerada legítima y acorde con los principios y valores constitucionales.

No obstante, la agenda legislativa de los tribunales constitucionales también ha incluido otras áreas de activismo, a veces con fines políticos. Por ejemplo, en muchos casos, como ha ocurrido en los antiguos países socialistas de Europa del Este, los tribunales constitucionales han desempeñado un papel importante en la implementación, desarrollo y fortalecimiento de la Constitución, y en particular, del recién

---

[80] Esto fue lo que dijo la jueza Sonia Sotomayor en la audiencia de confirmación ante el Senado el 13 de julio de 2009. Véase Peter Baker y Neil A. Lewis, "Sotomayor Vows 'Fidelity to the Law' as Hearings Start", *New York Times*, 14 de julio, 2009, p. A15.

[81] Véase Geoffrey R. Stone, "Our Fill-in-the-Blank Constitution", artículo de opinión, *New York Times*, 14 de abril de 2010, p. A27.

[82] Véase Iván Escobar Fornos, "Las sentencias constitucionales" en *Estudios Jurídicos*, vol. 1, ed. Hispamer, Managua 2007, p. 489.

establecido régimen democrático y de los principios del Estado de derecho.[83]

Pero en otros países, bastante alejados de la protección de los derechos fundamentales y de la consolidación de los principios democráticos, el peligro de que los tribunales constitucionales invadan al poder legislativo para contribuir al desmantelamiento del principio de separación de poderes, no es sólo un "fantasma" como lo señaló Hamilton en otro contexto hace dos siglos.[84] Al contrario, ha sido una realidad trágica, especialmente en países conducidos por gobiernos autoritarios. En algunos países, los tribunales constitucionales han asumido con absoluta impunidad la tarea de apoyar y legitimar leyes y actos gubernamentales inconstitucionales, usurpando en muchos casos los poderes constituyente y legislativo, por supuesto sin ningún tipo de argumento que sustente las sentencias judiciales partisanas tomadas supuestamente en el mejor interés del país o para el bien de la nación.[85]

Peor aún, en esos casos no se trata de considerar "al Juez como Legislador de Bienestar Social",[86] como ocurría en Estados Unidos a principios del siglo XX, lo que Benjamín Cardozo consideraba una necesidad, [87] sino una cuestión que no se puede aceptar de que el tribunal sea un instrumento para apoyar a un gobierno autoritario,[88] e incluso, para restringir libertades constitucionales. Esto sucedió, por

---

[83]   Por ejemplo, en el proceso de transformación de los antiguos Estados socialistas en Estados democráticos contemporáneos sujetos al Estado de derecho. Véase, por ejemplo, Marek Safjan, *Ponencia nacional Polonia*, p. 7, 10; Sanja Barić y Petar Bačić, *Ponencia nacional Croacia*, p. 18, 21, 28; Boško Tripković, *Ponencia nacional de Serbia*, p.1, 14.

[84]   Dijo en el artículo n° 81 de *The Federalist*, "The JudiciaryContinued, and the Distribution of the Judiciary Authority", que "En último lugar puede observarse que el supuesto peligro de usurpación del poder judicial sobre la autoridad legislativa, que ha estado bajo control reiterado muchas veces, es en realidad un fantasma". Véase Clinton Rossiter (ed.), *The Federalist Papers*, Penguin Books, Nueva York 2003, p. 483–484.

[85]   Véase Christopher Wolfe, *The Rise of Modern Judicial Review: From Constitutional Interpretation to Judge-Made Law*, Basic Books, Nueva York 1986, p. 101; *La transformación de la interpretación constitucional*, Civitas, Madrid 1991, p. 144.

[86]   *Id.* p. 223 ss.. y 305 ss.

[87]   Benjamín Cardozo reconoció "sin dudar que los jueces deben legislar y legislan", aunque "sólo entre vacíos" de la ley. Véase Benjamin Cardozo, *The Nature of the Judicial Process*, Yale University Press, 1921, p. 10, 113, 165. Véanse las referencias en Christopher Wolfe, *The Rise of Modern Judicial Review: From Constitutional Interpretation to Judge-Made Law*, Basic Books., Nueva York 1986, p. 230, 231, 315, 316.

[88]   Como ha sido el caso en Venezuela durante los últimos años. Véanse los comentarios a la sentencia más relevante de la Sala Constitucional del Tribunal Supremo en Allan R. Brewer-Carías, *Crónica de la "in" justicia constitucional: La Sala Constitucional y el autoritarismo en Venezuela*, Edigtorial Jurídica Venezolana, Caracas 2007; Brewer-Carías, *Reforma constitucional y fraude a la Constitución (1999-2009)*, Academia de Ciencias Políticas y Sociales, Caracas 2009 .

ejemplo, en 2001, respecto de la libertad de expresión en Venezuela, cuando la Sala Constitucional restringió *de oficio* el derecho de rectificación y respuesta de los ciudadanos respecto de las declaraciones mediáticas del Presidente de la República;[89] y en 2008, cuando el mismo tribunal constitucional decidió confiscar los bienes de una estación de televisión privada.[90]

En todo caso, en todos los países donde se han desarrollado sistemas para controlar la constitucionalidad de las leyes, también se han desarrollado discusiones en torno a los límites del control de constitucionalidad, el alcance de los efectos de las sentencias de los tribunales constitucionales y el grado de interferencia permitida a los mismos, en los Estados constitucionales, respecto de las funciones legislativas.

Estas discusiones siempre han existido y seguirán existiendo. Comenzaron en todos los países con la adopción de sistemas de control de constitucionalidad de la legislación, y seguirán existiendo con los tribunales constitucionales, que son los intérpretes supremos de la Constitución y tienen el poder de garantizar su supremacía, interpretar las leyes de acuerdo con las disposiciones de la Constitución, garantizar la vigencia de los derechos constitucionales fundamentales, y resolver los conflictos entre los distintos órganos constitucionales del Estado.

El hecho es que, a principios del siglo XXI, no hay duda de que los tribunales constitucionales ya no se limitan a ser legisladores negativos a la manera tradicional, porque su papel ya no se reduce a la hora de controlar la constitucionalidad de las leyes, a declarar su inconstitucionalidad, o anularlas cuando sean contrarias a la Constitución. Los tribunales constitucionales han asumido progresivamente un papel más activo al revisar los actos legislativos con respecto a la Constitución.

Sin embargo, lo esencial a tener presente, incluso ante nuevos roles y poderes, es que los tribunales constitucionales están, ante todo,

---

[89]   Ver Sentencia n° 1013 del 12 de junio de 2001, caso *Elías Santana* . Ver http://www.tsj.gov. ve/sentencias/scon/Junio/1013-120601-00-2760%20.htm . Véanse los comentarios en Allan R. Brewer-Carías et al., *La libertad de expresión amenazada (Sentencia 1013)*, Instituto Interamericano de Derechos Humanos, Editorial Jurídica Venezolana, Caracas y San José 2001; "El juez constitucional vs. la libertad de expresión: La libertad de expresión del pensamiento y el derecho a la información y su violación por la Sala Constitucional", en Allan R. Brewer-Carías, *Crónica de la " in"justicia constitucional. La Sala Constitucional y el autoritarismo en Venezuela*, Caracas 2007, p. 419–468. Véase también Daniela Urosa Maggi, *Ponencia nacional de Venezuela*, p. 16-17.

[90]   Ver sentencia de la Sala Constitucional n° 956 del 25 de mayo de 2007 en Allan R. Brewer-Carías, " El juez constitucional en Venezuela como instrumento para aniquilar la libertad de expresión plural y para confiscar la propiedad privada: El caso RCTV ", *Revista de Derecho Público* ", n° 110, Editorial Jurídica Venezolana, Caracas 2007, p. 7 – 32.

sujetos a la Constitución y, como tales, son órganos constituidos del Estado.[91] Por lo tanto, también están siempre sujetos al principio de separación de poderes y, en consecuencia, no son Legisladores, ya que la función legislativa está asignada en la Constitución al órgano legislativo proveniente del voto en la elección de representantes. Pueden ayudar a los legisladores a cumplir sus funciones, pero no pueden sustituirlos y promulgar leyes.[92]

Los órganos legislativos de los Estados que son democracias contemporáneas, integrados por representantes elegidos por sufragio universal, están llamados a promulgar la legislación mediante un procedimiento prescrito constitucionalmente, y están sujetos a responsabilidad política ante los electores. Este marco legislativo de acción estatal no puede ser sustituido por los intentos de los tribunales constitucionales de legislar, en lugar de los legisladores. [93]Al contrario, si lo hacen, corren el riesgo de ser considerados como "oligarquías ilegítimas".[94]

Por ello, por ejemplo, se pueden encontrar declaraciones de los propios tribunales constitucionales explicando sus límites, como lo hizo el Supremo Tribunal Federal de Brasil al decidir una acción directa de inconstitucionalidad en relación con el artículo 45.1 de la Constitución, que establecía la integración de la Cámara de Representantes. El Tribunal dijo que el único órgano que podía establecer el número de Representantes Federales para cada uno de los Estados miembros era el Congreso Nacional, a través de la legislación correspondiente, agregando que:

---

91   Como lo afirmó el Tribunal Constitucional del Perú: "el hecho de que el Tribunal Constitucional sea el intérprete supremo de la Constitución, no cambia su carácter de poder constituido, y como todos ellos, sujeto a los límites establecidos en la Constitución". Resolución de 2 de febrero de 2006, STC 0030-2005. Véase Fernán Altuve Febres, *Ponencia nacional Perú II*, p. 27-28. Véase también Rubén Hernández Valle, *Ponencia nacional de Costa Rica*, p. 43.

92   Véase Humberto Nogueira Alcalá, "La sentencia constitucional en Chile: Aspectos fundamentales sobre su fuerza vinculante", *Anuario Iberoamericano de Justicia Constitucional*, Centro de Estudios Políticos y Constitucionales, nº 12, 2008, Madrid 2008, p. 315.

93   Como lo menciona Rubén Hernández Valle, "la actividad de los tribunales no es crear derecho, sino interpretar el derecho. En consecuencia, los Tribunales Constitucionales no pueden sustituir la voluntad del Legislador, porque la interpretación constitucional, a pesar de estar condicionada por evidentes componentes políticos, es siempre interpretación jurídica". Véase Rubén Hernández Valle, *Ponencia nacional de Costa Rica*, p. 42.

94   Véase P. Martens, "Les cours constitutionelles: des oligarchies ilegitimes?" en *La Republic des Judges*, Actes du Colloque Organize par le Jeune Barreau de Liège le 7 Février 1997, p. 53–72, citado por Christian Behrendt, "L'activité du Judge Constitutionnel comme législateur-cadre positif", resumen de la tesis. publicado en *Revue Européenne de Droit Public*, 2010, p. dieciséis.

"La ausencia de una ley complementaria (*vacum juris*) que constituya el instrumento normativo necesario, no puede ser suplida por ningún otro acto estatal, especialmente uno con carácter jurisdiccional como el de este Tribunal. Admitir tal posibilidad implicaría transformar al Supremo Tribunal Federal, cuando ejerce el control concentrado de constitucionalidad, en un legislador positivo, papel que el propio Tribunal se niega a asumir."[95]

Pero a pesar de este enfoque de autocontrol, es posible encontrar ejemplos de "oligarquías ilegítimas" en otros países, como Venezuela, donde la Sala Constitucional del Tribunal Supremo se ha atribuido un poder general llamado de "jurisdicción normativa," según el cual:

"en los casos concretos donde surge alguna infracción constitucional, la Sala ha ejercido la jurisdicción en forma normativa, dándole vigencia inmediata a la norma constitucional, y señalando sus alcances o formas de ejercicio, así no existan leyes que la desarrollen directamente"[96]

Es cierto que esta "jurisdicción normativa" ha sido utilizada principalmente respecto de disposiciones constitucionales programáticas referidas a derechos fundamentales, para permitir su aplicación inmediata, pero lamentablemente también ha sido utilizada para otros fines por el gobierno autoritario que existe en el país desde 1999.[97]

En todo caso, la Sala Constitucional venezolana ha basado su competencia normativa en el artículo 335 de la Constitución, que le confiere la función de garantizar la supremacía y eficacia de las disposiciones y principios constitucionales y de emitir interpretaciones vinculantes de los mismos, argumentando que esta disposición de la Constitución:

"permite la jurisdicción normativa, sobre todo con relación a normas programáticas existentes dentro de la Carta Fundamental, que quedarían en suspenso indefinidamente hasta que el legisla-

---

[95] Véase STF, *DJ*, 19 de mayo de 1995, ADI 267 MC/DF, Rel. Mín. Celso de Mello. Véase Luis Roberto Barroso et al., "Notas sobre a questão do legislador positivo", *Ponencia nacional Brasil III*, p. 14. En otro caso, el Tribunal Supremo Federal revisó la ley electoral (Lei n° 9.504/97).

[96] Ver Sentencia n° 1571 del 22 de agosto de 2001, caso *Asodeviprilara* ; http://www.tsj.gov.ve/ sentencias/scon/Agosto/1571-220801-01-1274%20.htm ; Daniela Urosa Maggi, *Ponencia nacional de Venezuela*, p. 3.

[97] Véase en general Allan R. Brewer-Carías, *Dismantling Democracy: The Chávez Authoritarian Experiment*, Cambridge University Press, Nueva York 2010.

dor tuviere a bien desarrollarlas, quedando en suspenso su efectividad en el tiempo"[98]

Para tal efecto de ejercer su jurisdicción normativa, que en su sentido más amplio es un ejemplo de un caso de patología de la Justicia Constitucional, la Sala Constitucional en Venezuela ha incluso rechazado el principio del derecho procesal general que exige que los tribunales actúen sólo a petición de parte con legitimación activa, asumiéndola *de oficio*, sin que exista petición particular de parte, ni controversia judicial desarrollada sobre el asunto a decidir.[99]

Por eso, como ocurre con cualquier poder atribuido a un órgano del Estado sin posibilidad de ser controlado, el control de constitucionalidad también puede ser distorsionado y abusado sin posibilidad alguna para los ciudadanos u otros órganos constitucionales del Estado de controlar sus acciones.

La principal pregunta que queda por responder en esta cuestión de abuso de jurisdicción constitucional sigue siendo: *Quis custodies ipso custodiem?* [100]No hay respuesta, porque no existen órganos del Estado que puedan controlar las jurisdicciones constitucionales, ni tampoco los ciudadanos a través de procesos electorales.

La jurisdicción constitucional, por tanto, es el único órgano del Estado no sujeto a pesos y contrapesos o control, por lo que el abuso de sus funciones queda fuera del alcance de la aplicación de las disposiciones constitucionales. Por eso George Jellinek decía que la única garantía respecto del guardián de la Constitución reside finalmente en su "conciencia moral"; [101] y Alexis de Tocqueville fue preciso en sus observaciones sobre la Constitución Federal de Estados Unidos, al indicar que:

---

[98]   Ver Sentencia n° 1571 del 22 de agosto de 2001, caso *Asodeviprilara* ; http://www.tsj.gov.ve/
sentencias/scon/Agosto/1571-220801-01-1274%20.htm ; Daniela Urosa Maggi, *Ponencia
nacional de Venezuela*, p.

[99]   Véase Allan R. Brewer-Carías, "Régimen y alcance de la actuación judicial de oficio en
materia de justicia constitucional en Venezuela", *Estudios Constitucionales: Revista Semestral del Centro de Estudios Constitucionales* 4, n° 2, Universidad de Talca, Santiago, Chile
2006, p. 221–250; Daniela Urosa Maggi, *Ponencia nacional de Venezuela*, p. 4, 5, 22.

[100]   Véase Jorge Carpizo, *El Tribunal Constitucional y sus límites*, Grijley, Lima 2009, p. 44, 47,
51; Allan R. Brewer-Carías, " *Quis Custodiet Ipsos Custodes* : De la interpretación constitucional a la inconstitucionalidad de la interpretación", *Revista de Derecho Público*, n° 105,
Editorial Jurídica Venezolana, Caracas 2006, p. 7–27; *VIII Congreso Nacional de Derecho
Constitucional, Perú*, Fondo Editorial 2005, Colegio de Abogados de Arequipa, Arequipa,
septiembre de 2005, p.

[101]   Véase George Jellinek, *Ein Verfassungsgerichtshof für Österreich*, Alfred Holder, Viena 1885,
citado por Francisco Fernández Segado, "Algunas reflexiones generales en torno a los
efectos de las sentencias de inconstitucionalidad ya la relatividad de ciertas fórmulas estereotipadas vinculadas a ellas", *Anuario Iberoamericano de Justicia Constitucional*, Centro
de Estudios Políticos y Constitucionales, n° 12, 2008, Madrid 2008, p. 196.

"La paz, la prosperidad y la existencia misma de la Unión están en manos de los siete jueces federales. Sin ellos, la Constitución sería letra muerta . . . .

Los jueces federales no sólo deben ser buenos ciudadanos y hombres con la información e integridad que son indispensables para todos los magistrados, sino que también deben ser estadistas, sabios para discernir los signos de los tiempos, sin miedo a enfrentar los obstáculos que pueden ser superados, ni lentos en apartarse de la corriente cuando amenaza con arrastrarlos, y con ellos la supremacía de la Unión y la obediencia debida a las leyes.

El Presidente, quien ejerce un poder limitado, puede equivocarse sin causar grandes daños al Estado. El Congreso puede decidir erradamente sin destruir la Unión, porque el organismo electoral del que se origina el Congreso puede hacer que éste se retracte de su decisión cambiando sus miembros. Pero si alguna vez la Suprema Corte se compone de hombres imprudentes o malos, la Unión puede verse hundida en la anarquía o la guerra civil."[102]

En el mismo sentido, Alexander Hamilton, advirtió sobre la "autoridad de la propuesta Suprema Corte de Estados Unidos" y, particularmente lo siguiente:

"su poder de interpretar las leyes de acuerdo con el *espíritu* de la Constitución permitirá a esa corte moldearlas en la forma que considere adecuada; especialmente porque sus sentencias no estarán de ninguna manera sujetas a la revisión o corrección del cuerpo legislativo."

Y concluyó diciendo que:

"Las legislaturas de los distintos Estados pueden en cualquier momento rectificar, mediante ley, las sentencias excepcionales de sus respectivos tribunales. Pero los errores y usurpaciones de la Suprema Corte de los Estados Unidos serán incontrolables y sin remedio."[103]

Es importante tener esto en cuenta, particularmente en regímenes democráticos, donde la conversión de tribunales constitucionales en legisladores viola el principio de separación de poderes y los transforma en órganos del Estado no sujetos a responsabilidad política. En

---

[102]   Véase Alexis de Tocqueville, *La democracia en América*, cap. 8, "La Constitución Federal", trad. Henry Reeve, revisado y corregido, 1899, http://xroads.virginia.edu/ ~HYPER/ DETOC/1_ch08.htm Véase también Jorge Carpizo, *El Tribunal Constitucional y sus límites*, Grijley, Lima 2009, p. 46–48.

[103]   Véase Alexander Hamilton, n° 81 de *The Federalist*, "The JudiciaryContinued, and the Distribution of the Judiciary Authority"; Clinton Rossiter (Ed.), *The Federalist Papers*, Penguin Books, Nueva York 2003, p. 480. Véase también Laurence Claus y Richard S. Kay, *US National Report*, p. 10.

otras palabras, desdibujar los límites entre interpretación y jurisdicción normativa "podría transformar al guardián de la Constitución en soberano".[104]

La verdad es que, en muchos países, dado el régimen político o la condición de los miembros de los tribunales constitucionales, los importantes instrumentos diseñados para garantizar la supremacía de la Constitución, la vigencia de los derechos fundamentales y el funcionamiento del régimen democrático, han sido los instrumentos más diabólicos del autoritarismo, legitimando las acciones contrarias a la Constitución tomadas por los demás poderes del Estado,[105] y en algunos casos, por iniciativa propia como serviles servidores de quienes detentan el poder.

Estos casos, por supuesto, no son sino un burla del control de constitucionalidad porque, como afirmó Mauro Cappelletti hace unas décadas, el control de constitucionalidad es incompatible con el autoritarismo y no es tolerado por regímenes autoritarios enemigos de la libertad.[106]

Esta enfermedad del control de constitucionalidad, que es también un caso de patología de la Justicia Constitucional, se produce cuando los tribunales constitucionales, como instrumentos dóciles de los gobiernos, asumen abiertamente el papel de legislador, usurpando sus poderes y funciones o, peor aún, asumen el papel del Poder Constituyente mutando la Constitución de manera ilegítima.[107]

Lamentablemente, este ha sido el caso de tribunales constitucionales que actúan al servicio de gobiernos autoritarios, y la Sala Constitucional del Tribunal Supremo de Justicia en Venezuela es un ejemplo. En muchos aspectos, ese ejemplo muestra cuán grave es la enferme-

---

[104]   Véase Francisco Fernández Segado, "Algunas reflexiones generales en torno a los efectos de las sentencias de inconstitucionalidad ya la relatividad de ciertas fórmulas estereotipadas vinculadas a ellas", *Anuario Iberoamericano de Justicia Constitucional*, Centro de Estudios Políticos y Constitucionales, n° 12, 2008, Madrid 2008, p. 161.

[105]   Véase Néstor Pedro Sagües, *La interpretación judicial de la Constitución*, LexisNexis, Buenos Aires 2006, p. 31.

[106]   Véase Mauro Capelletti, "¿Renegar de Montesquieu? La expansión y legitimidad de la justicia constitucional", *Revista Española de Derecho Constitucional* 6, n° 17, Madrid 1986, p. 17; Francisco Eguiguren y Liliana Salomé, *Ponencia nacional Perú I*, p. 7.

[107]   Ver sobre el caso de la Sala Constitucional en Venezuela, Allan R. Brewer-Carías "El juez constitucional al servicio del autoritarismo y la ilegítima mutación de la Constitución: el caso de la Sala Constitucional del Tribunal Supremo de Justicia de Venezuela (1999 – 2009)", en *Revista de Administración Pública,* n° 180, Madrid 2009, pp. 383 – 418; "La ilegítima mutación de la Constitución por el juez constitucional y la demolición del Estado de derecho en Venezuela", en *Revista de Derecho Político,* n° 75 – 76, Homenaje a Manuel García Pelayo, Universidad Nacional de Educación a Distancia, Madrid, 2009, p. 289 – 325.

dad que está afectando la jurisdicción constitucional y convirtiendo la justicia constitucional en justicia inconstitucional.[108]

---

[108] Véase en general Allan R. Brewer-Carías, *Crónica de la " in"justicia constitucional. La Sala Constitucional y el autoritarismo en Venezuela,* Editorial Jurídica Venezolana, Caracas 2007.

Capítulo 2

INTERFERENCIA DE LOS TRIBUNALES CONSTITUCIONALES EN EL PODER CONSTITUYENTE

Los tribunales constitucionales, al ser órganos constitucionales que se ocupan de cuestiones constitucionales, en muchos casos no interfieren con el legislador ordinario, sino con el legislador constitucional, es decir, con el poder constituyente, al promulgar normas constitucionales al resolver disputas constitucionales entre órganos estatales o incluso al tomar sentencias legítimas. cambios en una constitución adaptando sus disposiciones y dándoles un significado concreto.

I. LA RESOLUCIÓN DE CONTROVERSIAS DE RANGO CONSTITUCIONAL Y LA ADOPCIÓN DE NORMAS CONSTITUCIONALES POR LOS TRIBUNALES CONSTITUCIONALES

El principio de la supremacía de la Constitución, particularmente respecto de las Constituciones rígidas, implica que la Constitución y todas las normas constitucionales sólo pueden ser promulgadas por el Poder Constituyentes establecido y regulado en la misma Constitución.

Este Poder Constituyente puede ser el pueblo, que expresa directamente su voluntad (por ejemplo, mediante un referéndum) o un órgano del Estado que actúa como Poder Constituyente derivado, siendo la consecuencia que ningún Poder Constituido del Estado, por sí solo, puede promulgar normas constitucionales, excepto cuando una Constitución lo autorice expresamente a participar en un proceso de elaboración de una Constitución.

Sin embargo, en el derecho constitucional contemporáneo existen casos en los que las Constituciones autorizan, excepcional e indirectamente, a órganos constituidos del Estado a dictar normas constitucionales. Por ejemplo, este es el caso de los Parlamentos cuando la Constitución les ha autorizado a promulgar leyes con rango constitucional (es decir, "leyes constitucionales"). En otros casos, las Constituciones

55

autorizan expresamente a los Tribunales constitucionales a promulgar normas constitucionales al decidir conflictos relacionados con las atribuciones de los órganos del Estado, por ejemplo en cuestiones de descentralización política. Esto es particularmente cierto en los Estados federales, que siempre se basan en un sistema constitucional de distribución territorial de poderes entre el nivel federal (nacional) y el estatal, e incluso, en algunos casos, el nivel municipal.

En estos casos, al resolver conflictos de competencias entre órganos constitucionales, los Tribunales constitucionales sin duda promulgan normas constitucionales. Es en este sentido que Konrad Lachmayer, respecto de Austria, ha afirmado que, desde 1925, el artículo 138.2 de la Constitución permite al Tribunal Constitucional actuar como legislador positivo, otorgando poderes positivos al tribunal en el sensible ámbito de la división de competencias entre la Federación y los estados (*Länder*). La disposición dice lo siguiente: "El Tribunal Constitucional determina además, a solicitud del Gobierno federal o de un gobierno estatal, si un acto legislativo o ejecutivo es parte de la competencia de la Federación o de los Estados". Lo que significa que el Tribunal Constitucional tiene la última palabra sobre la cuestión de si la autoridad última en la materia la tiene la Federación o os *Länder* .

Ello ocurre, en particular, porque en el concepto austriaco de Estado federal no existen competencias concurrentes entre el nivel de gobierno federal y los estados federados, sino sólo competencias exclusivas según una estricta separación de poderes Lo que implica que las sentencias del Tribunal Constitucional, establecidas en el artículo 138.2 del Constitución, se entienden como una interpretación auténtica de la Constitución, es decir, que el Tribunal Constitucional, al decidir conflictos entre entidades constitucionales, "promulga el derecho constitucional".[1]

En otros Estados federales con el mismo sistema concentrado de control de constitucionalidad como el de Austria, los tribunales constitucionales también están facultados para decidir sobre conflictos constitucionales entre la Federación y los estados y, en consecuencia, para determinar el nivel territorial de gobierno al que corresponde la competencia en conflicto. Este es el caso, por ejemplo, de Venezuela, donde la Sala Constitucional del Tribunal Supremo está facultada para arbitrar controversias constitucionales suscitadas entre órganos de los poderes nacionales, estadales y municipales (artículo 336.9 de la Constitución),[2] en un sistema en el cual, además de competencias

---

[1]   Véase Konrad Lachmayer, *Ponencia nacional de Austria,* p. 1-2.

[2]   Véase, por ejemplo, Sentencia nº 2401 del 8 de octubre de 2004, " *Gobernador del Estado Carabobo v. Poder Ejecutivo Nacional* ", *Revista de Derecho Público,* nº 99–100, Editorial Jurídica Venezolana, Caracas 2004, p. 317.

exclusivas de los tres niveles de gobierno, también existen competencias concurrentes. La decisión de la Sala Constitucional, al determinar el nivel de gobierno que posee la competencia, sin duda tiene valor constitucional.

Sin embargo, este poder de control de constitucionalidad puede convertirse en un instrumento para mutar ilegítimamente la Constitución de manera contraria a sus disposiciones. Esto ocurrió precisamente en Venezuela, en particular, en lo que respecta a la distribución de competencias entre los distintos niveles territoriales de gobierno (municipios, estados y gobierno nacional), que sólo podría modificarse mediante una reforma constitucional.[3]

En concreto, sucedió respecto de la competencia referida a la conservación, administración y uso de carreteras y autopistas nacionales, y a la administración y utilización de puertos y aeropuertos nacionales de uso comercial, que la Constitución asigna de manera "exclusiva" a los Estados (artículo 164.10). En 2007, al proponer una reforma constitucional, el Ejecutivo Nacional pretendía centralizar a nivel nacional esta competencia de los Estados,[4] pero la propuesta fue rechazada por el pueblo en referéndum. Sin embargo, lo que el gobierno nacional no pudo lograr mediante el voto popular, lo logró la Sala Constitucional del Tribunal Supremo mediante sentencia No. 565 del 15 de abril de 2008,[5] emitida al resolver un recurso autónomo de interpretación constitucional interpuesto por el Procurador General de la República. En tal fallo, la "competencia exclusiva" de los estados se convirtió en una competencia "concurrente" que el Gobierno Nacional puede re-

---

[3]   Véase Allan R. Brewer-Carías, "Consideraciones sobre el régimen de distribución de competencias del poder público en la Constitución de 1999", en Fernando Parra Aranguren y Armando Rodríguez García (eds.), *Estudios de Derecho Administrativo: Libro Homenaje a la Universidad Central de Venezuela, Facultad de Ciencias Jurídicas y Políticas, con ocasión del Vigésimo Aniversario del Curso de Especialización en Derecho Administrativo*, vol. I, Tribunal Supremo de Justicia, Caracas 2001, p. 107-136.

[4]   Véase Allan R. Brewer-Carías, *Hacia la consolidación de un estado socialista, centralizado, policial y militarista: Comentarios sobre el sentido y alcance de las propuestas de reforma constitucional 2007*, Editorial Jurídica Venezolana, Caracas 2007, p. 41 ss.; Brewer Carías, *La reforma constitucional de 2007 (Comentarios al proyecto inconstitucionalmente sancionado por la Asamblea Nacional el 2 de Noviembre de 2007)*, Editorial Jurídica Venezolana, Caracas 2007, pp. 72 ss.

[5]   Ver Sala Constitucional, Sentencia n° 565 del 15 de abril de 2008, caso: *Fiscalía General de la República, recurso de interpretación del artículo 164.10 de la Constitución de 1999*, http://www.tsj.gov.ve/decisio-nes /scon/Abril/565-150408-07-1108.htm . Véase también Daniela Urosa Maggi, *Ponencia nacional de Venezuela*, p. 15-16. Véanse los comentarios en Allan R. Brewer-Carías, "La ilegítima mutación de la Constitución y la legitimidad de la jurisdicción constitucional: la 'reforma' de la forma federal del Estado en Venezuela mediante interpretación constitucional", en *Memoria del X Congreso Iberoamericano de Derecho Constitucional*, Instituto Iberoamericano de Derecho Constitucional, Asociación Peruana de Derecho Constitucional, Instituto de Investigaciones Jurídicas–UNAM y Maestría en Derecho Constitucional–PUCP, IDEMSA, Lima 2009, vol. 1, pp. 29–51.

vertir a su favor. Con esta interpretación, la Sala Constitucional mutó ilegítimamente la Constitución, usurpó la soberanía popular, y cambió la forma de gobierno federal mutando el sistema de distribución territorial de competencias entre el Poder Nacional y los Estados.

También se puede mencionar a la Suprema Corte de Estados Unidos en lo que respecta a la delimitación de los poderes del gobierno federal en relación con los Estados. En tal sentido, desde 1937, la Suprema Corte ha desarrollado una interpretación constitucional expansiva de la autoridad del Congreso, otorgándole amplia autoridad regulatori, conforme a disposiciones constitucionales como la cláusula comercial de la Constitución de los Estados Unidos.

El artículo 1, sección 8, de la Constitución establece que: "El Congreso tendrá la facultad [...] para regular el comercio con naciones extranjeras, y entre los distintos Estados, y con las Tribus Indias.". Esta disposición fue interpretada inicialmente en la decisión del caso *Gibbon v. Ogden*, 22 US (9 Wheat) I (1824), en la cual el presidente de la Suprema Corte, John Marshall, escribiendo la opinión de la misma, definió *el comercio* para incluir "todas las fases del negocio" y "entre los distintos Estados" para referirse a los efectos interestatales, incluso si el comercio ocurre dentro de un Estado. Esta cláusula, que ha sido "el foco de la mayoría de las sentencias de la Corte Suprema que han considerado el alcance del poder del Congreso y el federalismo",[6] llevó a la adopción de sentencias muy importantes por la Suprema Corte que se emitieron después de la invalidación de varias partes importantes de la legislación del *New Deal*. como los casos: *National Labor Relations Board v. Jones & Laughlin Steel Corp.*, 301 U.S. 1 (1937), *United States v. Darby* 312 U.S. 199 (1941), and *Wickard v. Filburn*, 317 U.S. 111 (1942).

En estas sentencias, la Suprema Corte dejó de distinguir entre comercio y otro tipo de negocios, como minería, manufactura y producción, permitiendo al Congreso ejercer control sobre todos los negocios; dejó de distinguir entre los efectos directos e indirectos del comercio interestatal, permitiendo al Congreso regular cualquier actividad que acumulativamente tuviera un efecto en el comercio interestatal; y dejó de considerar la Décima Enmienda como un límite al poder del Congreso. Bajo el criterio desarrollado, durante las siguientes décadas, según Erwin Chemerinsky, ha sido difícil imaginar algo que el Congreso no pueda regular bajo la cláusula de comercio, siempre y cuando no viole otra disposición constitucional.[7] En estos casos, a través de la jurisprudencia en materias relacionadas con el Estado federal, las

---

6   Véase Erwin Chemerinsky, *Constitutional Law: Principios y políticas*, Aspen Publishers, Nueva York, 2006, pp. 243 ss.

7   *Id.*, pp. 259-260.

sentencias de la Suprema Corte, sin duda, han llegado a sancionar normas constitucionales.

Sin embargo, al promulgar normas sobre controversias constitucionales relativas a la distribución constitucional de competencias en los Estados federales, los tribunales constitucionales no están autorizados a promulgar normas constitucionales ni a dar rango constitucional a disposiciones adoptadas por órganos constitucionales del Estado que no están autorizados a promulgar normas constitucionales. Lo contrario sería una violación de una Constitución, como ocurrió también en Venezuela, donde la Sala Constitucional del Tribunal Supremo dio rango constitucional e, incluso, rango supraconstitucional a disposiciones que el pueblo no había aprobado.

En efecto, luego de la aprobación popular de la Constitución de 1999, la Asamblea Nacional Constituyente adoptó un conjunto de disposiciones "transitorias" de la Constitución, no aprobadas por el pueblo, mediante un decreto del "Régimen de Transición del Poder Público".[8] En el decreto, la Asamblea Constituyente destituyó a todos los jefes de los poderes del Estado, incluidos los miembros de la antigua Corte Suprema, y nombró a otros nuevos, cambiando el contenido de las disposiciones transitorias contenidas en el texto de la Constitución. El decreto fue impugnado ante la Sala Constitucional del Tribunal Supremo de Justicia, que emitió la sentencia No. 6 de 27 de enero de 2000,[9] estableciendo que la Asamblea Nacional Constituyente tenía facultad "supraconstitucional" para crear disposiciones constitucionales sin aprobación popular, admitiendo así en el país, la existencia de dos regímenes constitucionales de transición paralelos: el contenido en las disposiciones transitorias de la Constitución aprobadas por el pueblo, y las aprobadas por la Asamblea Nacional Constituyente sin aprobación popular. De esta manera, la Sala Constitucional, decidiendo en causa propia, cambió ilegítimamente la Constitución, violando así la soberanía popular y dando origen a un largo período de inestabilidad constitucional que aún no termina. Esta mutación constitucional fue ratificada por la misma Sala Constitucional mediante sentecia N° 180 del 18 de marzo de 2000.[10]

---

[8]   *Gaceta Oficial* n° 36.859, 29 de diciembre de 1999.

[9]   Véase caso *Milagros Gómez et al.*, en *Revista de Derecho Público*, n° 81, Editorial Jurídica Venezolana, Caracas, 2000, pp. 81 ss., http://www.tsj.gov.ve/sentencias/scon/Enero/06-270100-000011.htm . Véase también Daniela Urosa Maggi, *Ponencia nacional de Venezuela*, p. 14.

[10]   Véase caso *Allan Brewer-Carías et al.*, en http://www.tsj.gov.ve/sentencias/scon/Marzo/180-280300-00-0737%20.htm . Véanse los comentarios en Allan R. Brewer-Carías, *Golpe de estado y proceso constituyente en Venezuela*, Universidad Nacional Autónoma de México, Ciudad de México 2002, pp. 367 ss.; Brewer-Carías, "El juez constitucional al servicio del autoritarismo y la ilegítima mutación de la Constitución: El caso de la Sala Constitucional

II. LOS TRIBUNALES CONSTITUCIONALES Y EL CONTROL DE CONSTITUCIONALIDAD DE DISPOSICIONES DE LA CONSTITUCIÓN Y DE LAS REFORMAS Y ENMIENDAS CONSTITUCIONALES

Los tribunales constitucionales también pueden establecer normas constitucionales cuando están facultados para revisar la propia Constitución, como es el caso de Austria, donde la Corte Constitucional está facultada para confrontar la Constitución, con sus propios principios básicos, como el principio de la democracia, del Estado federal, del Estado de derecho, de la separación de poderes y del sistema general de derechos humanos.

En ejercicio de esta facultad, la Corte Constitucional de Austria declaró en 2001 que una disposición constitucional era inconstitucional y la anuló.[11] El motivo de esa decisión fue la política que desarrollaba el legislador austriaco de legitimar (indirectamente) disposiciones inconstitucionales, que la Corte Constitucional había anulado, mediante la creación de nuevas disposiciones constitucionales que reflejaran las anteriores. En este caso, la Corte Constitucional declaró nula una disposición constitucional que excluía partes de la Ley de Contratación Pública de su conformidad con la Constitución. El alcance de la revisión por parte de la Corte se limitó a los principios básicos de la Constitución, sosteniendo que el principio democrático y el principio del *Rechtsstaat* habían sido violados al eximir de manera general el cumplimiento constitucional de un aspecto importante de la legislación (contratación pública).[12]

En el mismo sentido, los tribunales constitucionales pueden promulgar normas constitucionales cuando ejercen control de constitucionalidad respecto de enmiendas constitucionales. Por ejemplo, en Colombia, según el artículo 379 de la Constitución, todos los procedimientos de revisión constitucional, incluida la convocatoria de referendos populares o asambleas constituyentes, están sujetos a control de constitucionalidad por parte de la Corte Constitucional, que puede declararlos inconstitucionales si violan las reglas de procedimiento.[13] En Ecuador, el artículo 433 de la Constitución asigna a la Corte Cons-

---

del Tribunal Supremo de Justicia de Venezuela (1999-2009)", en *Revista de Administración Pública*, nº 180, Madrid 2009, p. 383–418. Véase también Daniela Urosa Maggi, *Ponencia nacional de Venezuela*, p. 14.

[11] Véase, por ejemplo, Tribunal Constitucional, Sentencia VfSlg 16.327/2001; Konrad Lachmayer, *Ponencia nacional de Austria*, p. 6 (nota al pie 20).

[12] *Id.* p. 9.

[13] Véase Mario Alberto Cajas Sarria, "Acerca del control judicial de la reforma constitucional en Colombia", *Revista Iberoamericana de Derecho Procesal Constitucional*, nº 7, Instituto Iberoamericano de Derecho Procesal Constitucional, Editorial Porrúa, México 2007, pp. 19 ss.

titucional la facultad de determinar qué procedimiento de revisión constitucional (reforma o enmienda) debe aplicarse. La Constitución de Bolivia permite al Tribunal Constitucional decidir sobre acciones de inconstitucionalidad interpuestas contra los procedimientos de reforma parcial de la Constitución.[14]

Los tribunales griegos también han afirmado su poder para participar en el control de constitucionalidad de las enmiendas constitucionales, aunque sin especificar la base constitucional exacta ni realizar ningún escrutinio significativo de las enmiendas constitucionales.[15]

La situación es completamente diferente en los casos en los cuales los tribunales constitucionales ejercen poderes de control de constitucionalidad sobre reformas o enmiendas de la Constitución en cuestiones de fondo, y no sólo en cuestiones de procedimiento. Esto sucede, por ejemplo, cuando los poderes constituyentes intentan cambiar cláusulas constitucionales que, según términos expresos de la Constitución, se declaran como principios o disposiciones pétreas, que no pueden modificarse o cambiarse. Por ejemplo, la Constitución de Brasil establece que: "No se considerará ninguna propuesta de reforma que tenga por objeto abolir: I. La forma federativa de Estado; II. El voto directo, secreto, universal y periódico; III. La separación de los Poderes de Gobierno; IV. Derechos y garantías individuales" (artículo 64, párr. 4).

Sin embargo, las facultades de un tribunal constitucional para ejercer el control de constitucionalidad del fondo de reformas o modificaciones constitucionales, incluso en los casos de cláusulas que la Constitución establece como no modificables, deben estar expresamente establecidas como una de sus competencias, como se ha establecido en muchos países en materia de revisión de cuestiones procesales relativas a reformas o enmiendas constitucionales. Por el contrario, el ejercicio por parte de un Tribunal Constitucional de poderes de control de constitucionalidad no autorizados en la Constitución en cuanto a los méritos de las reformas o enmiendas constitucionales, podría llevar eventualmente al tribunal a sustituir el poder constituyente.

Esto fue lo que ocurrió por ejemplo en Colombia, con la sentencia No. C-141 emitida por la Corte Constitucional el 26 de febrero de

---

¹⁴ Véase Allan R. Brewer-Carías, *Reforma constitucional y fraude a la Constitución. Venezuela 1999-2009*, Academia de Ciencias Políticas y Sociales, Caracas 2009, p. 78 ss.; Brewer-Carías, "La reforma constitucional en América Latina y el control de constitucionalidad", en *Reforma de la Constitución y control de constitucionalidad. Congreso Internacional, Pontificia Universidad Javeriana, Bogotá Colombia, junio 14 al 17 de 2005*, Pontificia Universidad Javeriana, Bogotá, 2005, p. 108–159.

¹⁵ Véase Sentencia del Tribunal Supremo Especial n° 11/2003, *DtA* 2009, 553 (555–556); Julia Iliopoulos-Strangas y Stylianos-Ioannis G. Koutnatzis, *Ponencia nacional Grecia*, p. 11 (nota al pie 85).

2010, en la cual la Corte anuló la Ley No. 1.354 de 2009, que había convocado un referéndum para aprobar reformas al artículo 197 de la Constitución para permitir la reelección para un tercer período del Presidente de la República.[16]

En este caso, la Corte, además de considerar diversos vicios procesales que afectaban la iniciativa popular de la legislación y el proceso legislativo seguido en la aprobación de la ley impugnada, también consideró la existencia de "vicios o excesos en el ejercicio de la facultad de reforma constitucional". Refiriéndose a la jurisprudencia establecida desde 2003 "bajo el nombre de teoría de la sustitución," la Corte confirmó que "no es factible una reforma constitucional que desconozca principios estructurales o elementos definitorios de la Constitución de 1991", afirmando su facultad de ejercer el control de constitucionalidad incluso respecto de la ley que convoca a un referéndum de reforma constitucional. En cuanto a la Ley 1.354 de 2009, la Corte "consideró que desconoce algunos ejes estructurales de la Constitución Política como el principio de la separación de poderes y el sistema de pesos y contrapesos, la regla de alternancia y el período presidencial, el derecho a la igualdad y la carácter general y abstracto de las leyes".[17] La conclusión general de la sentencia de la Corte Constitucional de 2010 que declaró la inconstitucionalidad y anuló la Ley N° 1.354 fue entonces que no se trataba simplemente "de meras irregularidades procesales sino de violaciones sustanciales al principio democrático, uno de cuyos componentes esenciales es la respeto de las formas previstas para que el pueblo pueda expresarse".[18]

Sobre esta decisión de la Corte Constitucional Sandra Morelli consideró "nada menos que sorprendente que encontrar al organismo nacional responsable de garantizar la supremacía de la Constitución y su preservación, en marcado contraste con el contenido del artículo 247 de la Constitución que limita [s] su competencia para considerar vicios de procedimiento al ejercer el control de constitucionalidad sobre las leyes que convocan a un referéndum constitucional, y que lo hace planteando la cuestión de que la reforma constitucional propuesta constituiría una sustitución del sistema constitucional, de manera que sólo el constituyente primario estaría legitimado para tal fin". Según Morelli, "la Corte Constitucional colombiana, por un lado, está cer-

---

[16]   Inicialmente la Corte publicó el Comunicado n° 9, de 26 de febrero de 2010, que contiene la sentencia de fondo. Ver http://www.corteconstitucional.gov.co/comunicados/No.%20 09%20Comunicado %2026%20de%20febrero%20de%202010.php. Véase también Sandra Morelli, *Ponencia nacional de Colombia*, p. 13-16; Germán Alfonso López Daza, *Ponencia nacional de Colombia I*, p. 6. El texto completo de la sentencia fue publicado posteriormente en 2011. Ver en http://www.corteconstitucional.gov.co/relatoria/2010/c-141-10.htm .

[17]   *Id.*, p. 19.

[18]   *Id.*, p. 20.

cenando las facultades de reforma de los órganos constituidos, y por
el otro, refiriéndose a competencias, está mutando la constitución".[19]

En la India, la Corte Suprema ha modificado la Constitución en
cuestiones de enmiendas constitucionales al establecer limitaciones
sustantivas al poder del Parlamento para modificar la Constitución,
no previstas en el artículo 368 de la Constitución. A este respecto, la
Corte Suprema de la India, en el *caso Kesvananda Bharti v. State of Kerala*, interpretó una limitación "implícita" al poder del Parlamento para
modificar la Constitución, en el sentido de que no puede modificar las
características básicas o la estructura básica de la Constitución.[20] En
consecuencia, el control de constitucionalidad se interpreta como una
característica básica de la Constitución,[21] lo que significa que ni siquiera una enmienda constitucional puede eliminar el poder de control de
constitucionalidad, convirtiendo así a la Corte Suprema, según Surya
Deva, en "probablemente el tribunal más poderoso en cualquier democracia". ."[22]

Finalmente, debe mencionarse un caso en Venezuela donde la Sala
Constitucional del Tribunal Supremo de Justicia se negó a controlar
la constitucionalidad de un procedimiento de revisión constitucional
que fue impugnado por su inconstitucionalidad. La Constitución venezolana de 1999 establece tres procedimientos diferentes y precisos
para las reformas constitucionales: la "Enmienda Constitucional", la
"Reforma Constitucional" y la "Asamblea Nacional Constituyente",
dependiendo del grado e importancia de las reformas propuestas,
siendo esta última necesaria para importantes reformas encaminadas a transformar el Estado. En 2007, por iniciativa del Presidente de
la República, la Asamblea Nacional sancionó una "Reforma Constitucional" encaminada a transformar el Estado Social Democrático
Descentralizado establecido en la Constitución de 1999 en un Estado
Socialista, Centralizado y Militarista.[23] El procedimiento de reforma

---

[19]   *Id .*, p. 22.

[20]   Véase Surya Deva, *Ponencia nacional de la India*, p. 5–6.

[21]   Véase *Waman Rao contra la Unión de la India*, AIRE 1981 SC 271; *SP Sampath Kumar contra la Unión de la India*, AIRE 1987 SC 386; *L Chandra Kumar contra Unión de la India*, AIR 1997 SC 1125. Véase Surya Deva, *Ponencia nacional de la India*, p. 6 (nota al pie 41).

[22]   Véase Surya Deva, *Ponencia nacional de la India*, p. 6.

[23]   Ver sobre la propuesta de reforma Allan R. Brewer-Carías, *Hacia la consolidación de un Estado Socialista, Centralizado, Policial y Militarista. Comentarios sobre el sentido y alcance de las propuestas de reforma constitucional 2007*, Colección Textos Legislativos, n° 42, Editorial Jurídica Venezolana, Caracas 2007; Brewer-Carías, *La reforma constitucional de 2007 (Comentarios al Proyecto inconstitucionalmente sancionado por la Asamblea Nacional el 2 de noviembre de 2007)*, Colección Textos Legislativos, No.43, Editorial Jurídica Venezolana, Caracas 2007; Brewer-Carías, *Reforma constitucional y fraude a la Constitución (1999 – 2009)*, Academia de Ciencias Políticas y Sociales, Caracas 2009.

que se siguió fue impugnado ante la Sala Constitucional, pero ésta se negó a conocer las acciones populares interpuestas en su contra por considerar que eran *improponibles* en espera de la aprobación definitiva de la reforma, renunciando a ser el guardián de la supremacía de la Constitución.[24] Sin embargo, fue el pueblo en el referéndum del 7 de diciembre de 2007 quien rechazó el inconstitucional proyecto de reforma inconstitucional.[25]

III. LA ADAPTACIÓN DE LA CONSTITUCIÓN POR LOS TRIBUNALES CONSTITUCIONALES Y LA CUESTIÓN DE LOS CAMBIOS LEGÍTIMOS A LA CONSTITUCIÓN

La situación es diferente cuando los tribunales constitucionales adaptan las disposiciones constitucionales mediante la interpretación. Sin duda, una de las funciones principales de los tribunales constitucionales al ejercer el control de constitucionalidad de las leyes es interpretar la Constitución y adaptar sus disposiciones de acuerdo con los principios y valores constitucionales, particularmente en cuestiones de protección de los derechos fundamentales.

En tales casos, según Laurence Claus y Richard S. Kay, los tribunales constitucionales "se involucran en la elaboración de leyes constitucionales positivas", particularmente cuando la norma que "formulan crea deberes públicos 'afirmativos'".[26] En consecuencia, es posible aceptar "mutaciones" constitucionales realizadas por el juez, entendiéndose esta expresión como "cambios en la interpretación de una disposición constitucional, cuyo sentido se altera a pesar de mantenerse la misma redacción de la norma de la Constitución."[27]

---

[24]   Ver Allan R. Brewer-Carías, " El juez constitucional vs. la supremacía constitucional o de cómo la jurisdicción constitucional en Venezuela renunció a controlar la constitucionalidad del procedimiento seguido para la 'reforma constitucional' sancionada por la Asamblea Nacional el 2 de noviembre de 2007, antes de que fuera rechazada por el pueblo en el referendo del 2 de diciembre de 2007", en Eduardo Ferrer Mac-Gregor y César de Jesús Molina Suárez (Coordinarores), *El juez constitucional en el Siglo XXI*, Universidad nacional Autónoma de México, Suprema Corte de Justicia de la Nación, México 2009, Tomo I, pp. 385 – 435.

[25]   Véanse los comentarios en Allan R. Brewer-Carías, "La reforma constitucional en Venezuela de 2007 y su rechazo por el poder constituyente originario", en José Ma. Serna de la Garza (coord.), *Procesos Constituyentes contemporáneos en América latina. Tendencias y perspectivas*, Universidad Nacional Autónoma de México, México 2009, pp. 407 – 449.

[26]   Véase Laurence Claus y Richard S. Kay, *Ponencia nacional de Estados Unidos*, p. 6.

[27]   Véase Salvador O. Nava Gomar, "Interpretación, mutación y reforma de la Constitución: Tres extractos", en Eduardo Ferrer Mac-Gregor (coord.), *Interpretación constitucional*, vol. 2, Editorial Porrúa, Universidad Nacional Autónoma de México, Ciudad de México 2005, pp. 804 ss. Véase también Thomas Bustamante y Evanlida de Godoi Bustamante, *Ponencia nacional de Brasil*, p. 28. Véase en general Konrad Hesse, "Límites a la mutación constitu-

Sin embargo, en esto hay algunos riesgos. Como escribí hace unos
años, si bien es cierto que "los tribunales constitucionales, ciertamente, pueden considerarse un instrumento fenomenal para la adaptación
de la Constitución y el fortalecimiento del Estado de derecho", entonces también es cierto que "también pueden ser un instrumento diabó-
lico de dictadura constitucional, no sujeto a control, cuando validan
violaciones constitucionales cometidas por regímenes autoritarios o
cuando la separación de poderes no está asegurada".[28]

Estas mutaciones constitucionales, cuando refuerzan el Estado
de derecho, generalmente tienen lugar como consecuencia de hacer
cumplir los valores y principios fundamentales de la Constitución, en
particular la protección de los derechos fundamentales y el fortalecimiento del gobierno democrático. Sin embargo, también se han dado
en otras materias constitucionales relacionadas con la organización
general del Estado.

1.   Adecuación de la Constitución en Materia de Garantías de Derechos Fundamentales

En cuanto a la protección de los derechos fundamentales, la mutación de la Constitución en muchos países ha resultado del hecho de
que los tribunales constitucionales han "descubierto" derechos fundamentales que no estaban expresamente enumerados en el texto de
una Constitución y, en consecuencia, han ampliado el alcance de las
disposiciones constitucionales. En este sentido, los tribunales constitucionales siempre han tenido un deber adicional al del juez ordinario, en el sentido de que deben defender la Constitución y sus valores
fundacionales en un momento determinado.[29]

Por eso se considera legítimo que los tribunales constitucionales, en
su proceso interpretativo, adapten una Constitución a los valores actuales de la sociedad y del sistema político, precisamente "para man-

---

cional", en *Escritos de derecho constitucional,* Centro de Estudios Constitucionales, Madrid
1992, pp. 79 – 104 .

[28]   Véase Allan R. Brewer-Carías, "La reforma constitucional en América Latina y el control
de constitucionalidad ", en *Reforma de la Constitución y control de constitucionalidad. Congreso Internacional junio 14 al 17 de 2005),* Pontificia Universidad Javeriana, Bogotá, 2005, pp.
108–159.

[29]   Esto ha sido particularmente cierto, por ejemplo, en el proceso de transformación de los
antiguos Estados socialistas de Europa oriental en Estados democráticos contemporáneos
sujetos al estado de derecho. Véase, por ejemplo, Marek Safjan, *Ponencia nacional Polonia,*
pp. 7, 10; Sanja Barić y Petar Bačić, *Ponencia nacional Croacia,* pp. 18, 21, 28; Boško Tripković, *Ponencia nacional de Serbia,* pp. 1, 14.

tener viva la Constitución".[30] Con ese fin, dado que una Constitución no es un documento estático, los tribunales constitucionales deben ser creativos a la hora de aplicar con eficacia Constituciones que fueron redactadas, por ejemplo, en el siglo XIX, en particular cuando controlan la constitucionalidad de la legislación de acuerdo con las necesidades sociales en evolución y con las instituciones del país.

Esto también ocurre en el caso de Constituciones más recientes, donde los derechos fundamentales a veces se expresan de manera vaga y elusiva, con disposiciones expresadas en términos ambiguos, aun cuando valiosos, como *libertad, democracia, justicia, dignidad, igualdad, función social* y *los intereses públicos*.[31] Esto lleva a la necesidad de que los jueces tengan un papel activo al interpretar lo que se ha llamado las "preciosas ambigüedades"[32] y las "generalidades majestuosas" de una Constitución.[33]

Es precisamente en estos asuntos, como lo han mencionado Laurence Claus y Richard S. Kay, donde la elaboración de principios y valores constitucionales por la Corte Suprema de Estados Unidos "proporciona quizás el ejemplo más destacado de positiva elaboración de leyes en el curso de la adjudicación constitucional estadounidense". Por ejemplo, la Corte interpretó la cláusula de igual protección de la Decimocuarta Enmienda para exponer la naturaleza de la igualdad; discutió sobre la garantía constitucional del debido proceso (Enmiendas V y XIV), y la cláusula abierta de la Enmienda IX, para construir un sentido de libertad.[34]

Como ha señalado Geoffrey R. Stone respecto del texto de la Constitución de Estados Unidos:

---

[30]   Véase Mauro Cappelletti, "El formidable problema del control judicial y la contribución del análisis comparado", *Revista de Estudios Políticos* 13, Madrid 1980, p. 78; "The Mighty Problem of Judicial Review and the Contribution of Comparative Analysis", *Southern California Law Review*, 53, 1980, pp. 409 ss.

[31]   Véase Mauro Cappelletti, "Nécessité et légitimité de la Justice constitutionnelle", en Louis Favoreu (ed.), *Cours constitutionnelles européenes et droit fundamentaux*, Economica, Presses Universitaires d'Aix-Marseille, 1982, p. 474.

[32]   "Si es cierto que la precisión tiene un lugar de honor en la redacción de una sentencia gubernamental, es mortal cuando se trata de una constitución que quiere ser un cuerpo vivo". SM Hufstedles, "In the Name of Justice", *Stanford Lawyers* 14, n° 1 (1979), pp. 3–4, citado por Mauro Cappelletti, "Nécessité et légitimité de la Justice constitutionnelle", en Louis Favoreu (ed.), *Cours constitutionnelles européennes et droit fondamentaux*, Economica, Presses Universitaires d'Aix-Marseille, 1982, p. 474; L. Favoreu, *Le contrôle juridictionnel des lois et sa légitimité . Développements récents en Europe Occidentale*, Association Internationale des Sciences Juridiques, Colloque d'Uppsala 1984, (mimeografiado), p. 32.

[33]   Véase *W. Va. State Bd. of Educ. v. Barnette*, 319 U.S. 624, 639 (1943).. Véase Laurence Claus y Richard S. Kay, *Ponencia nacional de Estados Unidos*, p. 12 (nota al pie 33).

[34]   Véase Laurence Claus y Richard S. Kay, *Ponencia nacional de Estados Unidos*, pp. 12-13.

"Define nuestros derechos y protecciones más fundamentales en
términos abiertos: "libertad de expresión", por ejemplo, e "igualdad de protección de las leyes", "debido proceso legal", "registros e incautaciones irrazonables", "libre ejercicio" de religión y
"castigo cruel e inusual". Estos términos no se definen por sí mismos; no tenían un significado claro ni siquiera para las personas
que los redactaron. Los redactores comprendieron plenamente
que dejaban a las generaciones futuras el uso de su inteligencia,
juicio y experiencia para dar un significado concreto a las aspira-
ciones expresadas.[35]

En particular, por ejemplo, fue en el caso *Brown v. Board of Education
of Topeka*, 347 US 483 (1954), donde se inició este proceso de mutación
de la Constitución estadounidense en cuestiones de derechos fundamentales. Es importante tener en cuenta que la Constitución estadounidense de 1789 y las enmiendas de 1791 no establecieron el principio
de igualdad y que la Decimocuarta Enmienda (1868) incluía sólo la
cláusula de igual protección, la cual hasta los años cincuenta había
sido interpretada de manera diferente.

Este caso convirtió a la Corte, según Claus y Kay, en "el legislador
en funciones más poderoso de la nación",[36] al haber utilizado medios
de protección antiguos pero renovados, particularmente medios equi-
tativos, para pasar de los medios prohibitivos a los obligatorios.

Este puede considerarse como uno de los avances más sorprendentes en el derecho constitucional moderno, que produjo cambios impo-
sibles de imaginar unos años antes. Como se mencionó anteriormente,
estos medios se aplicaron ampliamente en el caso *Brown v. Board of
Education of Topeka*, 347 US 483 (1954), donde la Suprema Corte sostuvo que la segregación racial en la educación pública era una negación
de la "igual protección de las leyes" la cual, según la Decimocuarta
Enmienda, ningún Estado debía negar a ninguna persona dentro de la
jurisdicción del Estado. La Corte tuvo que responder varias preguntas
para declarar inconstitucional la segregación, como por ejemplo, si el
fallo debería ordenar que los niños afroamericanos "fueran admitidos
inmediatamente en las escuelas de su elección" o si el tribunal debería
"permitir un ajuste gradual efectivo" de los sistemas.[37] Finalmente,

---

[35]   Véase Geoffrey R. Stone, "Our Fill-in-the-Blank Constitution", Op-Ed, *The New York Times*, 14 de abril de 2010, p. A27.

[36]   Véase Laurence Claus y Richard S. Kay, *Ponencia nacional de Estados Unidos*, p. 20. Sobre las distintas etapas del proceso judicial respecto de dichas cláusulas, véase *id.*, pp. 13-14. Los autores sostienen que "la ley de libertad e igualdad en Estados Unidos es ahora, en gran medida, creada y moldeada en última instancia por la Corte Suprema", p. 14.

[37]   *Brown v. Bd. of Educ.*, 345 U.S. 972, 972 (1953). Véase Laurence Claus y Richard S. Kay, *Ponencia nacional de Estados Unidos*, p. 26 (nota al pie 89).

estas investigaciones llevaron a la Suprema Corte, en mayo de 1954, a declarar la segregación racial incompatible con la Decimocuarta Enmienda, emitiendo la sentencia definitiva del caso en mayo de 1955, dos años y medio después del argumento inicial.[38]

En efecto, en el *caso Brown*, la Suprema Corte cambió el significado de la Decimocuarta Enmienda. El presidente del Tribunal Supremo Warren dijo:

"Al abordar este problema no podemos retroceder hasta 1868, cuando se adoptó la Enmienda, o incluso, hasta 1896, cuando se redactó *Plessy v. Ferguson*. Debemos considerar la educación pública a la luz de su pleno desarrollo y su lugar actual en la vida estadounidense en toda la nación. Sólo así se podrá determinar si la segregación en las escuelas públicas priva a estos demandantes de la igual protección de las leyes."

Esta afirmación llevó al presidente de la Suprema Corte Warren a concluir:

"en el campo de la educación pública la doctrina de "separados pero iguales" no tiene cabida. Las instalaciones educativas separadas son inherentemente desiguales. Por lo tanto, sostenemos que los demandantes y otras personas en situación similar contra quienes se han interpuesto las acciones se encuentran, debido a la segregación denunciada, privados de la igual protección de las leyes garantizadas por la Decimocuarta Enmienda."

En otros contextos, particularmente en Francia, donde la Constitución no contiene una declaración de derechos fundamentales, hay que destacar el papel del Consejo Constitucional durante las últimas décadas, comenzando con la importante decisión adoptada el 16 de julio de 1971 sobre la libertad de asociación.[39] En ese caso, el Consejo Constitucional aceptó el valor jurídico positivo del Preámbulo de la Constitución de 1958 con todas sus consecuencias,[40] que se ajustaba a lo que Louis Favoreu llamó el *bloc de constitucionalité*.[41]

---

[38] *Brown v. Bd. of Educ.*, 345 U.S. 972, 972 (1953). Véase Laurence Claus y Richard S. Kay, *Ponencia nacional de Estados Unidos*, p. 27 (nota al pie 91).

[39] Véase L. Favoreu y L. Philip, *Les grandes décisions du Conseil Constitutionnel*, Dalloz, París 1984, pp. 222–237; Bertrand Mathieu, *Ponencia nacional Francia*, p. 2.

[40] Véase L. Favoreu, "Rapport général introductif", en *Cours constitutionnelles européenes et droit fondamentaux*, Economica, Presses Universitaires d'Aix-Marseille, 1982, pp. 45-46.

[41] Véase L. Favoreu, "Le principe de Constitutionalité. Essai de definición d'apres la jurisprudence du Conseil Constitutionnel", *Recueil d'Étude en Hommage a Charles Eisenman*, París 1977, p. 34. Sobre derecho comparado, véase también Francisco Zúñiga Urbina, "Control de constitucionalidad y sentencia", *Cuadernos del Tribunal Constitucional*, n° 34, Santiago de Chile 2006, pp. 46–68.

En consecuencia, respecto de la ley particular que establecía un procedimiento para controlar la adquisición de la capacidad jurídica por las asociaciones, el Consejo Constitucional la consideró contraria a la Constitución,[42] argumentando que el Preámbulo de la Constitución de 1946 se refería a los "principios fundamentales reconocidos por las leyes de la República," entre los cuales debía incluirse el principio de libertad de asociación. El Consejo, de acuerdo con dicho principio, consideró que las asociaciones debían constituirse libremente y poder desarrollar sus actividades con la única condición de presentar una declaración ante la Administración, que no estuviera sujeta a autorización previa ni de parte de las autoridades administrativas ni judiciales. Así, el Consejo Constitucional decidió que los principios constitucionales fundamentales estaban incluidos no sólo en el Preámbulo de la Constitución de 1958 sino también en el Preámbulo de la Constitución de 1946 y, a través de éste, en la Declaración de los Derechos del Hombre y del Ciudadano de 1789. Así, los límites impuestos a las asociaciones en el proyecto de ley que establecía el control judicial previo de la declaración se consideraron inconstitucionales. De esta manera, según Jean Rivero:

> "La libertad de asociación, que no está expresamente establecida ni en la Declaración ni en los principios particularmente necesarios de nuestro tiempo, sino que sólo fue reconocida por una ley del 1 de julio de 1901, fue reconocida por decisión del Consejo Constitucional, como dotada de rango constitucional, no sólo como principio, sino en relación con las modalidades de su ejercicio."[43]

Este tipo de adaptación de la Constitución francesa también fue desarrollada por el Consejo Constitucional en el conocido caso *Nacionalización* de 1982, que aplicó el artículo relativo al derecho de propiedad de la Declaración de los Derechos del Hombre y del Ciudadano de 1789 y declaró el derecho a la propiedad como con fuerza constitu-

---

[42]   Véase la sentencia del Consejo Constitucional en L. Favoreu y J. Philip, *Les grandes décisions du Conseil Constitutionnel*, Dalloz, París 1984, p. 222. Véanse los comentarios a las sentencias del 16 de julio de 1971 en J. Rivero, "Note", *L'Actualité Juridique. Derecho Administrativo*, París, 1971, p. 537; J. Rivero, "Principles fondamentaux reconnus par les lois de la République; une nouvelle catégorie constitutionnelle? *Dalloz 1974*, Chroniques, París 1974, pp. 265; JE Bradsley, "The Constitutional Council and Constitutional Liberties in France", *American Journal of Comparative Law* 20, n° 3 (1972), p. 43; B. Nicholas, "Derechos fundamentales y revisión judicial en Francia", *Derecho público,* 1978, p. 83.

[43]   Véase J. Rivero, "Les garanties constitutionnelles des droits de l'homme en droit français", en *IX Journées Juridiques Franco-Latino Américaines*, Bayona, 21-23 de mayo de 1976 (mimeografiado), p. 11.

cional. En su decisión del 16 de enero de 1982,[44] aunque el artículo de la Declaración de 1789 relativo a los derechos de propiedad se consideraba obsoleto y, por tanto, su interpretación no podía dar lugar a un sentido completamente diferente del definido en 1789,[45] el Consejo Constitucional afirmó:

"Teniendo en cuenta que si bien es cierto que a partir de 1789 y hasta la actualidad, los fines y condiciones del ejercicio del derecho de propiedad han experimentado una evolución caracterizada tanto por una notable extensión de su aplicación a nuevos ámbitos individuales como por límites impuestos por los intereses generales, los propios principios expresados en la Declaración de los Derechos del Hombre tienen pleno valor constitucional, particularmente en lo que respecta al carácter fundamental del derecho de propiedad, cuya conservación constituye uno de los fines de la sociedad política, y se ubica en el mismo rango de la libertad, la seguridad y la resistencia a la opresión, así como respecto de las garantías dadas a los titulares de ese derecho y las prerrogativas del poder público."[46]

En esta forma, el Consejo Constitucional no sólo creó un derecho constitucional al otorgar rango y valor constitucional a la Declaración de 1789, sino que también adaptó el derecho "sagrado" a la propiedad establecido doscientos años antes, al derecho limitable de nuestros tiempos, permitiendo así al Consejo declarar inconstitucionales ciertos artículos de la ley de Nacionalización relativos al sector bancario y a industrias de importancia estratégica (especialmente en los sectores de electrónica y comunicaciones) .

Por otra parte, el papel de los tribunales constitucionales a la hora de adaptar la Constitución para garantizar derechos fundamentales no establecidos expresamente en la Constitución, incluso en ausencia de cláusulas constitucionales abiertas como la Novena Enmienda a la Constitución de los Estados Unidos, ha sido comúnmente aceptado,

---

[44]   Véase L. Favoreu y L. Philip, *Les grandes décisions du Conseil Constitutionnel*, Dalloz, París 1984, pp. 525-562.

[45]   Véase L. Favoreu, *Le contrôle juridictionnel des lois et sa légitimité . Développements récents en Europe Occidentale*, Association Internationale des Sciences Juridiques, Colloque d'Uppsala 1984 (mimeografiado), p. 32.

[46]   Véase L. Favoreu y L. Philip, *Les grandes décisions du Conseil Constitutionnel*, Dalloz, París 1984, p. 526; L. Favoreu, "Les décisions du Conseil Constitutionnel dans l'affaire des nationalisations", *Revue du Droit Public et de la Science Politique en France et à l'Étranger* 98, n° 2, París 1982, p. 406.

principalmente debido al principio de progresividad consagrado en
la Constitución para la protección de los derechos fundamentales.[47]

En Suiza, por ejemplo, antes de que se aprobara la reforma constitucional de 1999, que incluía una declaración ampliada de derechos fundamentales, el Tribunal Supremo Federal interpretó que la anterior Constitución de 1874, que incluía sólo unos pocos derechos fundamentales, permitía derechos fundamentales no escritos muy importantes, incluida la garantía de propiedad (1960);[48] libertad de expresión (1961);[49] el derecho a la libertad personal en el sentido de derecho a la integridad física y mental (1963);[50] libertad de lenguaje (1965);[51] el derecho a la existencia y a la atención, incluido un mínimo de asistencia gubernamental en caso de necesidad (1995);[52] libertad de reunión y libertad de expresión, que abarcan el derecho a realizar manifestaciones públicas (1970);[53] y la libertad de manifestar.[54]

Asimismo, antes de la reforma constitucional de 1999, el Supremo Tribunal Federal reconoció la libertad de elegir y votar como un derecho constitucional;[55] y más importante, hizo cumplir el derecho de las mujeres a participar en la *Landsgemeinde* (asamblea de ciudadanos como máximo órgano legislativo) del cantón Appenzell-Innerrhoden,[56] donde la Constitución cantonal disponía que sólo los hombres podían participar en dicha asamblea. Todos estos derechos fueron posteriormente incluidos en la Constitución de 1999.

En Alemania, el Tribunal Constitucional Federal también ha desarrollado un importante proceso de interpretación de la Constitución para proteger los derechos fundamentales. Ines Härtel se ha referido a una decisión del Tribunal Constitucional Federal de 2008 sobre registros de ordenadores. en la cual el Tribunal creó un "nuevo" derecho

---

[47]   Véase Pedro Nikken, *La protección internacional de los derechos humanos: Su desarrollo progresivo*, Instituto Interamericano de Derechos Humanos, Ed. Civitas, Madrid 1987; Mónica Pinto, "El principio *pro homine* : Criterio hermenéutico y pautas para la regulación de los derechos humanos", en *La aplicación de los tratados sobre derechos Humanos por los tribunales locales*, Centro de Estudios Legales y Sociales, Buenos Aires 1997, p. 163.

[48]   Véase Tribunal Supremo, en ZBl 62/1961, 69, 72; Tobias Jaag, *Ponencia nacional Suiza*, p. 11 (nota al pie 49).

[49]   Véase BGE 87 I 114, 117; Tobias Jaag, *Ponencia nacional Suiza*, p. 11 (nota al pie 51).

[50]   Véase BGE 89 I 92, 97 ss.; Tobias Jaag, *Ponencia nacional Suiza*, p. 11 (nota al pie 56).

[51]   Véase BGE 91 I 480, 485 ss.. Esto incluye el derecho a utilizar la lengua materna. Véase Tobias Jaag, *Ponencia nacional Suiza*, p. 12 (nota al pie 59).

[52]   Véase BGE 121 I 367, 370 ss.; Tobias Jaag, *Ponencia nacional Suiza*, p. 12 (nota al pie 61).

[53]   Véase BGE 96 I 219, 223 ss.; Tobias Jaag, *Ponencia nacional Suiza*, p. 11 (nota al pie 52).

[54]   Véase BGE 100 Ia 392, 400 ss.; Tobias Jaag, *Ponencia nacional Suiza*, p. 11 (nota al pie 53).

[55]   *Cf.* BGE 121 I 138, 141 ss.; Tobias Jaag, *Ponencia nacional Suiza*, p. 12 (nota al pie 64).

[56]   Véase BGE 116 Ia 359 ss.; Tobias Jaag, *Ponencia nacional Suiza*, p. 13 (nota al pie 66).

básico sobre la "garantía de confidencialidad e integridad en los sistemas de tecnología de la información". En este caso, durante el proceso de control de constitucionalidad de una disposición de una ley de Renania del Norte-Westfalia relativa a la modificación de la ley por parte de la Oficina Federal para la Protección de la Constitución, el Tribunal se pronunció sobre la protección de los derechos personales generales previstos en el artículo 2.1, en relación con el artículo 1.1 de la Constitución,[57] en particular dentro de la tensión entre libertad y seguridad que afecta al tratamiento de datos e información personales.

En Polonia, el Tribunal Constitucional ha desarrollado un activismo judicial en relación con la expansión de los derechos humanos, particularmente después de 1989, con la caída del sistema totalitario del país y la necesidad de construir las estructuras de un Estado democrático de derecho. El Tribunal Constitucional, de acuerdo con los nuevos valores y sistemas democráticos, se vio obligado a interpretar las normas de derechos y libertades no expresadas directamente en la Constitución y a complementar las disposiciones constitucionales existentes. En consecuencia, el Tribunal derivó derechos fundamentales como el derecho a la protección de la vida humana antes del nacimiento,[58] el derecho a juicio,[59] el derecho a la privacidad,[60] la prohibición de la retroactividad,[61] la regla de protección de los derechos debidamente adquiridos,[62] la protección de las empresas y la seguridad jurídica,[63] y el principio de proporcionalidad, por ejemplo, en la imposición de sanciones.[64]

También en Polonia, el Tribunal se ha encargado de dar contenido específico a las cláusulas programáticas establecidas en la Cons-

---

[57]   Véase BVerfG, Referencia n° 1 BvR 370/07 del 27 de febrero de 2008, disponible en http://www.bverfg.de/entscheidungen/rs20080227_1bvr037007.html; I. Härtel, *Ponencia nacional Alemania*, p. 12.

[58]   Véase Sentencia del 28 de mayo de 1997, K 26/96, OTK ZU 1997/2/19; Marek Safjan, *Ponencia nacional Polonia*, p. 9 (nota al pie 22).

[59]   Véase Sentencia del 7 de enero de 1992, K 8/91, OTK ZU 1992, parte 1, pp. 76 a 84; de 27 de junio de 1995, K4/94, OTK 1993, parte 2, pp. 297–310; Marek Safjan, *Ponencia nacional Polonia*, p. 9 (nota al pie 23).

[60]   Véase Sentencia del 24 de junio de 1997, K21797, OTK ZU 1997/12/23; Marek Safjan, *Ponencia nacional Polonia*, p. 9 (nota al pie 24).

[61]   Véase Sentencia del 22 de agosto de 1990, K7/90, OTK 1990, pp. 42 a 58; Marek Safjan, *Ponencia nacional Polonia*, p. 9 (nota al pie 25).

[62]   Véase Sentencia del 25 de febrero de 1992 K3/9, OTK 1992, parte 1, punto 1; Marek Safjan, *Ponencia nacional Polonia*, p. 9 (nota al pie 26).

[63]   Véase Sentencia del 15 de julio de 1996, K5/96, OTK ZU 1996, parte 2, p. 16-28; Marek Safjan, *Ponencia nacional Polonia*, p. 9 (nota al pie 28).

[64]   Véase Sentencia del 26 de abril de 1995, K11/94, OTK 1995, parte 1, punto 12; Marek Safjan, *Ponencia nacional Polonia*, p. 9 (nota al pie 29).

titución, particularmente durante la transformación de un Estado socialista autoritario a un Estado democrático de derecho. En este proceso, el Tribunal Constitucional desarrolló el amplio catálogo de normas generales relacionadas con los derechos sociales y económicos establecidos en la Constitución, y entre otros, definió el sistema económico como de "economía social de mercado" (artículo 20 de la Constitución).

Por eso, con respecto a estas normas, el juez Marek Safjan dijo que:

"si estas normas no deben quedar como pura ideología y decoro constitucional, expresando los 'deseos e ilusiones' de los autores de la Constitución, el Tribunal Constitucional, al convertir las reglas en normas, y buscando al menos un contenido normativo mínimo en las llamadas 'normas programáticas'", ha ejercido "una influencia cada vez más fuerte en las direcciones de la política estatal en estas dimensiones".[65]

Para tal efecto, el Tribunal, siguiendo los valores superiores de la Constitución, ha completado estos conceptos, señalando y determinando sus límites. Como ha explicado el juez Safjan:

"Es característico de cada Constitución el empleo de un gran número de normas "abiertas" que tienen un alcance normativo indefinido (difuso), que expresan valores jurídicos fundamentales, creando una "axiología de la Constitución". Esta búsqueda de un contenido normativo escondido en las expresiones constitucionales generales e indefinidas, así como decodificar de ellas otras normas –más precisas y concretas–, fijando límites a la aplicación de las reglas y estableciendo una "jerarquía" especial entre las reglas en conflicto y valores –, está inscrita en la naturaleza de la interpretación de la Constitución y está estrechamente relacionada con la esencia de la función de cada tribunal constitucional.[66]

Con respecto al principio de proporcionalidad, el Tribunal Constitucional de Croacia también ha desarrollado este principio, determinando que el Estado debe redactar la legislación relacionada con los derechos y libertades individuales, incluyendo en su regulación solu-

---

[65] Véase Marek Safjan, *Ponencia nacional Polonia*, p. 12. Sobre las sentencias que establecen contenidos normativos positivos a partir de las llamadas normas programáticas, véase, por ejemplo, Fondo Nacional de Salud del 7 de enero de 2004, K14703, OTK ZU 2004/1A/1; la protección del consumidor (biocombustibles) de 21 de abril de 2004, K33/03, OTK ZU 2004/4A/31; sentencias de protección de inquilinos de 12 de enero de 2001, P11/98, OTK ZU2000/1/3; y 19 de abril de 2005, K 4/05, OTK ZU 2005/4A/37; y la economía social de mercado de 29 de enero de 2007, P5/05,2007/1A/1. Véase Marek Safjan, *Ponencia nacional Polonia*, p. 12 (nota al pie 37).

[66] Véase Marek Safjan, *Ponencia nacional Polonia*, p. 7.

ciones apropiadas y proporcionales en el alcance de sus limitaciones. La Constitución de Croacia de 1990 se refiere únicamente al principio de proporcionalidad en el artículo 17 sobre la restricción de derechos y libertades durante un estado de emergencia, sin establecerlo como un principio general claro del derecho constitucional croata. En consecuencia, en circunstancias regulares o normales, se aplica el artículo 16, que establece únicamente que los derechos y libertades pueden restringirse por ley únicamente "para proteger las libertades y los derechos de los demás, el orden público, la moralidad y la salud públicas".[67] Debido a que los legisladores, en lo que se consideró como una desmesura política, habían restringido desproporcionadamente derechos y libertades, el Tribunal Constitucional comenzó gradualmente a aplicar el principio de proporcionalidad en todos los asuntos, indicando claramente a los legisladores las limitaciones que podían imponer a los derechos y libertades para proteger el bienestar general de los individuos y sus comunidades.[68]

En Grecia, el Consejo de Estado, que decide sobre cuestiones de control de constitucionalidad, también ha reconocido explícitamente el rango constitucional del principio de proporcionalidad como corolario del Estado de derecho.[69]

Sobre la ampliación de los derechos constitucionales, desde 1998, el Consejo de Estado ha interpretado el principio constitucional de igualdad de género para permitir medidas positivas que apuntan a establecer una verdadera igualdad entre hombres y mujeres.[70] Después de un largo debate entre los constitucionalistas y los tribunales, el Consejo de Estado finalmente siguió al tribunal de *Areios Pagos* al ampliar el alcance de una disposición legal a grupos de personas que habían sido excluidas inconstitucionalmente. Además, especialmente desde 1993, el Consejo de Estado ha derivado el principio de desarrollo sostenible de las cláusulas medioambientales de la Constitución griega (artículo 24) y en relación con el Derecho de la Unión Europea. Sobre esta base, el Consejo de Estado ha subrayado que la única forma de desarrollo económico constitucionalmente permitida es el de-

---

[67] En la enmienda constitucional de 2000, el principio también se incorporó en el artículo 17: "Toda restricción de libertades o derechos será proporcional a la naturaleza de la necesidad de la restricción en cada caso individual".

[68] Véase Sanja Barić y Petar Bačić, *Ponencia nacional Croacia*, pp. 23 ss.

[69] Véase sentencia del Consejo de Estado nº 2112/1984, *ToS* 1985, 63 (64); Julia Iliopoulos-Strangas y Stylianos-Ioannis G. Koutnatzis, *Ponencia nacional Grecia*, p. 14.

[70] Véase sentencia del Consejo de Estado (Pleno) nº 1933/1998, *ToS* 1998, 792 (793). Después de las enmiendas de 2001, la Constitución permite explícitamente la "adopción de medidas positivas para promover la igualdad entre hombres y mujeres" (art. 116, sec. 2). Véase Julia Iliopoulos-Strangas y Stylianos-Ioannis G. Koutnatzis, *Ponencia nacional Grecia*, p. 16 (nota al pie 123).

sarrollo sostenible que incorpore las necesidades de las generaciones futuras. Con las enmiendas constitucionales de 2001, la Constitución griega estableció explícitamente el principio de desarrollo sostenible (artículo 24.1.1).[71]

Respecto de la misma cuestión de los tribunales constitucionales mutando disposiciones constitucionales sobre derechos fundamentales, en materia de extradición, por ejemplo, el Tribunal Constitucional de Portugal, en la sentencia No. 474/95, estableció que, si bien el texto del artículo 33 de la Constitución solo prohibía, en ese momento, la extradición por delitos para los cuales la pena de muerte era legalmente posible, extendió su alcance considerando que los principios de la Constitución también prohibían la extradición por delitos punibles con cadena perpetua. Además, el fallo del Tribunal estableció la piedra angular para la interpretación de las condiciones que deben cumplirse para permitir la extradición de personas acusadas de delitos por los cuales es posible una pena de muerte o cadena perpetua.[72] La consecuencia de esta mutación fue una modificación constitucional posterior introducida en 1997 en el texto del artículo 33.4 de la Constitución, sobre la extradición por delitos castigados según la legislación del Estado requirente, mediante una pena o medida de seguridad que prive o restrinja la libertad a perpetuidad o por una duración indefinida.

En la India, la Corte Suprema ha introducido cambios importantes en la Constitución, particularmente ampliando el alcance de los derechos fundamentales. Por ejemplo, el artículo 21 de la Constitución establece que: "Nadie será privado de su vida o de su libertad personal salvo conforme al procedimiento establecido por ley." La Corte Suprema decidió en 1970, revirtiendo una posición anterior, que la expresión "procedimiento establecido por ley" en el artículo se refiere a un procedimiento que debe ser "correcto, justo y equitativo". Así, el Tribunal se dio a sí mismo la autoridad de juzgar si un procedimiento establecido por el Legislador se ajustaba a los principios de la justicia natural,[73] lo que es especialmente notable porque la Asamblea Constituyente, después de un largo debate, había rechazado expresamente la cláusula del debido proceso.[74]

---

[71]   Véase Julia Iliopoulos-Strangas y Stylianos-Ioannis G. Koutnatzis, *Ponencia nacional Grecia*, p. 22.

[72]   Véase Sentencia n° 384/05, cuyo resumen se puede encontrar en *Boletín de Jurisprudencia Constitucional*, Comisión de Venecia, Edición 2005, vol. 2, pp. 269–271, en Joaquim de Sousa Ribeiro y Esperança Mealha, *Ponencia nacional Portugal*, p.

[73]   Véase *Maneka Gandhi v. Union of India*, AIR 1879 SC 597. Véase Surya Deva, *Ponencia nacional de la India*, p. 4 (nota al pie 24).

[74]   Véase Surya Deva, *Ponencia nacional de la India*, p. 4.

Por otra parte, en lo que respecta al derecho a la vida previsto en el artículo 21 de la Constitución de la India, la Corte Suprema ha interpretado que incluye el derecho a la salud,[75] el derecho a los medios de subsistencia,[76] el derecho a la educación gratuita y obligatoria hasta los catorce años de edad,[77] el derecho a un medio ambiente no contaminado[78] y a agua potable,[79] el derecho a la vivienda,[80] el derecho a la privacidad,[81] el derecho a la asistencia jurídica,[82] el derecho a un juicio rápido,[83] y diversos derechos de las personas procesadas (condenados y presos).[84]

La Corte, así, amplió el significado de *la vida*, entre otras cosas, interpretando principios directivos no justiciables de la política estatal, en los derechos fundamentales. Como afirmó Surya Deva, el efecto de esta extensión judicial de los derechos fundamentales tuvo una relación directa con el poder de control de constitucionalidad: cuanto más se reconozcan los derechos fundamentales, más amplio será el alcance del control de constitucionalidad.[85]

En la República Eslovaca, el Tribunal Constitucional también ha desempeñado un papel importante al modificar y complementar la

---

[75]　Véase *Parmanand Kataria v. Union of India*, AIR 1989 SC 2039; *Paschim Banga Khet Mazdoor Samity v. State of West Bengal*, (1996) 4 SCC 37; Surya Deva, *Ponencia nacional de la India*, p. 5 (nota al pie 28).

[76]　Véase *Olga Tellis v. Bombay Municipal Corporation*, AIR 1986 SC 180; *DTC Corporation v. DTC Mazdoor Congress*, AIR 1991 SC 101. En *id.*, p. 5 (nota al pie 29).

[77]　Véase *Unni Krishnan v. State of AP*, (1993) 1 SCC 645. En íd., *p.* 5 (nota al pie 30).

[78]　Véase, por ejemplo, *Indian Council for Enviro Legal Action v. Union of India*, (1996) 3 SCC 212; *M C Mehta v. Union of India*, (1996) 6 SCC 750; *Vellore Citizens Welfare Forum v. Union of India*, (1996) 5 SCC 647; *Narmada Bachao Andolan v. Union of India* (2000) 10 SCC 664. En *id.*, p. 5 (nota al pie 31).

[79]　Véase *A P Pollution Control Board II v. M V Nayudu*, (2001) 2 SCC 62. En ídem., p. 5 (nota al pie 33).

[80]　Véase *Gauri Shankar v. Union of India*, (1994) 6 SCC 349. En ídem., p. 5 (nota al pie 32).

[81]　Véase *Kharak Singh v. State of UP*, AIR 1963 SC 1295; *Govind v. State of MP*, AIR 1975 SC 1378; *R Raj Gopal v. State of Tamil Nadu*, (1994) 6 SCC 632; *PUCL v. Union of India*, AIR 1997 SC 568; *'X' v. Hospital Z*, (1998) 8 SCC 296. En ídem., p. 5 (nota al pie 34).

[82]　Véase *M H Hoskot v. State of Maharashtra* AIR 1978 SC 1548; *Hussainara Khatoon v. State of Bihar* AIR 1979 SC 1369; *Khatri v. State of Bihar* AIR 1981 SC 928; *Suk Das v. Union Territory of Arunachal Pradesh* AIR 1986 SC 991. En *id.*, p. 5 (nota al pie 35).

[83]　Véase *Hussainara Khatoon (I) to (VI) v. Home Secretary, Bihar* (1980) 1 SCC 81; *Kadra Pahadiya v. State of Bihar* AIR 1982 SC 1167; *Common Cause v. Union of India* (1996) 4 SCC 33 and (1996) 6 SCC 775; *Rajdeo Sharma v. State of Bihar* (1998) 7 SCC 507 and (1999) 7 SCC 604. En *id.*, p. 5 (nota al pie 36).

[84]　Véase *Sunil Batra v. Delhi Administration* AIR 1978 SC 1675; *Prem Shankar v. Delhi Administration* AIR 1980 SC 1535; *Munna v. State of UP* AIR 1982 SC 806; *Sheela Barse v. Union of India* AIR 1986 SC 1773. En *id.*, p. 5 (nota al pie 37).

[85]　Véase Surya Deva, *Ponencia nacional de la India*, p. 5.

Constitución para garantizar la protección de los derechos fundamentales. Esto ha sucedido, por ejemplo, en cuestiones relativas al derecho a la libertad personal y a la integridad física, en particular en lo que respecta a la extensión de la duración de las detenciones preventivas sin que haya una decisión judicial,[86] y en cuestiones del derecho a entrar y salir libremente del territorio de la República Eslovaca, como lo garantiza la Constitución.

En este último caso, el Tribunal Constitucional interpretó este derecho de tal manera que dedujo una obligación de los órganos estatales de participar activamente en su protección. Según el Tribunal, la disposición constitucional significa no sólo que los organismos estatales no pueden crear obstáculos al libre retorno de un ciudadano al territorio de la República Eslovaca, sino también, que los organismos estatales están obligados a ayudar activamente a los ciudadanos a regresar a su país. En consecuencia, los órganos de la República Eslovaca (por ejemplo, el Ministerio de Asuntos Exteriores) tienen la obligación de ayudar a los ciudadanos a regresar a la República Eslovaca cuando hayan sido retenidos en el extranjero contra su voluntad, incluso si esa obligación no está enumerada en la ley y los organismos del Estado no tenían la obligación explícita de hacerlo.[87]

Por supuesto, todas estas mutaciones constitucionales se consideran legítimas porque siguen el principio básico de la progresividad en la protección de los derechos humanos.

Por el contrario, sin embargo, constituyen también un caso de patología de la Justicia Constitucional cuando los tribunales constitucionales hacen tales mutaciones para reducir el alcance de la protección de los derechos fundamentales, como ha sucedido en Venezuela, donde la Sala Constitucional del Tribunal Supremo de Justicia, en sentencia No. 1.939 del 18 de diciembre de 2008,[88] desconoció las sentencias de la Corte Interamericana de Derechos Humanos al declarar que sus sentencias condenando al Estado venezolano por violaciones a los derechos humanos son "inejecutables" en Venezuela. Esto también ocurrió con la sentencia de la Sala emitida el 5 de agosto de 2008, en el caso de los ex magistrados de la Corte Primer de lo Contencioso Administrativo quienes fueron destituidos ilegítimamente y sin ningún

---

86   Véanse las sentencias I. ÚS 6/02, I. ÚS 100/04, II. US 111/08, II. ÙS 8/96; Ján Svák y Lucía Berdisová, *Ponencia nacional Eslovaquia*, pp. 12-13.

87   Ver Sentencia nº II. ÙS 8/96; Ján Svák y Lucía Berdisová, *Ponencia nacional Eslovaquia*, p.12.

88   Véase *Gustavo Álvarez Arias et al.* De hecho, el caso puede identificarse como " *Gobierno de Venezuela vs. Corte Interamericana de Derechos Humanos*. Ver http://www.tsj.gov.ve/sentencias/scon/Diciembre/1939-181208-2008-08-1572.html . _ Véanse los comentarios en Allan R. Brewer-Carías, *Reforma constitucional y fraude a la Constitución (1999 – 2009)*, Academia de Ciencias Políticas y Sociales, Caracas 2009, pp. 253 ss.

tipo de garantía judicial (Casp *Apitz Barbera y otros) vs. Venezuela*) [89]. En su decisión, la Sala Constitucional acusó a la Corte Interamericana de Derechos Humanos de usurpar el poder del Tribunal Supremo.[90]

Esta decisión contradijo el artículo 31 de la Constitución, que establece el derecho humano de acceso a protección internacional en materia de derechos humanos, estando el Estado obligado a ejecutar las sentencias de dichos órganos internacionales.

Pero la Sala Constitucional no se quedó ahí. En una evidente usurpación de atribuciones, incluso solicitó que "el Ejecutivo Nacional a procede a denunciar la Convención Americana de Derechos Humanos, "ante la evidente usurpación de funciones en que ha incurrido la Corte Interamericana de Derechos Humanos con el fallo objeto de esta decisión". Con ello, el Estado venezolano continuó en su proceso de separarse de la Convención Americana sobre Derechos Humanos y eludir la competencia de la Corte Interamericana de Derechos Humanos, utilizando para tal efecto al Tribunal Supremo.

Otro caso en el cual la Sala Constitucional del Tribunal Supremo de Venezuela modificó disposiciones constitucionales que afectan derechos fundamentales, es el referido al derecho político a la participación mediante referéndum, establecido en el artículo 72 de la Constitución de 1999 como un derecho político del pueblo a revocar los mandatos de todos los cargos de elección popular. La petición de tal referéndum debe derivar de iniciativa popular, y el mandato se considera revocado cuando un número de electores igual o superior a los que eligieron al funcionario, voten a favor de la revocación.[91] Sin embargo, de manera claramente inconstitucional, la Sala Constitucio-

---

[89] Véase en http://www.adc-sidh.org/images/files/apitzbarberaingles.pdf. Sentencia de 5 de agosto de 2008 *(Excepción Preliminar, Fondo, Reparaciones y Costas)*

[90] La cuestión había sido afirmada por la Sala Constitucional en su conocida Sentencia n° 1.942 del 15 de julio de 2003, en la cual, al referirse a los Tribunales Internacionales, la Sala señaló que, en Venezuela, "por encima de la Corte Suprema de Justicia y según el artículo 7 de la Constitución, no existe órgano jurisdiccional, salvo disposición en contrario de la Constitución o la ley, e incluso en este último caso posible, cualquier decisión que contradiga el orden constitucional venezolano, carece de aplicación en el país". Véase "Impugnación de artículos del Código Penal, Leyes de desacato", en *Revista de Derecho Público*, n° 93–96, Editorial Jurídica Venezolana, Caracas 2003, pp. 136 ss.

[91] Así fue ratificado por la Sala Constitucional en varias sentencias: Sentencia n° 2750 del 21 de octubre de 2003, caso: *Carlos Enrique Herrera Mendoza (Interpretación del artículo 72 de la Constitución* (Exp. 03-1989), en *Revista de Derecho Público*, n° 93–96, Editorial Jurídica Venezolana, Caracas 2003; y Sentencia n° 1139 de 5 de junio de 2002, caso: *Sergio Omar Calderón Duque y William Dávila Barrios*, en *Revista de Derecho Público*, n° 89–92, Editorial Jurídica Venezolana, Caracas 2002, p. 171. El mismo criterio fue seguido en la Sentencia n° 137 del 13 de febrero de 2003, caso: *Freddy Lepe Scribani y otros.* (Exp. 03-0287).

nal, en sentencia No. 2750 del 21 de octubre de 2003,[92] interpretando en abstracto el artículo 72 de la Constitución, avaló una Resolución del Consejo Nacional Electoral (Resolución No. 030925-465 del 25 de septiembre de 2003) y falló en contra de la Constitución añadiendo a la disposición constitucional que la revocación del mandato sólo puede proceder si los votos para revocar, incluso si son mayores que los emitidos para la elección, "no resultan ser inferiores al número de electores que votaron contra la revocación". En cuanto al funcionario público revocado, la Sala consideró que, "si la opción sobre su permanencia obtiene más votos en el referéndum, deberá permanecer en el cargo". En esta forma, la Sala Constitucional cambió ilegítimamente la naturaleza del referéndum revocatorio, convirtiéndolo en un referéndum de "ratificación" de mandatos populares.[93]

La posición del Tribunal Supremo de Venezuela sobre la Constitución contradice la que en general han adoptado los tribunales constitucionales, en el sentido de que no pueden sustituir al Poder Constituyente deduciendo conceptos en forma contraria a lo escrito en la Constitución, ni pueden interpretar la Constitución de manera de llegar a conceptos que podrían ser contrarios al texto constitucional y a sus valores fundamentales. Como ha señalado Jorge Carpizo:

"los tribunales constitucionales no pueden usurpar funciones del Poder Constituyente y, en consecuencia, no pueden crear disposiciones o principios que no puedan ser deducidos de la Constitución; pueden deducir principios implícitos de aquellos expresamente incluidos, como la dignidad humana, la libertad,

---

[92]   Véase Carlos E. Herrera Mendoza, "Interpretación del artículo 72 de la Constitución," en *Revista de Derecho Público*, n° 93–96, Editorial Jurídica Venezolana, Caracas 2003.

[93]   Esta mutación tenía un propósito preciso en 2004: evitar la revocación del mandato del Presidente de la República (Hugo Chávez). Había sido elegido en agosto de 2000 con 3.757.744 votos, por lo que un mayor número de votos en un referéndum revocatorio habría sido suficiente para revocar su mandato. El número de votos a favor de la revocación del mandato del Presidente de la República, emitidos en el referéndum revocatorio del 15 de agosto de 2004, fue de 3.989.008, por lo que su mandato podría considerarse constitucionalmente revocado. Sin embargo, el Consejo Nacional Electoral, debido a que se emitieron más votos en contra de su revocación del mandato presidencial, el 27 de agosto de 2004 decidió "ratificar" al Presidente de la República en su cargo hasta la culminación del mandato constitucional en enero de 2007. Véase *El Nacional*, Caracas, 28-08-2004, pp. A-1 y A-2. Véanse los comentarios en Allan R. Brewer-Carías, "La Sala Constitucional vs. El derecho ciudadano a la revocatoria de mandatos populares o de cómo un referendo revocatorio fue inconstitucionalmente convertido en un 'referendo ratificatorio'", en Crónica *sobre la "in" justicia constitucional: La Sala Constitucional y el autoritarismo en Venezuela,* Colección Instituto de Derecho Público, Universidad Central de Venezuela, n° 2, Editorial Jurídica Venezolana, Caracas 2007, pp. 350 ss.

la igualdad, la seguridad jurídica, la justicia social, el Estado de Bienestar.[94]

En el mismo sentido, como ha señalado Sandra Morelli, los tribunales constitucionales no pueden estar "por encima de la Constitución" y no pueden "apropiarse de la Constitución, de manera abusiva", invadiendo el campo del Legislador o del Poder Constituyente. Lo contrario abriría la puerta al 'totalitarismo judicial irresponsable'".[95]

2. LA MUTACIÓN DE LA CONSTITUCIÓN EN MATERIAS INSTITUCIONALES

Pero las mutaciones constitucionales por parte de los tribunales constitucionales no se han producido sólo en el campo de los derechos fundamentales; también han ocurrido con respecto a otras cuestiones constitucionales claveS, incluida la organización y el funcionamiento del Estado.

Por ejemplo, el Tribunal Constitucional Federal alemán emitió una decisión mutando la Constitución, en el caso *AWACS-Urteil* el 12 de julio de 1994, [96] al revisar la constitucionalidad del despliegue, en tiempos de paz, de misiones de las Fuerzas Armadas alemanas en países extranjeros. La decisión se refería a las modalidades del despliegue y el Tribunal concluyó que el despliegue de tropas en países extranjeros requería el consentimiento del Poder Legislativo.

Si bien esta aseveración es razonable – el Tribunal la consideró como "una exigencia que deriva directamente de la Constitución" –, lo cierto es que no estaba expresamente establecida en el texto de la misma, y el Legislador no había sancionado ninguna legislación en la materia. En este caso, el Tribunal no sólo mutó la Constitución, sino que incluso emitió una legislación sustitutiva detallada (medidas provisionales) contenida en la decisión, ordenando al Legislador y al Ejecutivo proceder conforme a ella hasta que se sancionara una ley que estableciera de manera más detallada "la participación formal del Legislador en la adopción de sentencias relacionadas con el uso de tropas alemanas en misiones militares".[97]

---

[94] Véase Jorge Carpizo, *El Tribunal Constitucional y sus límites*, Grijesly Ed., Lima 2009, pp. 56, 68.

[95] Véase Sandra Morelli, *La Corte Constitucional: Un papel por definir*, Academia Colombiana de Jurisprudencia, 2002; *Ponencia nacional de Colombia II*, p. 3.

[96] Véase BVferG, 12 de julio de 1994, BVeffGE 90, 585–603; Christian Behrendt, *Le Judge Constitutionnel, un législateur-cadre positif. Un análisis comparativo en droit francais, belge et allemande*, Bruylant, Bruselas 2006, pp. 352–356; I. Härtel, *Ponencia nacional Alemania*, p. 20.

[97] Véase BVferG, 12 de julio de 1994, BVeffGE 90, 286 (390), en Christian Behrendt, *Le Judge Constitutionnel, un législateur-cadre positif. Un análisis comparativo en droit francais, belge et*

En Austria, el Tribunal Constitucional también ha integrado los principios fundamentales de la Constitución, lo que ha tenido una influencia sustancial en la interpretación del derecho constitucional austriaco.[98] El ejemplo más importante en esta materia es el principio de *Rechtsstaat* (Estado de derecho), del cual se han derivado diversos conceptos, entre ellos, el principio de legalidad y, de él, el principio de claridad, que obliga al Legislador a prever disposiciones claras y detalladas; el principio de comprensibilidad de los actos legislativos;[99] y el principio de protección jurídica efectiva,[100] que obliga al Parlamento a proporcionar protección jurídica suficiente y adecuada a los individuos. A través de estas interpretaciones, el Tribunal creó nuevas limitaciones constitucionales al Parlamento, que tuvo que adaptar su legislación a los nuevos estándares fijados por el Tribunal.

En la misma línea, el Tribunal austriaco incluso ha creado a veces, un nuevo marco constitucional que el Parlamento debe seguir cuando promulga legislación en áreas no previstas expresamente en la Constitución, como el proceso de privatización de empresas y servicios. En cuatro sentencias principales dictadas en la materia,[101] la el Tribunal estableció un marco obligatorio para privatizar funciones estatales ejercidas por organizaciones específicas, interviniendo así en la función legislativa y la política gubernamental, definiendo las funciones y tareas del propio Estado. La Corte derivó las normas de diferentes disposiciones de la Constitución, exigiendo, por ejemplo, la aplicación, en todos los procesos de privatización, de los principios de racionalidad, eficiencia y legalidad, así como el principio de estructura jerárquica de la Administración Pública. Además, según estas normas, el Estado sólo está autorizado a privatizar tareas singulares, no un área completa de funciones estatales; y en todo caso, el Estado tiene que proporcionar mecanismos de control efectivos respecto de las organizaciones privadas que desempeñan funciones de autoridades estatales. Finalmente, el Tribunal definió áreas centrales de las funciones del Estado que no pueden privatizarse en absoluto, incluidos las relaciones exteriores, los asuntos internos, la jurisdicción

---

allemande, Bruylant, Bruselas 2006, p. 354.

[98] Véase Konrad Lachmayer, *Ponencia nacional de Austria*, p. 8.

[99] Véase VfSlg 12.420/1990, en Konrad Lachmayer, *Ponencia nacional de Austria*, p. 8 (nota al pie 24).

[100] Véase VfSlg 11.196/1986; Konrad Lachmayer, *Ponencia nacional de Austria*, p. 8 (nota al pie 25).

[101] Véase la sentencia "Austro Control" VfSlg 14.473/1996, la sentencia "Bundeswertpapieraufsicht" (Autoridad Federal de Bonos) VfSlg 16.400/2001, la sentencia "E-Control" VfSlg 16.995/2003, la sentencia "Zivildienst-GmbH" (Compulsory Community Service Ltd) VfSlg 17.34 1 /2004; Konrad Lachmayer, *Ponencia nacional de Austria*, p. 11 (nota al pie 31).

(sistema judicial) y el derecho penal. De esta manera, el TRibunal creó una nueva comprensión de la Constitución y la impuso a todas las autoridades del Estado.[102]

También, en lo que respecta a los límites a la privatización de empresas y servicios, el Consejo de Estado griego ha sostenido que los principios de soberanía popular y de separación de poderes no permiten conferir poderes policiales a entidades jurídicas privadas.[103]

En la República Eslovaca, donde el Tribunal Constitucional tiene la atribución excepcional de hacer interpretaciones abstractas de la Constitución en casos de disputas entre dos órganos estatales con diferentes interpretaciones de una disposición constitucional, el Tribunal ha emitido sentencias importantes que también han mutado y complementado la Constitución. Esto ha sucedido, por ejemplo, respecto del cargo y autoridad del Presidente de la República dentro de la organización general del Estado. En el texto original de la Constitución de la República Eslovaca, inspirado en la forma parlamentaria clásica de gobierno, el presidente tenía la posición relativamente débil de un *poder neutro*. Fue el Tribunal Constitucional el que reforzó directamente la posición del Presidente mediante la interpretación de la Constitución, afirmando en 1993 que, "incluso si el Gobierno de la República Eslovaca ("gobierno") es el máximo órgano ejecutivo (art. 108), la posición constitucional del Presidente de la República Eslovaca es, de hecho, dominante respecto de la posición constitucional del gobierno".[104] La cuestión debatida fue si el Presidente tenía el derecho o la obligación constitucional de nombrar miembros del gobierno sobre la base de una moción del Primer Ministro. El Tribunal añadió que, "para crear un equilibrio interno dentro del Poder Ejecutivo, la Constitución de la República Eslovaca asigna al Presidente de la República Eslovaca sólo la obligación de tramitar la moción del Primer Ministro, no estando obligado a cumplirla.[105] Esta decisión del Tribunal tuvo graves consecuencias para el sistema constitucional de la República Eslovaca, ya que fortaleció la posición del Presidente y convirtió al Tribunal, como mencionaron Ján Svák y Lucia Berdisová, en "el creador directo del sistema constitucional de la República Eslovaca".[106]

---

[102] Véase Konrad Lachmayer, *Ponencia nacional de Austria*, p. 11.

[103] Véase Sentencia del Consejo de Estado (Pleno) n° 1934/1998, *ToS* 1998, 598 (602–603) (relativa a la aplicación de zonas de prohibición de estacionamiento); Julia Iliopoulos-Strangas y Stylianos-Ioannis G. Koutnatzis, *Ponencia nacional Grecia*, p. 16 (nota al pie 125).

[104] Ver Sentencia n° I. ÚS 39/93; Ján Svák y Lucía Beisová, *Ponencia nacional Eslovaquia*, p. 4.

[105] *Id.*

[106] *Id.*

Esta mutación constitucional fue reafirmada posteriormente en materia de la competencia para nombrar al Jefe del Estado Mayor General del Ejército, que una ley había conferido al Gobierno. No obstante, dado que el artículo 102 de la Constitución establece la competencia del Presidente para nombrar y revocar a "altos funcionarios del Estado", la Corte interpretó "alto funcionario del Estado" al decidir que no existe ningún "obstáculo que pueda impedir al Presidente la ejecución de sus funciones en relación con el Jefe del Estado Mayor del ejército como funcionario estatal superior.[107] Esta decisión, emitida en relación con la interpretación directa de la Constitución por parte del Tribunal, de ha considerado que ha "transformado de facto la forma clásica de gobierno parlamentario en una especie de forma semipresidencial, sin embargo, sin el cambio del texto normativo de la Constitución."[108]

En Canadá, donde la Suprema Corte también tiene el poder excepcional de emitir sentencias a solicitud o mediante referencia hecha por funcionarios públicos y entidades del Estado, entre las sentencias más importantes de la Suprema Corte en materia constitucional se encuentran aquellas en las cuales, con tal motivo, la Corte ha creado y declarado normas constitucionales. En particular, en el caso *Patriation Reference* de 1981,[109] la Corte estableció las reglas básicas de la trasferencia de poderes gubernamentales del Reino Unido a Canadá, en su Constitución; y en la *Quebec Secession Reference* de 1998,[110] la Corte Suprema se refirió al tema de la posible secesión de Quebec de Canadá. Estos dos casos se decidieron a petición del gobierno federal, que tiene poderes legales para referir o remitir cuestiones de derecho directamente a la Corte Suprema de Canadá, incluidas aquellas relacionadas con la constitucionalidad de la legislación.[111]

En las sentencias, la Corte Suprema estableció algunas reglas básicas para guiar el cambio constitucional y advirtió sobre posibles crisis constitucionales que podrían surgir de actos posiblemente inconstitucionales, como un intento del gobierno federal de cambiar los poderes de las legislaturas provinciales sin su consentimiento o una decisión igualmente unilateral de la legislatura de Quebec de declarar su soberanía y secesión de Canadá.

IV. EL PROBLEMA DE LAS MUTACIONES ILEGÍTIMAS DE LA CONSTITUCIÓN

---

[107]   Ver Sentencia nº PL. ÚS 32/95; Ján Svák y Lucía Berdisová, *Ponencia nacional Eslovaquia*, p. 5.

[108]   *Id.*

[109]   [1981] 1 SCR 753, en Kent Roach, *Ponencia nacional Canadiense*, p. 9.

[110]   [1998] 2 SCR 217, en Kent Roach, *Ponencia nacional Canadiense*, p. 9.

[111]   Véase Kent Roach, *Ponencia nacional Canadiense*, p. 9.

Si las Constituciones son textos de validez superior en el ordenamiento jurídico, a los cuales deben estar sujetas todas las normas legales, una de las soluciones institucionales para asegurar su vigencia y ejecución, es precisamente la existencia de un tribunal constitucional, que debe actuar como su guardián, con facultades para anular actos inconstitucionales del Estado o declarar su inconstitucionalidad cuando proceda.

En las democracias, estos tribunales siempre han sido la principal garantía institucional de la libertad y del Estado de derecho. Como tal guardián, y como lo es en cualquier sistema de Estado de derecho, la sumisión del tribunal constitucional a la Constitución también es absoluta, y no sujeta a discusión,[112] siendo inconcebible que el juez constitucional pueda violar la Constitución que está llamado a garantizar y a aplicar.

Como cuestión de principio, es posible imaginar que otros órganos del Estado podrían violar la Constitución (por ejemplo, el Parlamento), como en efecto sucede, pero no su guardián. Y precisamente para que esto no ocurra, un tribunal constitucional debe tener absoluta independencia y autonomía, porque de lo contrario, un tribunal constitucional sujeto a la voluntad del poder político, se convierte en lugar de en el guardián de la Constitución, en el más atroz instrumento del autoritarismo. Así, en manos de jueces sujetos al poder político, el mejor sistema de justicia constitucional es letra muerta para los particulares y se convierte en un instrumento para defraudar la Constitución.

Lamentablemente, esto último es lo que viene ocurriendo en Venezuela desde el año 2000. La Sala Constitucional del Tribunal Supremo, lejos de actuar dentro de sus precisas atribuciones constitucionales, ha venido adoptando sentencias que en algunos casos contienen interpretaciones inconstitucionales de la Constitución,[113] no sólo sobre su propios poderes de control de constitucionalidad, sino también sobre cuestiones sustantivas.

---

[112] Véase Néstor Pedro Sagües, *La interpretación judicial de la Constitución*, LexisNexis, Buenos Aires 2006, p. 32. En el artículo 204 de la Constitución portuguesa se establece expresamente que "en los asuntos sometidos a su conocimiento, los tribunales no aplicarán normas que contravengan las disposiciones de esta Constitución o los principios contenidos en ella".

[113] Véase Allan R. Brewer-Carías, "*Quis Custodiet Ipsos Custodes*: De la interpretación constitucional a la inconstitucionalidad de la interpretación", en *VIII Congreso Nacional de derecho Constitucional, Perú*, Fondo Editorial 2005, Colegio de Abogados de Arequipa, Arequipa, septiembre de 2005, pp. 463–489; y Brewer-Carías, en *Revista de Derecho Público*, n° 105, Editorial Jurídica Venezolana, Caracas 2006, pp. 7-27. Véase también Allan R. Brewer-Carías, *Crónica sobre la "in" justicia constitucional: La Sala Constitucional y el autoritarismo en Venezuela*, Editorial Jurídica Venezolana, Caracas 2007; Brewer-Carías, *Reforma constitucional y fraude a la Constitución*, Academia de Ciencias Políticas y Sociales, Caracas 2009.

La Sala ha cambiado o modificado disposiciones constitucionales, en muchos casos para legitimar y apoyar la construcción progresiva del Estado autoritario. Es decir, ha distorsionado el contenido de la Constitución, mediante "mutaciones" ilegítimas y fraudulentas, que en algunos casos incluso el pueblo ha rechazado mediante referéndum.[114]

Uno de los instrumentos más importantes para lograr estas mutaciones de la Constitución es la ya mencionada creación de un recurso de interpretación abstracta de la Constitución, en cuyo caso las interpretaciones constitucionales no se realizan decidiendo un caso o controversia concreta ni decidiendo otros medios de control de constitucionalidad, sino en forma totalmente abstracta.

Así ha ocurrido en muchos casos de solicitudes de interpretación autónoma presentadas a solicitud del mismo Poder Ejecutivo a través del Procurador General de la república con el fin de fortalecer el autoritarismo, siendo las más notorias las siguientes:

Primero, respecto del artículo 6 de la Constitución que establece los principios fundamentales del gobierno republicano, en forma inmutable, como principios pétreos, incluyendo expresamente el carácter democrático, electivo y alternativo del gobierno; principios que han sido incorporados en todas las Constituciones venezolanas desde 1830. En particular, el principio de alternancia en el gobierno, como lo señaló la Sala Electoral del Tribunal Supremo de Justicia en sentencia No. 51 del 18 de marzo de 2002,[115] implica "el ejercicio sucesivo de un cargo por distintas personas, pertenecientes o no al mismo partido", concebido para enfrentar el deseo de los gobernantes a permanecer en el poder.

Esa interpretación cambió con la sentencia No. 53 del 3 de febrero de 2009, mediante la cual la Sala Constitucional deliberadamente confundió el principio de "gobierno alternativo" con el de "gobierno electivo" para concluir que el principio de alternancia en el poder implica únicamente "la posibilidad periódica de elegir funcionarios o representantes del gobierno". El resultado no fue sólo mutar la Constitución, eliminando el principio de la alternancia en el gobierno, sino permitir un referéndum que tuvo lugar el 15 de febrero de 2009, para que el pueblo votara por una "enmienda constitucional" que permi-

---

114   Como se mencionó, la mutación constitucional ocurre cuando el contenido de una norma constitucional se modifica de tal manera que, aun cuando la norma mantenga su contenido, recibe un significado diferente. Véase Néstor Pedro Sagüés, *La interpretación judicial de la Constitución*, LexisNexis, Buenos Aires 2006, pp. 56–59, 80–81, 165 ss.

115   Véase Allan R. Brewer-Carías, "El juez constitucional vs. la alternabilidad republicana (La reelección continua e indefinida)", en *Revista de Derecho Público*, n° 117, Editorial Jurídica Venezolana, Caracas 2009, p. 205–211.

tiera la reelección continua para cargos electivos. La enmienda de 2009 fue aprobada en referéndum y luego se modificó formalmente la Constitución para eliminar el principio de gobierno alternativo, a pesar de estar concebido como inmodificable en el artículo 6 de la Constitución ("es y será siempre ... alternativo").[116]

En segundo lugar, el artículo 67 de la Constitución de 1999 establece expresamente que "no se permitirá el financiamiento de asociaciones con fines políticos con fondos provenientes del Estado", disposición que en 1999 cambió radicalmente el régimen anterior de posibilidad de financiamiento público de los partidos políticos.[117]

Esta prohibición constitucional expresa respecto del financiamiento público de los partidos políticos fue también una de las cuestiones incluidas en la propuesta de reforma constitucional de 2007,[118] que buscaba modificar el artículo 67 para disponer que "el Estado podrá financiar las actividades electorales". Como ya se mencionó, la propuesta de reforma constitucional de 2007 fue rechazada por voto popular mediante el referéndum del 2 de diciembre de 2007;[119] pero la Sala Constitucional del Tribunal Supremo de Justicia, en sentencia No. 780 del 8 de mayo de 2008, también mutó ilegítimamente la Constitución, contrariando no solo la Constitución sino incluso la voluntad popular expresada en 2007. La Sala resolvió, en efecto, que la prohibición constitucional sólo limitaba a la posibilidad de dotar de recursos para los "gastos internos" de las distintas formas de asociaciones políticas, pero que dicha limitación no era extensiva a los gastos de "las campañas electorales," como etapa fundamental del proceso electoral. Con ello, la Sala Constitucional, no solo mutó ilegítimamente la Constitución, sino que nuevamente usurpó el Poder constituyente, sustituyó al pueblo y reformó la disposición constitucional, permitiendo así expresamente el financiamiento gubernamental de las actividades

---

[116]   *Id.*

[117]   Tal como lo establece el artículo 230 de la Ley Orgánica de Sufragio y Participación Política de 1998. Ver Allan R. Brewer-Carías, "Consideraciones sobre el financiamiento de los partidos políticos en Venezuela", en *Financiamiento y democratización interna de partidos políticos: Memoria del IV Curso Anual Interamericano de Elecciones,* San José, Costa Rica, 1991, pp. 121-139; Brewer-Carías, "Regulación jurídica de los partidos políticos en Venezuela", en *Estudios sobre el Estado constitucional (2005 - 2006),* Cuadernos de la Cátedra Fundacional Allan R. Brewer Carías de Derecho Público, Universidad Católica del Táchira, n° 9, Editorial Jurídica Venezolana. Caracas, 2007, pp. 655-686.

[118]   Véase *Proyecto de exposición de motivos para la reforma constitucional, Presidencia de la República, Proyecto Reforma Constitucional: Propuesta del presidente Hugo Chávez Agosto 2007; proyecto de Reforma Constitucional, Elaborado por el Presidente de la República Bolivariana de Venezuela, Hugo Chávez Frías,* Editorial Atenea, Caracas, agosto de 2007, pp. 19.

[119]   Véase Allan R. Brewer-Carías, "La proyectada reforma constitucional de 2007, rechazada por el poder constituyente originario", en *Anuario de Derecho Público 2007,* Universidad Monteávila, Caracas 2008, pp. 17-65.

electorales de los partidos y asociaciones políticas, contrariamente a lo que establece la Constitución.

Finalmente, debe mencionarse la sentencia de la Sala Constitucional de modificar el artículo 203 de la Constitución, en la cual mutó una importante norma constitucional de procedimiento para la sanción de las leyes orgánicas. El artículo 203 de la Constitución, en efecto, define los distintos tipos de leyes orgánicas que puede sancionar la Asamblea Nacional[120], estableciendo en términos generales que, para reformar una ley orgánica, se requiere un quórum especial de dos tercios de los votos de los miembros de la Asamblea Nacional.

La Sala Constitucional, en sentencia No. 34 de 26 de enero de 2004,[121] resolvió que no era necesario dicho quórum especial para iniciar la discusión de proyectos de ley orgánica para reformar las leyes orgánicas existentes que tienen tal denominación en la Constitución, modificando así ilegítimamente una norma constitucional reguladora del procedimiento para la sanción de las leyes.

En otros países también se han producido mutaciones constitucionales a través de sentencias judiciales, particularmente en materia de reelecciones presidenciales, lo que en la historia constitucional latinoamericana siempre ha provocado conflictos políticos por la tradicional prohibición general de la reelección. En ocasiones, la prohibición se ha plasmado en disposiciones concebidas como inmutables en las Constituciones, como fue el caso de Honduras, donde los intentos del expresidente Manuel Zelaya en 2009 de cambiar la prohibición constitucional de reelección por medio de una Asamblea Constituyente provocaron uno de los conflictos políticos más encarnizados en la región en las últimas décadas.[122]

Una disposición constitucional similar que prohíbe la reelección continua del Presidente de la República también se encuentra establecida en el artículo 147 de la Constitución de Nicaragua, la cual sin embargo fue "reformada" por la Corte Suprema del país en la sentencia

---

[120] Según el artículo 203, son "leyes orgánicas" las calificadas como tales en el propio texto de la Constitución, así como las dictadas con el fin de organizar los poderes del Estado, o para la regulación de derechos constitucionales, o que sirvan de normatividad. marco de otras leyes.

[121] Ver caso *Vestalia Araujo*, interpretación del artículo 203 de la Constitución, en http://www.tsj.gov.ve/sentencias/scon/Enero/34-260104-03-2109%20.htm. Véase también Daniela Urosa Maggi, *Ponencia nacional de Venezuela*, p. 14.

[122] Véase Allan R. Brewer-Carías, "Reforma constitucional, asamblea nacional constituyente y control judicial contencioso administrativo: El caso de Honduras (2009) y el prec edente venezolano (1999)", *Revista Aragonesa de Administración Pública*, n° 34 (junio de 2009), Gobierno de Aragón, Zaragoza 2009, pp. 481–529. En 2010 se modificó la Constitución de Honduras con el fin de establecer la posibilidad de la reelección del Presidente de la República.

No. 504 del 19 de octubre de 2009, al pronunciarse sobre una acción de amparo interpuesta contra una decisión del Consejo Supremo Electoral, en la cual éste rechazó una solicitud para aplicar el principio de igualdad a todos los funcionarios públicos en materia de elección. En el caso ninguna candidatura específica estaba involucrada, y la decisión consistió en rechazar la petición por falta de atribuciones del Consejo Supremo Electoral para decidir sobre tal asunto.

Pero en la decisión, sin embargo, la Corte Suprema, incomprensiblemente, declaró "inaplicable" el artículo 147 de la Constitución, mutando de manera ilegítima la Constitución, al eliminar de su texto la arraigada prohibición de la reelección.[123]

---

[123] Véase Sergio J. Cuarezma Terán y Francisco Enríquez Cabistán, *Ponencia nacional de Nicaragua*, p. 43.

CAPÍTULO **3**

INTERFERENCIA DE LOS TRIBUNALES CONSTITUCIONALES CON EL LEGISLADOR SOBRE LA LEGISLACIÓN EXISTENTE

Aparte de la relación entre los tribunales constitucionales y el Poder constituyente y la Constitución, el papel más importante y común de los tribunales constitucionales se ha desarrollado respecto del Poder legislativo y la legislación, controlando su sometimiento a la Constitución. Este papel lo desempeñan los tribunales constitucionales actuando no sólo como el tradicional Legislador "negativo", sino también como un órgano jurisdiccional del Estado diseñado para complementar o ayudar a los órganos legislativos en su función principal de establecer normas jurídicas.

Este papel ha sido asumido por los tribunales constitucionales desde la concepción inicial del sistema difuso de control de constitucionalidad en Estados Unidos, conforme al cual los tribunales pueden decidir no aplicar leyes en un caso concreto que conozcan, cuando las consideran contrarias a la Constitución, dando preferencia a las disposiciones de esta última; o en el sistema concentrado de control de constitucionalidad, que se ha extendido por todo el mundo durante el último siglo, en el cual los tribunales constitucionales tienen el poder de anular leyes inconstitucionales.

En todos los sistemas, en el desempeño de sus funciones, los tribunales constitucionales siempre han asistido, de alguna manera, al Legislador. Al principio, de manera limitada, solo decidiendo la nulidad o inaplicabilidad de las leyes declaradas contrarias a la Constitución; pasando subsecuentemente a interpretar ampliamente la Constitución, y las leyes conforme a ella, dando incluso directrices o directrices al Legislador para corregir los defectos legislativos.

89

I. LA INTERPRETACIÓN DE LAS LEYES POR LOS TRIBUNALES CONSTITUCIONALES EN ARMONÍA O CONFORME CON LA CONSTITUCIÓN

Durante las últimas décadas, dado el papel cada vez mayor de los tribunales constitucionales, no sólo como garantes de la supremacía de la Constitución sino también como sus intérpretes supremos mediante sentencias con efectos vinculantes para los tribunales, los funcionarios públicos y los ciudadanos, los mismos han ido más allá de su papel inicial como legisladores negativos, conforme a la tradicional dicotomía: inconstitucionalidad e invalidez-nulidad dicotomía.[1]

En ese sentido, los poderes de los tribunales constitucionales se han ampliado progresivamente, habiendo asumido un papel más activo en la interpretación de la Constitución y las leyes, no sólo para anularlas o no aplicarlas cuando sean inconstitucionales, sino también para preservar las acciones del Legislador y la vigencia de las leyes que ha promulgado, interpretándolos así en armonía o conforme con la Constitución.

Esto implica que cuando una ley puede interpretarse de acuerdo o en contra de la Constitución, los tribunales a menudo se esfuerzan por preservar su validez eligiendo interpretarla en armonía o conforme con la Constitución y rechazando interpretaciones que podrían dar lugar a que la ley sea declarada inconstitucional. Este es un principio general que se aprecia se aplica actualmente en el derecho comparado.

Este papel de los tribunales, por ejemplo, ha sido un principio clásico de la doctrina de *judicial review* o control de constitucionalidad de la Corte Suprema de Estados Unidos, formulada por el juez Brandeis, al expresar:

Cuando se cuestiona la validez de una ley del Congreso, e incluso, si se plantea una duda seria de constitucionalidad, es un principio cardinal que esta Corte determinará primero si es posible una interpretación de la ley, de manera que la cuestión pueda evitarse.[2]

Este enfoque del control de constitucionalidad, seguido en todos los países, responde al principio de conservación o preservación de la legislación cuando es emitida por el órgano representativo del Estado elegido democráticamente, cuyos actos legislativos están amparados

---

[1]   Véase F. Fernández Segado, *Ponencia nacional de España*, pp. 8 ss.

[2]   Véase *Ashwander contra TVA*, 297 US 288, 346–48 (1936). El principio se formuló por primera vez en *Crowell v. Benson*, 285 US 22, 62 (1932). Ver notas "Notes. Supreme Court Interpretation of Statutes to avoid constitutional decision 1", en *Columbia Law Review*, vol. 53, nº 5, Nueva York, mayo de 1953, pp. 633–651.

por su presunción de constitucionalidad.[3] Este principio ha llevado a
dos cursos de acción: (1) el de sobreestimar la presunción, en la que se
asume la validez de la legislación hasta que se adopta una decisión, y
(2) el de preservar el texto legislativo interpretándolo de acuerdo con
la Constitución.

En el primer caso, en Grecia, por ejemplo, los tribunales tradicionalmente se han resistido a escudriñar de manera significativa y
consistente la constitucionalidad de la legislación, enfatizando, en
cambio, sobre la necesidad de respetar las prerrogativas legislativas,
considerando la mera existencia de una legislación que restringe los
derechos constitucionales como una base suficiente para mantener su
constitucionalidad.[4]

En el segundo caso, ha sido práctica de los tribunales constitucionales en todos los sistemas de control de constitucionalidad, el emitir las
llamadas sentencias interpretativas, que el Tribunal Constitucional de
España ha definido como aquellas:

> "que rechaza una acción de inconstitucionalidad, es decir, que
> declaran la constitucionalidad de la disposición legal impug
> nada, siempre que sea interpretada en el sentido que consideró
> el Tribunal Constitucional conforme a la Constitución, o no en
> el sentido en que lo sea considerada como no conforme con la
> misma.[5]

Por supuesto, en este sentido, las sentencias interpretativas son
aquellas que interpretan las leyes en armonía o conforme con la Constitución para preservar su vigencia y evitar declararlas contrarias a la
Constitución, noción que no puede aplicarse cuando los tribunales interpretan la Constitución de acuerdo con una ley para evitar también
la declaración de inconstitucionalidad de la misma.

---

[3] Esta presunción implica lo siguiente (1) la protección de las leyes, así como de las funciones del Legislador y su independencia; (2) en caso de duda, debe rechazarse la inconstitucionalidad; (3) si existen dos criterios respecto de la interpretación de una ley, se debe
elegir el que esté en armonía con la Constitución; (4) Cuando existan dos interpretaciones,
una contraria a la Constitución y otra conforme a ella, deberá optarse por esta última. Véase Iván Escobar Forns, "Las sentencias constitucionales y sus efectos en Nicaragua", en
Anuario Iberoamericano de Justicia Constitucional, Centro de Estudios Políticos y Constitucionales, nº 12, 2008, Madrid 2008, pp. 105-106. Véase también I. Härtel, *Ponencia nacional
Alemania,* pp. 6.

[4] Véase Julia Iliopoulos-Strangas y Stylianos-Ioannis G. Koutnatzis, *Ponencia nacional Grecia,* p. 12.

[5] Véase Sentencia STC 5/1981, 13 de febrero de 1981, FJ 6 en Francisco Javier Díaz Revorio,
Las sentencias interpretativas del Tribunal Constitucional, Lex Nova, Valladolid 2001, p. 67;
José Julio Fernández Rodríguez, *La justicia constitucional europea ante el Siglo XXI,* Tecnos,
Madrid 2007, p. 129.

Como se ha indicado en el caso de Grecia, si es cierto que, para evitar llegar a una decisión de inconstitucionalidad, los tribunales griegos han interpretado regularmente el derecho escrito como conforme a la Constitución, al hacerlo, "en ocasiones han interpretado que la Constitución está de acuerdo con la ley y no a la inversa, o se han excedido en los límites permisibles de interpretación para evitar llegar a una sentencia de inconstitucionalidad". Se trata del caso en el cual el Consejo de Estado griego interpretó el "permiso" legalmente requerido de la Iglesia Ortodoxa para la construcción de lugares religiosos, para aplicarlo a otras confesiones –en contra de la redacción de la ley estatutaria vigente en ese momento– considerado como una mera opinión no vinculante para el Poder ejecutivo.[6]

Sobre la base de esta interpretación, Julia Iliopoulos-Strangas y Stylianos-Ioannis G. Koutnatzis han afirmado que el Consejo de Estado no encontró violación alguna de la libertad religiosa según la Constitución griega y la Convención Europea de Derechos Humanos. Sin embargo, al interpretar la legislación en contra de su propia redacción, el Consejo de Estado sustituyó con su propia redacción la formulada por el Parlamento, argumentándose que realizó una legislación positiva.[7]

En todo caso, la técnica de interpretar las leyes en armonía o de conformidad con la Constitución para preservar su validez también se ha aplicado en los casos de control de "convencionalidad" de las leyes, respecto de su conformidad con los tratados internacionales. En este caso, por ejemplo, con respecto a los Países Bajos, J. Uzman, T. Barkhuysen y ML van Emmerik han expresado que:

"Los tribunales generalmente suponen que, a menos que el Parlamento se desvíe expresamente de sus obligaciones internacionales, debe haber tenido claramente la intención de que cualquier disposición de su leyes sean compatibles con un determinado tratado. Esta suposición es la base de la práctica habitual de los tribunales de interpretar la legislación nacional, en la medida de lo posible, de forma coherente con los derechos establecidos en convenios como la CEDH. Y es esta práctica la que ha dado lugar a algunas de las sentencias más célebres, pero también profun-

---

6 Véase Sentencia del Consejo de Estado (Pleno) n° 1444/1991, n° V 1991, 626 (627); Julia Iliopoulos-Strangas y Stylianos-Ioannis G. Koutnatzis, *Ponencia nacional Grecia*, p. 13 (nota al pie 94).

7 Véase Julia Iliopoulos-Strangas y Stylianos-Ioannis G. Koutnatzis, *Ponencia nacional Grecia*, p. 13.

damente notorias (algunos incluso dirían activistas), de la Corte Suprema.[8]

La técnica, en principio, no puede considerarse invasiva respecto de las atribuciones del Legislador, y por el contrario, al estar concebida para ayudar al Legislador, su finalidad es preservar su obra normativa y, en cierto modo, desde el punto de vista práctico, evitar vacíos legislativos innecesarios que resultan de la declaración de una ley como inválida o nula.[9] En todo caso, esta técnica de control de constitucionalidad de sentencias interpretativas en las que se rechaza la inconstitucionalidad de una ley, ha ayudado a convertir a los tribunales constitucionales en importantes instituciones constitucionales que asisten y cooperan con el legislador en sus funciones legislativas.

Y así, en efecto, los tribunales constitucionales han utilizado ampliamente este tipo de sentencias interpretativas.[10] En Italia, por ejemplo, la Corte Constitucional ha hecho caso omiso de la interpretación propuesta por jueces *a quo* en la decisión de remisión sobre la inconstitucionalidad de una disposición legal, y en su lugar ha recomendado una interpretación diferente de la misma disposición, que sea compatible con la Constitución. Es decir, "con la decisión interpretativa de desestimación, la cuestión planteada se declara infundada, siempre que se interprete la disposición impugnada en el sentido en ella indicado".[11] La decisión de la Corte en estos casos, impone al juez *a quo* una obligación negativa en el sentido de que está obligado a no insistir en atribuir a la disposición el significado rechazado por la Corte Constitucional.

Sin embargo, como la interpretación es una función delicada, muchas veces cumplida en el límite entre constitucionalidad e inconstitucionalidad, los tribunales constitucionales también han establecido límites o autocontrol en las sentencias interpretativas respecto de la redacción del texto a interpretar y de la intención del Legislador al sancionar la ley.[12] A este respecto, por ejemplo, el Tribunal Constitucional español ha resumido el alcance de las sentencias interpretati-

---

[8]   Véase J. Uzman, T. Barkhuysen y ML van Emmerik, *Ponencia Nacional Países Bajos*, pp. 8, 24, 32, 37.

[9]   Véase esta afirmación sobre la práctica de revisión judicial italiana y española en Francisco Javier Díaz Revorio, *Las sentencias interpretativas del Tribunal Constitucional*, Lex Nova, Valladolid 2001, p. 92; F. Fernández Segado, *Ponencia nacional de España*, p. 5.

[10]   Véase Francisco Javier Díaz Revorio, *Las sentencias interpretativas del Tribunal Constitucional*, Lex Nova, Valladolid 2001, pp. 59 ss.; F. Fernández Segado, *Ponencia nacional de España*, pp. 25 ss.; I. Härtel, *Ponencia nacional Alemania*, pp. 6–7.

[11]   Véase Gianpaolo Parodi, *Ponencia nacional Italia*, p. 3.

[12]   Véase BVerfGE, 69,1 (55); 49, 148 (157), en I. Härtel, *Ponencia nacional Alemania*, p. 6 (nota al pie 33).

vas en la sentencia STC 235/2007, de 7 de noviembre de 2007, de la siguiente manera:

"a) La efectividad del principio de preservación de las normas no debe desconocer o configurar el texto claro de las disposiciones legales, debido a que el Tribunal no puede reconstruir disposiciones en contra de su sentido evidente para concluir que dicha reconstrucción es la norma constitucional;

b) La interpretación en consecuencia no puede ser una interpretación *contra legem*, lo contrario implicaría desfigurar y manipular las disposiciones legales; y

c) No es atribución del Tribunal reconstruir una norma que está explícita en la disposición legal, y, en consecuencia, crear una nueva norma y la asunción por parte del Tribunal Constitucional de una función de Legislador Positivo que institucionalmente no tiene."[13]

También hay que mencionar que la técnica de interpretar la ley en armonía o de conformidad con la Constitución, para evitar una declaración de inconstitucionalidad, también se ha aplicado en Francia, mediante el control de constitucionalidad *a priori*, tradicionalmente ejercido por el Consejo Constitucional. La técnica se utiliza para considerar si el Legislador ha respetado la Constitución, al interpretar la ley de acuerdo con ella.[14] En estos casos, el Consejo Constitucional tiene una doble tarea: por un lado, interpreta la ley conforme a la Constitución; por otro lado, dirige una directiva al Legislador sobre las condiciones del ejercicio de sus atribuciones y, eventualmente, una directiva a las autoridades que deben aplicar la ley sobre cómo deben desempeñar sus funciones.[15]

Como lo han destacado Lóránt Csink, Józef Petrétei y Péter Tilk al referirse a Hungría, al establecer requisitos constitucionales respecto de la ley, la Corte Constitucional necesariamente da una interpretación estrecha de la norma, reduciendo así los posibles significados constitucionales. En estos casos, la Corte no anula la ley impugnada, sino que modifica su significado y, en algunos casos, crea una nueva norma –una que puede resultar en una orden de la Corte "desatender partes significativas de la norma", incluso contradiciendo "la voluntad del legislador".[16]

---

[13]   Véase Francisco Fernández Segado, *Ponencia nacional de España*, p. 34.

[14]   Por ejemplo, Sentencias 2000-435 DC, 2001-454 DC, 2007-547 DC, en Bertrand Mathieu, *Ponencia nacional Francia*, p. 13.

[15]   Véase Bertrand Mathieu, *Ponencia nacional Francia*, p. 13.

[16]   Véase Sentencia 48/1993 (VII.2) y Sentencia 52/1995 (IX.15), en Lóránt Csink, Józef Petrétei y Péter Tilk, Ponencia nacional *Hungría*, p. 4 (nota al pie 10).

En estos casos, la Corte elige, entre las alternativas, una posible interpretación, no necesariamente la misma en la cual pensó el Legislador; es decir, en estos casos, la Corte interpreta la ley extensivamente, determinado un requisito que altera totalmente el efecto de la ley o estableciendo una nueva previsión que no estaba originalmente en la norma, creando así una nueva norma.[17] En estos supuestos, la decisión de la Corte Constitucional que establece un nuevo contenido a una disposición es el resultado de una interpretación constitucional con el fin de hacer constitucional la ley.[18]

Respecto de todas estas funciones de los tribunales constitucionales en la interpretación de las leyes en armonía o conforme con la Constitución, su interferencia con el Legislador y sus funciones legislativas respecto de la legislación existente y vigente, puede estudiarse a través de dos cursos de acción: primero, complementando las funciones legislativas como Legisladores provisionales o agregando reglas a la legislación existente mediante sentencias interpretativas, y segundo, interfiriendo con los efectos temporales de la legislación existente.

II. LOS TRIBUNALES CONSTITUCIONALES COMPLEMENTANDO AL LEGISLADOR, AGREGANDO NUEVAS REGLAS (Y NUEVO SIGNIFICADO) A LAS DISPOSICIÓNES LEGISLATIVAS EXISTENTES

Pero a través de la interpretación, tambíén debe señalarse que los tribunales constitucionales frecuentemente crean nuevas reglas legislativas, alterando el significado o agregando lo que se considera que falta en la disposición, para que esté en armonía con la Constitución.

Estas sentencias que se denominan "sentencias aditivas" han sido ampliamente estudiadas, particularmente en Italia, donde es posible encontrar la más amplia variedad de sentencias dictadas por la Corte Constitucional al declarar inconstitucional una disposición legal. También han sido ampliamente estudiadas, analizadas y clasificadas en la categoría general de las llamadas sentencias "manipuladoras".

Como lo ha explicado Gianpaolo Parodi en la Ponencia nacional italiana, estas sentencias de aceptación de inconstitucionalidad, a pesar de dejar inalterado el texto de la disposición, transforman su significado normativo, a veces reduciendo y otras ampliando su ámbito de aplicación, y a veces, especialmente en el segundo caso, introduciendo una nueva norma en el ordenamiento jurídico o creando nuevas normas. En este sentido, se habla de sentencias manipulado-

---

[17]   Véase Sentencia 41/1998 (X.2), Sentencia 60/1994 (XII.24) y Sentencia 22/1997 (IV.25), en Lóránt Csink, Józef Petrétei y Péter Tilk, Ponencia nacional Hungría, p. 4 (nota al pie 12).

[18]   Véase Lóránt Csink, Józef Petrétei y Péter Tilk, Ponencia nacional Hungría, p. 4.

ras, y entre ellas, las típicamente "sentencias aditivas" y "sentencias sustitutivas."[19]

Parodi también ha establecido la diferencia entre las sentencias interpretativas y sentencias manipulativas en la siguiente forma:

"La primera de las dos, en efecto, hace referencia preferentemente al tema de la sentencia: una norma obtenible de manera interpretativa de una declaración legislativa, más que de una disposición, o de uno de sus segmentos (en este sentido, la noción se ajusta tanto a las sentencias interpretativas de aceptación en sentido estricto, como las sentencias "no textuales" de aceptación parcial); la noción de sentencia manipulativa suele arrojar luz sobre un efecto peculiar de la sentencia: de alteración y, precisamente, de manipulación del sentido *prima facie* de la disposición impugnada, que, en el plano textual, permanece inalterado."[20]

Dentro de las sentencias aditivas (*sentenze aditive*), es posible distinguir sentencias aditivas de principio, porque los principios formulados en la decisión de la Corte se establecen para guiar:

"tanto al legislador, en la necesaria actividad normativa posterior al fallo, encaminada a remediar el omisión inconstitucional; como a los jueces ordinarios, para que, en espera de la intervención legislativa, encuentren, con integración de derecho, una solución a las controversias que les son sometidas".[21]

En estos casos, como señaló el Tribunal Constitucional italiano en 1991, aunque una declaración de ilegitimidad constitucional de una omisión legislativa deja al Legislador su innegable competencia para regular la materia a través de la legislación general, incluso retroactivamente, "da un principio al cual el juez ordinario puede hacer referencia para remediar, mientras dure la omisión, para identificar la norma a aplicar en el caso concreto".[22]

En muchos casos, a través de sentencias acumulativas, los tribunales constitucionales establecen que a la disposición impugnada le falta algo para ser conforme con la Constitución; decidiendo que, a partir de ese momento, la disposición debe aplicarse como si ese algo no faltara. Como ha dicho el Tribunal Constitucional del Perú, mediante sentencias aditivas:

---

[19]   Véase Gianpaolo Parodi, *Ponencia nacional Italia,* p. 6.

[20]   Véase Gianpaolo Parodi, *Ponencia nacional Italia,* pp. 6-7.

[21]   Véase Gianpaolo Parodi, *Ponencia nacional Italia,* p. 10.

[22]   Véase Sentencia n° 295/1991, en Gianpaolo Parodi, *Ponencia nacional Italia,* p. 10.

"Se declara la inconstitucionalidad de una disposición o de parte
de ella, en la que la parte necesaria para que resulte en armonía
con la Constitución se ha omitido (en la parte en que la disposición no establece eso). En tales casos, se declara inconstitucional
toda la disposición, pero sólo su omisión, por lo que luego de
la declaratoria de su inconstitucionalidad será obligatorio incluir
dentro de ella el aspecto omitido."[23]

Estas sentencias, frecuentemente emitidas para garantizar el derecho a la igualdad y a la no discriminación,[24] eventualmente transforman una disposición inconstitucional en constitucional agregando a
la norma lo que le falta o, incluso, sustituyendo algo en la disposición.
Es decir, sin afectar la disposición impugnada, amplían o extienden su
contenido normativo al establecer que el mismo debe incluir algo que
no esté expresamente establecido en su texto.[25]

Si bien estas sentencias cambian en cierto modo el alcance de las
normas legislativas, independientemente de cualquier modificación
en su redacción, como lo menciona Joaquim de Sousa Ribeiro, "la
sentencia del Tribunal no establece una norma *ex nihilo*. Esas sentencias sólo proponen una solución impuesta por las disposiciones y
principios de la Constitución al ampliar una norma ya elegida por el
legislador".[26]

Por supuesto, las sentencias acumulativas, como lo ha expresado
por el Tribunal Constitucional italiano, no pueden implicar una valo-
ración discrecional sobre la disposición impugnada, en el sentido de
que el Tribunal Constitucional no puede intervenir cuando se trata de
elegir entre una pluralidad de soluciones, todas las cuales son admisi-
bles –en esos casos, la discrecionalidad le corresponde únicamente al
Legislador.[27] Sin embargo, en ningún caso pueden referirse a materias

---

23 Ver Sentencia del 3 de enero de 2003 (Exp. n° 0010-2002A1-TC), en Fernán Altuve Febres,
Ponencia nacional del Perú II, p. 13.

24 Véase Francisco Javier Díaz Revorio, *Las sentencias interpretativas del Tribunal Constitucional*, Lex Nova, Valladolid 2001, pp. 183, 186, 203, 204, 274, 299, 300; José Julio Fernández Rodríguez, *La inconstitucionalidad por omisión: Teoría general. Derecho comparado. El
caso español*, Civitas, Madrid 1998, pp. 232 ss.; Joaquín Brage Camazano, "Interpretación
constitucional, declaraciones de inconstitucionalidad y arsenal sentenciador (Un suscinto
inventario de algunas sentencias 'atípicas')", en Eduardo Ferrer Mac-Gregor (coord.), Interpretación Constitucional, Ed. Porrúa, vol. I, México 2005, pp. 192 ss.; Joaquim de Sousa
Ribeiro y Esperança Mealha, *Ponencia nacional Portugal*, p. 8.

25 Véase Francisco Javier Díaz Revorio, *Las sentencias interpretativas del Tribunal Constitucional*, Lex Nova, Valladolid 2001, pp. 28, 32, 33, 45, 97,146, 165, 167, 292.

26 Véase Joaquim de Sousa Ribeiro y Esperança Mealha, *Ponencia nacional Portugal*, p. 9.

27 Ver Sentencia Nos. 109 del 22 de abril de 1986, y 125 del 27 de enero de 1988, en Francisco Javier Díaz Revorio, *Las sentencias interpretativas del Tribunal Constitucional*, Lex Nova,
Valladolid 2001, p. 273 (nota 142); Francisco Fernández Segado, "Algunas reflexiones ge-

que deban ser reguladas exclusivamente por el Legislador, como por ejemplo son las cuestiones penales.[28]

Un ejemplo de estas sentencias acumulativas fue la dictada por la Corte Constitucional de Italia en 1969 sobre la constitucionalidad del artículo 313.3 del Código Penal, conforme al cual el procesamiento por injurias contra la propia Corte Constitucional estaba sujeto a la autorización previa del Ministerio de Justicia y Gracia. La Corte consideró que dicha autorización contradecía la independencia de la misma, argumentando que la disposición era inconstitucional, deduciendo que la autorización debía ser otorgada por el mismo Tribunal,[29] disponiendo que la previsión legal -según Díaz Revorio- decía decir algo que preveía e incluso eliminando la parte de la misma considerada incompatible con la independencia de la Corte.[30]

Otra sentencia de este tipo de la Corte Constitucional italiana se emitió en 1989 en relación con una disposición del Código Penal que sancionaba a quienes se negaban a servir en el ejército por motivos de conciencia con penas de prisión de dos a cuatro años. El Tribunal Constitucional, ante quien se impugnó la disposición, resolvió que la sanción era contraria al derecho constitucional a la igualdad porque el mismo Código Penal establecía una sanción de sólo seis meses a dos años, en similar situación, para quienes habiendo sido llamados al servicio militar, se negaran a servir sin motivos o por motivos no serios. La consecuencia fue una declaración de inconstitucionalidad de la disposición "en la parte en la cual la sanción mínima se establece en dos años en lugar de seis meses, y en la parte en que la sanción máxima se establece en cuatro años en lugar de dos años".[31] El resultado fue que el Tribunal Constitucional sustituyó la sanción de dos a cuatro años por otra de seis meses a dos años.

En Alemania, una de las típicas sentencias aditivas adoptadas por el Tribunal Constitucional Federal fue la relativa a la Ley de Partidos

---

nerales en torno a los efectos de las sentencias de inconstitucionalidad ya la relatividad de ciertas fórmulas estereotipadas vinculadas a ellas", en *Anuario Iberoamericano de Justicia Constitucional*, Centro de Estudios Políticos y Constitucionales, n° 12, 2008, Madrid 2008, pp. 164–165.

[28] Véase Patricia Popelier, *Ponencia nacional Bélgica*, pp. 13 y 14; Iván Escobar Forns, "Las sentencias constitucionales y sus efectos en Nicaragua", en *Anuario Iberoamericano de Justicia Constitucional*, Centro de Estudios Políticos y Constitucionales, n° 12, 2008, Madrid 2008, p. 110.

[29] Véase Sentencia n° 15, 12 de febrero de 1969, en Francisco Javier Díaz Revorio, *Las sentencias interpretativas del Tribunal Constitucional*, Lex Nova, Valladolid 2001, pp. 151-152.

[30] Véase Francisco Javier Díaz Revorio, *Las sentencias interpretativas del Tribunal Constitucional*, Lex Nova, Valladolid 2001, p. 152.

[31] Véase Sentencia n° 409 del 6 de julio de 1989, en Francisco Javier Díaz Revorio, *Las sentencias interpretativas del Tribunal Constitucional*, Lex Nova, Valladolid 2001, p. 153.

Políticos, que redujo el umbral de votos requerido por los partidos para el reembolso de los costos de campaña electoral del 2,5 por ciento al 0,5 por ciento.[32]

En España, un ejemplo de decisión aditiva o sustitutiva fue la dictada por el Tribunal Constitucional en 1988 al decidir sobre la constitucionalidad del artículo 7.4 del Fondo de Compensación Interterritorial creado para la financiación de proyectos de las Comunidades Autónomas del Estado, que establecía que, en algunos casos, la decisión sobre las propuestas de proyecto necesitaba la aprobación "del Consejo de Gobierno de las Comunidades Autónomas". El Tribunal consideró que esto era inconstitucional, porque determinar qué órgano de las Comunidades Autónomas debía intervenir en la aprobación. era una cuestión correspondiente a su propia autonomía, pasando el Tribunal a decidir que la referencia a los Consejos de Gobierno debía entenderse como una referencia a las Comunidades Autónomas, sin indicación específica a alguno de sus órganos.[33]

Otro ejemplo del Tribunal Constitucional español fue la sentencia dictada en 1993 sobre el beneficio de pensiones de la Seguridad Social a las "hijas y hermanas" de un titular de una pensión de jubilación, que el Tribunal consideró inconstitucional porque, contrariamente a la garantía constitucional de igualdad, excluyó del beneficio a "hijos y hermanos", extendiendo los beneficios a estos últimos.[34]

En el mismo sentido se encuentra una sentencia del Tribunal Constitucional de 1992 sobre la Ley de Arrendamientos Urbanos, cuyo artículo 58.1 establecía que a la muerte de un inquilino, su cónyuge podía subrogarse en sus derechos y deberes. El Tribunal consideró que la ausencia en la disposición de cualquier referencia a quienes viven *more uxorio* en una relación de tipo matrimonial con el inquilino fallecido era contraria al derecho a la igualdad y, por tanto, inconstitucional; el resultado fue que la disposición también se les debía aplicar.[35]

En todos estos casos, como menciona F. Fernández Segado, se puede considerar al Tribunal Constitucional español como un "auténtico legislador positivo".[36]

---

[32]   Véase BVerfGE 24, 300 (342 ss.), en I. Härtel, *Ponencia nacional Alemania*, p. 19.

[33]   Véase sentencia STC 183/1988, 13 de octubre de 1988, en Francisco Javier Díaz Revorio, *Las sentencias interpretativas del Tribunal Constitucional*, Lex Nova, Valladolid 2001, p.

[34]   Véase Sentencia STC 3/1993, 14 de enero de 1993, en Francisco Javier Díaz Revorio, *Las sentencias interpretativas del Tribunal Constitucional*, Lex Nova, Valladolid 2001, pp. 177, 274; F. Fernández Segado, *Ponencia nacional de España*, p. 42.

[35]   Véase Sentencia STC 222/1992, 11 de diciembre de 1992, en Francisco Javier Díaz Revorio, *Las sentencias interpretativas del Tribunal Constitucional*, Lex Nova, Valladolid 2001, pp. 181, 182, 275; F. Fernández Segado, *Ponencia nacional de España*, p. 41.

[36]   Véase F. Fernández Segado, *Ponencia nacional de España*, p. 48.

En Portugal, el Tribunal Constitucional ha emitido sentencias aditivas en aplicación del principio de igualdad en el sentido de que, si una norma concede favores a ciertos grupos de personas mientras excluye u omite a otras en violación de la cláusula de igual protección, la exclusión u omisión se considera inconstitucional. Si el Tribunal no tiene poder para lograr una solución igualitaria para el grupo excluido, en lo que se han considerado casos raros, la sentencia del Tribunal, por sí sola, ha hecho posible la inclusión de ciertos grupos bajo el alcance de normas que los omitían o excluían.

Por ejemplo, como señaló Sousa Ribeiro, en la sentencia No. 449/87, la Corte declaró inconstitucional una norma que establecía indemnizaciones diferentes para viudo y viuda en caso de muerte por accidente de trabajo. Además, afirmó que la única solución que cumpliría con la Constitución sería aquella que otorgara un trato igual a ambos, es decir, que el favor otorgado a la viuda debería extenderse al viudo.

En otro caso, en la sentencia n° 359/91, el Tribunal consideró y resolvió una solicitud del Defensor del Pueblo de no sólo realizar una revisión abstracta sucesiva de las normas establecidas en el Código Civil relativas a la transmisión de la situación el inquilino en el caso del divorcio cuando se interpreta como no aplicable a las uniones *de hecho*, incluso si la pareja en cuestión tuviera hijos menores de edad; sino también un control de la "inconstitucionalidad por omisión de un acto legislativo que expresamente establece que dichas normas son aplicables, con las adaptaciones necesarias, a las uniones *de hecho* de parejas con hijos menores de edad". En esta decisión, el Tribunal emitió una declaración con fuerza general vinculante de inconstitucionalidad de esa interpretación por violar el principio de no discriminación contra los hijos nacidos fuera del matrimonio, pero no encontró inconstitucionalidad por omisión. Como resultado de la decisión del Tribunal, se entendió que las normas del Código Civil incluían dichas uniones *de facto*.[37] Según Sousa Ribeiro, tales sentencias pueden considerarse como sentencias aditivas, ya que su implementación modifica el alcance de las normas legislativas, independientemente de cualquier modificación en la redacción de dichas normas.[38]

También en Grecia, en lo que respecta a las violaciones del principio constitucional de igualdad debidas a la exclusión inconstitucional de personas o grupos de un beneficio estatal o al trato preferencial de una persona o grupo a expensas de otro, al ejercer el método difuso de control de constitucionalidad, los tribunales civiles han otorgado regularmente un trato preferencial para remediar una violación del principio de igualdad, independientemente de si la legislación dis-

---

[37]   Véase Joaquim de Sousa Ribeiro y Esperança Mealha, *Ponencia nacional Portugal*, p. 8.

[38]   Véase Joaquim de Sousa Ribeiro y Esperança Mealha, *Ponencia nacional Portugal*, p. 9.

criminatoria otorga un trato preferencial como regla general o excepcionalmente.[39] La extensión a los jueces de la legislación relativa a la remuneración de los altos funcionarios públicos,[40] suele considerarse una manifestación común de esta jurisprudencia.

Los tribunales administrativos ordinarios han seguido en general el mismo enfoque, invocando en su razonamiento la jurisprudencia del Tribunal de Justicia de las Comunidades Europeas sobre el principio de igualdad de remuneración para trabajadores y trabajadoras por igual trabajo o trabajo de igual valor.[41] Más recientemente, el Consejo de Estado ha alineado su jurisprudencia con la del Tribunal de *Areios Pagos*, ampliando también el trato preferencial en casos de violación del principio constitucional de igualdad, como en casos de discriminación de género en la legislación de seguridad social.[42]

En consecuencia, como afirman Julia Iliopoulos-Strangas y Stylianos-Ioannis G. Koutnatzis, "extendiendo la aplicabilidad de una legislación discriminatoria y, por tanto, inconstitucional, los tribunales griegos ejercen el poder legislativo en un sentido positivo".[43]

De manera similar, en Sudáfrica, el Tribunal Constitucional, refiriéndose a una ley de 1991 (reformada en 1996) que asignaba al cónyuge de un residente permanente en el país el derecho a obtener automáticamente un permiso de residencia, la consideró discriminatoria e inconstitucional porque no incluía a los extranjeros en las relaciones homosexuales. La Corte complementó el texto para incluir después de

---

[39]   Véanse, por ejemplo, Areios Pos Sentencia Nos. 3/1990, *NoV* 1990, 1313 (1314); 7/1995 (Pleno), *EErgD* 1996, 494 (495); 1578/2008, *EErgD* 2009, 180 ss.; Julia Iliopoulos-Strangas y Stylianos-Ioannis G. Koutnatzis, *Ponencia nacional Grecia*, p. 18 (nota al pie 140).

[40]   Véase, por ejemplo, Sentencia Areios Pos n° 40/1990, *EEN* 1990, 579 ss. (579); Julia Iliopoulos-Strangas y Stylianos-Ioannis G. Koutnatzis, *Ponencia nacional Grecia*, p. 18 (nota al pie 144).

[41]   Véanse, por ejemplo, sentencias del Tribunal Administrativo de Primera Instancia de Atenas Nos. 10391/1990, *DiDik* 1991, 1309 (1309-1310); 3151/1992, *DiDik* 1993, 350 (351). Véase también sentencia del Tribunal Administrativo de Apelaciones de Atenas n° 3717/1992, *DiDik* 1993, 138 (138-139); Julia Iliopoulos-Strangas y Stylianos-Ioannis G. Koutnatzis, *Ponencia nacional Grecia*, p. 19 (nota al pie 146).

[42]   Véanse, por ejemplo, las sentencias del Consejo de Estado núms. 1467/2004 (pleno), *Arm* 2004, 1049 (1050); 3088/2007 (Pleno), *DtA* 2009, 540 (541); véase también Sentencia del Consejo de Estado n° 2180/2004 (Pleno), *NoV* 2005, 173 (174-175) (que se extiende a las disposiciones sobre remuneración de los pilotos para la tripulación de cabina). Véase Julia Iliopoulos-Strangas y Stylianos-Ioannis G. Koutnatzis, *Ponencia nacional Grecia*, p. 19 (nota al pie 148).

[43]   Véase Julia Iliopoulos-Strangas y Stylianos-Ioannis G. Koutnatzis, *Ponencia nacional Grecia*, p. 19.

la palabra *cónyuge* la frase "o la pareja del mismo sexo en condición estable".[44]

En Canadá, también es posible encontrar sentencias similares de control de constitucionalidad, aditivas, también en cuestiones de derecho de familia y sobre el derecho a la igualdad respaldadas por valores constitucionales, en las que el Tribunal ha podido leer o agregar palabras a la legislación para subsanar un fallo constitucional defectuoso. Un ejemplo famoso es la sentencia emitida por la Corte Suprema en el caso *Vriend v. Alberta*, en la cual la Corte, aunque consideró inconstitucional el código de derechos humanos de Alberta porque violaba los derechos de igualdad al no proteger a gays y lesbianas de la discriminación, decidió agregar o leer en la previsión la inclusión de la orientación sexual como un campo prohibido de discriminación en lugar de derogar la legislación.[45] Un uso similar de este poder fue la decisión del Tribunal de Apelaciones de Ontario de anular la definición de matrimonio como unión de un hombre y una mujer, y sustituirla por el concepto neutral en cuanto al género de unión entre personas para permitir la unión entre personas del mismo sexo, considerando que las opiniones religiosas sobre el matrimonio no podían justificar la exclusión de las parejas del mismo sexo de la institución civil del matrimonio.[46] Aunque tales remedios no se utilizan de manera rutinaria para subsanar todos los defectos constitucionales, según Kent Roach, "equivalen a enmiendas judiciales o adiciones a la legislación".[47]

En Polonia, el Tribunal Constitucional también ha desarrollado este tipo de sentencias, que no están directamente establecidas en la Constitución ni en la ley que lo rige. Como lo menciona Marek Safjan:

> "el Tribunal adopta una de las siguientes fórmulas: 'la disposición X se ajusta a la Constitución bajo la condición de que se entienda de la siguiente manera:...', o la 'disposición X entendida como sigue... cumple con la Constitución'', o 1 'disposición X entendida de la siguiente manera... no cumple con la Constitución''. Las llamadas sentencias parciales suelen ir más allá porque determinan directamente los elementos normativos incluidos en la disposición, que no se ajustan a un acto jerárquicamente superior

---

44   Véase Iván Escobar Fornos, "Las sentencias constitucionales y sus efectos en Nicaragua", en *Anuario Iberoamericano de Justicia Constitucional*, Centro de Estudios Políticos y Constitucionales, nº 12, 2008, Madrid 2008, pp. 111-112.

45   Véase *Vriend contra Alberta* [1998] 1 SCR 493; Kent Roach, *Ponencia nacional Canadiense*, pp. 6, 14 (notas a pie de página 5 y 27).

46   Véase *Halpern contra Ontario* (2003) 65 O (3d) 161 (CA); Kent Roach, *Ponencia nacional Canadiense*, pp. 7, 14 (notas a pie de página 6 y 29).

47   Véase Kent Roach, *Ponencia nacional Canadiense*, p. 7.

(por ejemplo, 'la disposición X en la medida en que prevea que...
no se ajusta a la Constitución')." [48]

Como ejemplo de estas sentencias,[49] que han sido comparadas con
la cirugía laparoscópica versus una operación invasiva, está el caso de
la interpretación del Código Civil para regular la responsabilidad del
Estado por los daños causados a un particular por funcionarios públicos.[50] Al emitir una sentencia interpretativa, evitando así la derogación
de una disposición del Código Civil, el Tribunal Constitucional de
Polonia estableció un régimen totalmente nuevo de responsabilidad
ex delicto por daños y perjuicios causados por el Estado, sobre la base
de una premisa objetiva de ilegalidad y eliminando la culpa del funcionario como premisa de responsabilidad de la autoridad pública.[51]

En Hungría también se pueden encontrar sentencias aditivas como
consecuencia de las sentencias del Tribunal Constitucional que declaran la nulidad parcial de las leyes, lo que se denomina anulación en
mosaico. Al respecto, Lóránt Csink, Józef Petrétei y Péter Tilk han señalado que el Tribunal siempre ha tratado de anular lo menos posible
de la ley, es decir, anular sólo lo necesario para restablecer la constitucionalidad. Para ello, como argumentaron, la anulación parcial alejaba
al Tribunal de la legislación negativa, ya que el texto que permanecía
en vigor después de la anulación a menudo tenía un significado diferente y a veces contradictorio del texto anterior al control constitucional. Este ha sido el caso, por ejemplo, cuando se han anulado algunas
palabras, con el resultado de ampliar el alcance de los beneficiarios de
una ley tributaria, ya sea en el ámbito del derecho sustantivo[52] o en el
ámbito del derecho procesal;[53] cuando ciertos textos de una ley res-
trinjan un derecho fundamental relativo a la publicidad de las decla-

---

[48]   Véase Marek Safjan, *Ponencia nacional Polonia*, pp. 13 y 14.

[49]   El Tribunal Supremo polaco se ha opuesto a esta práctica del Tribunal Constitucional,
       argumentando que el proceso de interpretación está estrictamente relacionado con el pro-
       ceso de aplicación de una determinada norma, no con el procedimiento de su evaluación
       desde el punto de vista de su conformidad con una norma jerárquicamente acto superior.
       Véase Marek Safjan, *Ponencia nacional Polonia*, p. 14.

[50]   Véase sentencia del Tribunal Constitucional de 4 de diciembre de 2001, en el caso SK18/00,
       OTK ZU 2001/8/256, en Marek Safjan, *nencia nacional Polonia*, p. 14 (nota al pie 43).

[51]   Véase Marek Safjan, *Ponencia nacional Polonia*, pp. 14, 15.

[52]   Véase Sentencia 87/2008 (VI.18). La sentencia consideró discriminatorio que sólo un gru-
       po de contribuyentes disfrutara de preferencias fiscales. El Tribunal anuló el reglamento
       de manera que la preferencia también correspondería a los miembros del otro grupo;
       Lóránt Csink, Józef Petrétei y Péter Tilk, *Ponencia nacional Hungría*, p. 5 (nota al pie 18).

[53]   Véase Sentencia 73/2009 (VII.10). El Tribunal consideró inconstitucional que la ley no
       otorgara la posibilidad de reducir o liberar las obligaciones tributarias de las personas
       físicas. Tal posibilidad es el resultado de la anulación en mosaico. Véase Lóránt Csink,
       Józef Petrétei y Péter Tilk, *Ponencia nacional Hungría*, p. 5 (nota al pie 19).

raciones de propiedades de los diputados de los gobiernos locales;[54] y cuando la competencia para determinar indemnizaciones en materia penal fue transferido del ministro de justicia a los tribunales, anulando simplemente algunas palabras del Código de Procedimiento Penal.[55] Otro caso se refiere a una decisión que declaró inconstitucional una coma en una oración que contenía una enumeración, porque daba como resultado un significado diferente de la oración, sentido que no era conforme con la Constitución.[56]

En la República Checa, la Corte Constitucional también ha emitido sentencias interpretativas que conducen a leer el texto de manera diferente o añaden sentido a las disposiciones constitucionales. Un ejemplo típico, mencionado por Zdenek Kühn, es la sentencia en el caso *Clearance of Defense Counsel* del 28 de enero de 2004, relativa a una ley que exigía que, en casos penales en los cuales se pueda discutir información clasificada, los abogados defensores estén sujetos autorización de seguridad. Como resultado de ello, en el caso, el acusado en la causa penal ante el tribunal de distrito no dispuso de ningún abogado defensor y, en la práctica, se le negó su derecho a asistencia jurídica. Por lo tanto, el tribunal de distrito solicitó al Tribunal Constitucional que anulara la ley si incluía también a los "abogados defensores" entre aquellos sujetos a una autorización de seguridad. El Tribunal rechazó esta interpretación de la ley y consideró, en contra de su clara redacción, que los abogados defensores en procesos penales no están sujetos a este tipo de autorización. Consciente del carácter controvertido de su razonamiento, el Tribunal añadió una segunda parte a su sentencia, creando una nueva excepción a la clara redacción de la ley. Por tanto, el veredicto de la sentencia comprende incluye dos partes:

"I. Se rechaza la petición.

II. La autorización del abogado defensor en procesos penales a efectos de acceso a información clasificada mediante una autorización de seguridad de la Oficina de Seguridad Nacional es incompatible con el art. 37 párr. 3, art. 38 párr. 2, y el art. 40 párr. 3 de la Carta de Derechos y Libertades Fundamentales y con el art.

---

[54] Véase Sentencia 83/2008 (VI.13). El decreto del gobierno local sólo permitía a los ciudadanos húngaros comprobar las declaraciones y sólo después de certificar su identidad. Estos textos han sido anulados. Véase Lóránt Csink, Józef Petrétei y Péter Tilk, *Ponencia nacional Hungría,* p. 5 (nota al pie 20).

[55] Véase Sentencia 66/1991 (XII.21). Véase en Lóránt Csink, Józef Petrétei y Péter Tilk, *Ponencia nacional Hungría,* p. 5.

[56] Véase Sentencia 16/1999. (VI.11), en Lóránt Csink, Józef Petrétei y Péter Tilk, *Ponencia nacional Hungría,* p. 5.

6 párr. 3 let. c) del Convenio para la Protección de los Derechos Humanos y de las Libertades Fundamentales."[57]

En este caso, la Corte Constitucional explicó por qué incluyó la segunda parte basada en el principio de primacía de la interpretación constitucionalmente consistente sobre las interpretaciones inconstitucionales, agregando que "por estas razones, en este procedimiento de revisión de normas, ante una sentencia negativa con carácter argumentos interpretativos, la Corte Constitucional colocó el principio constitucional fundamental, que surge de una serie de motivos importantes, en la sección de veredicto de la sentencia".[58]

En otro caso, el *Permanent Residence Case* de 1994, el Tribunal Constitucional anuló el requisito de que los ciudadanos checos a los que se permitía reclamar la restitución de sus bienes, tuvieran residencia permanente en la República Checa. El Tribunal consideró discriminatorio el requisito y anuló la norma que fijaba el plazo para reclamar la restitución. La ley perdió así gran parte de su claridad porque el efecto de anular el plazo era dudoso. El problema se explicó en el razonamiento del Tribunal, así:

> "Sin embargo, si las consecuencias de legalizar esta condición inconstitucional puedan ser reparables, no sólo es necesario cancelar la condición en sí, sino que… también es necesario asegurar que la nueva redacción de… la Ley [después de la anulación] pueda, de manera realista, revivir. Esto sólo se puede lograr abriendo el período… para ejercer una reclamación ante los tribunales *a favor de aquellos ciudadanos a quienes la condición de residencia permanente en el país les* ha hecho imposible el ejercicio de su derecho a la restitución."[59]

Sin embargo, en este caso, como explicó Zdenek Kühn, no estaba nada claro qué significaba efectivamente la anulación del plazo. En todo caso, la respuesta a la interpretación de la ley podría haberse encontrado no en el texto de la ley, sino en la justificación de su sentencia por parte del Tribunal. Sólo al hacer referencia a la sentencia del Tribunal quedó claro que el plazo se abrió nuevamente sólo para quienes tenían prohibido hacerlo según la versión anterior de la ley

---

[57]   Véase la Sentencia Pl. ÚS 41/02 del 28 de enero de 2004, publicada como N. 98/2004 Sb. Ver http://angl.concourt.cz/angl_verze/doc/p-41-02.php ; Zdenek Kühn, *Ponencia nacional Checa*, p. 9 (nota al pie 41).

[58]   Véase Zdenek Kühn, *Ponencia nacional Checa.* p. 9.

[59]   Véase la Sentencia Pl. ÚS 3/94 del 12 de julio de 1994, publicado en checo como 164/1994 Sb. Ver http://angl.concourt.cz/angl_verze/doc/p-3-94.php; Zdenek Kühn, *Ponencia nacional Checa,* p. 10 (nota al pie 47).

(aquellos ciudadanos que no tenían residencia permanente en la República Checa) y cuando el plazo del tiempo comenzara.[60]

El Tribunal Constitucional de Croacia también ha emitido sentencias aditivas, creando políticas para fortalecer el Estado de derecho y la protección de los derechos humanos. Un caso importante destacado por Sanja Barić y Petar Bačić es el referido a la anulación, en 1998, de algunas disposiciones de la Ley de Ajuste de Pensiones, en el cual el Tribunal consideró inconstitucional el hecho de que, desde 1993, el Gobierno dejara de ajustar las pensiones según el aumento inflación y costo de vida, aunque siguió haciéndolo con los salarios. El resultado fue que durante cuatro años (1993-1997) los salarios aumentaron el doble que las pensiones (la pensión promedio era la mitad del salario promedio), lo que significó que el nivel de vida de los jubilados era la mitad del correspondiente a la población activa promedio. Por lo tanto, el Tribunal Constitucional dictaminó que "este ajuste legal... cambió el estatus social de los jubilados hasta tal punto que creó desigualdad social entre los ciudadanos", y que las disposiciones impugnadas:

> "contravenían las disposiciones constitucionales básicas del artículo 3 de la Constitución de la República de Croacia, que garantiza la igualdad, la justicia social y el Estado de derecho; y con el artículo 5 de la Constitución, que establece que las leyes deben ser conformes a la Constitución". [61]

Como consecuencia de la decisión del Tribunal, los jubilados debían recibir las pensiones pendientes de pago durante el período 1993-1997, y seis años más tarde, el Parlamento croata sancionó la Ley sobre la aplicación de la sentencia del Tribunal Constitucional, de fecha 12 de mayo de 1998.[62]

En muchos países, estas sentencias han sido consideradas invasivas respecto de las atribuciones legislativas porque, a través de ellas, el Tribunal Constitucional, mediante interpretación, procede a suplantar al Legislador, afectando en gran medida el sistema de separación de poderes. También se han considerado como sentencias judiciales que añaden un *quid novi,* que transforma lo negativo en positivo, de modo que un Tribunal se convierte de juez de constitucionalidad de las leyes en "limpiador" constitucional de las mismas, invadiendo así

---

[60]   Véase Zdenek Kühn, *Ponencia nacional Checa,* p. 8 y 9.

[61]   Ver Sentencia n° UI-283/1997. de 12 de mayo de 1998; Sanja Barić y Petar Bačić, *Ponencia nacional Croacia,* p. 15.

[62]   Véase Sentencia sobre la Promulgación de la Ley de Ejecución de las Sentencias del Tribunal Constitucional, de 12 de mayo de 1998, Gaceta Oficial " *Narodne novine* ", n° 105/2004; Sanja Barić y Petar Bačić, *Ponencia nacional Croacia,* p. 15 (nota al pie 30).

la esfera de otros poderes y añadiendo normas legislativas, o legislación positiva.[63]

En cierta forma, una posición similar se encuentra en los Países Bajos respecto del control de convencionalidad de las leyes. La Corte Suprema resolvió en 1980, en el *caso Hijo ilegítimo*, que el artículo 959 del Código de Procedimiento Civil debía interpretarse a la luz de los artículos 8 y 14 de la Convención Europea, ignorando la diferencia establecida en cuanto al tratamiento procesal entre los casos relativos a la custodia de los hijos legítimos e ilegítimos; en consecuencia, permitiendo a los familiares de un huérfano nacido fuera del matrimonio, apelar una decisión del magistrado local que negaba la custodia, que el Código de Procedimiento Civil concedía sólo a los niños legalmente reconocidos.[64] Sobre la base de la interpretación ya adoptada por la Corte Europea de Derechos Humanos respecto del Convención, la Corte Suprema aceptó el derecho de recurso para los familiares de niños nacidos fuera del matrimonio.

El mismo enfoque se siguió en el caso V*eto de los padres al matrimonio de menores de 1982*, en el cual la Corte Suprema introdujo espontáneamente el deber de los padres de justificar su decisión de no permitir que sus hijos menores de edad contraigan matrimonio.[65] Cuando el rechazo del consentimiento fuera evidentemente irrazonable, los tribunales quedaron autorizados a sustituir el permiso retenido de los padres, ignorando el artículo 1:36 (2) del Código Civil, que prohibía a los tribunales permitir un matrimonio cuando uno de los padres se opusiera a ello. Nuevamente, esta sentencia fue respaldada por varias decisiones de la Comisión Europea de Derechos Humanos,[66] que eventualmente llevaron a la adopción de una mayor moderación en materia de control de convencionalidad, en el sentido de que la Corte reconoció más recientemente que no estaba facultada para dejar de lado las disposiciones nacionales por su incompatibilidad con el derecho de la Convención, basándose únicamente en su propia inter-

---

[63]   Véanse las opiniones de MA García Martínez, F. Rubio Llorente, G. Silvestri, T. Ancora y G. Zagrebelsky, en Francisco Javier Díaz Revorio, *Las sentencias interpretativas del Tribunal Constitucional*, Lex Nova, Valladolid 2001, p. 254 (notas a pie de página 70 a 76).

[64]   Véase sentencia del Tribunal Supremo de 18 de enero de 1980, *Nueva Jersey*. 1980/463 (*Hijo ilegítimo*); Jerfi Uzmán; Tom Barkhuysen y Michiel L. van Emmerik, *Ponencia nacional Países Bajos*, p. 14 (nota al pie 37).

[65]   Véase sentencia del Tribunal Supremo de 4 de junio de 1982, *Nueva Jersey*. 1983/32 (*Veto de los padres sobre el matrimonio de menores*); Jerfi Uzman, Tom Barkhuysen y Michiel L. van Emmerik, *Ponencia nacional Países Bajos*, p. 14 (nota al pie 39).

[66]   Véase Jerfi Uzman, Tom Barkhuysen y Michiel L. van Emmerik, *Ponencia Nacional Países Bajos*, p. 14.

pretación de la misma, pero sólo en la interpretación predominante ofrecida por la Corte Europea.[67]

También en el área del derecho de familia, en los Países Bajos, la Corte Suprema ha desarrollado su propia capacidad para regular ciertas áreas del derecho mediante el ejercicio de su poder de control de la "convencionalidad" de las leyes. En efecto, en los *Casos de Primavera*, [68] el Tribunal consideró las disposiciones del derecho holandés que establecían que cuando un niño nacía de padres solteros o de padres que nunca habían estado casados antes o no tenían intención de hacerlo en un futuro próximo, los padres no podían ejercer ninguna patria potestad, pudiendo únicamente obtener la tutela compartida; la Corte consideró que esto violaba los artículos 8 y 14 de la Convención Europea. A partir de esa decisión, la Corte dejó de lado ciertas disposiciones del Código Civil e interpretó otras de manera que pudieran ser leídas en forma coherente con la Convención, y finalmente intentó regular detalladamente las condiciones bajo las cuales una solicitud de patria potestad compartida debía ser concedida por los tribunales. La Corte dedicó una página entera en los informes de los casos a describir las condiciones y proporcionar a los tribunales inferiores un "manual" sobre cómo trabajar en casos tan difíciles.[69]

En América Latina, una típica decisión aditiva y sustitutiva se puede encontrar en el Perú, en la sentencia adoptada por el Tribunal Constitucional en 1997 respecto del artículo 337 del Código Civil, en la cual, a los efectos del cónyuge que solicita el divorcio, "entendió que el término *'sevicia'* [crueldad extrema] debía ser sustituida por la frase 'violencia física y fisiológica, es decir, no sólo referida a la crueldad física'."[70]

En Costa Rica, la Sala Constitucional de la Corte Suprema ha emitido sentencias aditivas en materia de ciudadanía, como sucedió al interpretar que, cuando el artículo 14.4 de la Constitución establece que cuando las mujeres extranjeras se casan con costarricenses, son costarricenses por naturalización si pierden su nacionalidad, la palabra *mujer* debe leerse como *persona* para incluir al hombre, superando

---

[67] Véase sentencia del Tribunal Supremo de 19 de octubre de 1990, *Nueva Jersey*. 1992/129 (*matrimonio homosexual*); Sentencia del Tribunal Supremo de 10 de agosto de 2001, *Nueva Jersey* 2002/278 (*Deber de apoyo*); Jerfi Uzmán; Tom Barkhuysen y Michiel L. van Emmerik, *Ponencia nacional Países Bajos*, p. 16 (nota al pie 46).

[68] Véanse las sentencias conjuntas de la Corte Suprema de 21 de marzo de 1986, *Nueva Jersey*. 1986/585–588 (*Sentencias de primavera*); Jerfi Uzmán; Tom Barkhuysen y Michiel L. van Emmerik, *Ponencia nacional Países Bajos*, p. 15 (nota al pie 43) y p. 24.

[69] Véase Jerfi Uzmán; Tom Barkhuysen y Michiel L. van Emmerik, *Ponencia nacional Países Bajos*, p. 24.

[70] Ver Sentencia del 29 de abril de 1997 (Exp. nº 0018-1996-1-TC), en Fernán Altuve Febres, *Ponencia nacional del Perú II*, p.

así la discriminación que resulta de la palabra "mujer" respecto de hombres extranjeros casados con una costarricense. El Tribunal dijo:

> "A los efectos de evitar desigualdades y discriminaciones futuras que pudieran derivarse de la aplicación de la Constitución, en ejercicio de las atribuciones que ésta le asigna a la Sala, se resuelve que cuando las leyes utilicen los términos "hombre" o "mujer", deben entenderse como sinónimos a la palabra "persona", eliminando toda posible discriminación "legal" por razón de género; corrección que debe ser aplicada por todos los funcionarios públicos cuando se les solicite tomar cualquier decisión que requiera aplicar disposiciones en las que se utilizan dichos términos.[71]

En otro caso, la Sala Constitucional de la Corte Suprema de Costa Rica, interpretando la Ley de la Moneda, consideró la cuestión de los contenidos esenciales de la libertad de contratación y concluyó, en relación con las obligaciones contractuales establecidas en moneda extranjera, que el tipo de cambio aplicable en caso de pago en moneda nacional, para evitar la violación de derechos de propiedad, debía ser el tipo de cambio de mercado, es decir, el valor comercial efectivo de la moneda extranjera al momento del pago, y no el tipo oficial, como lo indica el artículo 6 de la Ley de la Moneda. En consecuencia, el Tribunal estableció cómo debía leerse la disposición de la Ley de la Moneda.[72]

En Venezuela también se pueden identificar algunos ejemplos de sentencias acumulativas emitidas por la Sala Constitucional del Tribunal Supremo. Uno de ellos se refiere a una disposición de la Ley Orgánica de la Procuraduría General de la República (artículo 90), en la cual se establece, en el proceso judicial en el que la República sea parte, la necesidad del consentimiento del Procurador General respecto de la solicitará de fianza para levantar algunas medidas cautelares. En sentencia No. 1104 de 23 de mayo de 2006, la Sala declaró la nulidad parcial de esta disposición por violar el derecho a la defensa y el debido proceso, y estableció una nueva redacción para la disposición impugnada, en el sentido de que la fianza debe ser aprobado por el juez correspondiente y no por el Procurador General.[73]

---

[71]   Véase Sentencia Voto 3435-92, en Rubén Hernández Valle, *Ponencia nacional de Costa Rica,* p. 38.

[72]   Véase Sentencia Voto 3495-92, en Rubén Hernández Valle, *Ponencia nacional de Costa Rica,* p. 39.

[73]   Ver Sentencia nº 1104 del 23 de mayo de 2006, caso *Carlos Brender;* http://www.tsj.gov.ve/sentencias/scon/Mayo/1104-230506-02-1688.htm . Véase también Daniela Urosa Maggi, *Ponencia nacional de Venezuela,* p. 27.

Otro ejemplo se refiere a la Ley Orgánica de la Defensa Pública, institución establecida en la Constitución como parte del sistema judicial. El artículo 3 de la Ley especificaba que el Servicio de Defensa Pública dependería del Defensor del Pueblo, lo cual fue considerado inconstitucional y anulado por la Sala Constitucional, la cual estableció en su sentencia No. 163 del 28 de febrero de 2008, que la disposición debía debe leerse en el sentido de adscribir el Servicio al Tribunal Supremo de Justicia, no a la Defensoría del Pueblo.[74] Además, en la misma decisión, la Sala dejó *sin efecto de oficio* las disposiciones que establecían la atribución del Defensor del Pueblo para designar al Jefe del Servicio de la Defensa Pública, previendo otro régimen de designación por parte del Tribunal Supremo; y dejó sin efecto la disposición que establecía la aprobación por la Defensoría del Pueblo del Presupuesto del Servicio de la Defensa Pública, modificando la redacción de la Ley para atribuir esa función al Tribunal Supremo.[75]

Esta técnica de fallos aditivos en materia de control de constitucionalidad también puede identificarse en países con un sistema difuso de control de constitucionalidad, como Argentina, donde la Corte Suprema ha emitido sentencias aditivas en materia monetaria. En el caso *Massa*,[76] por ejemplo, respecto de la conversión obligatoria de moneda extranjera a pesos a través de diversas disposiciones legales de emergencia, la Corte resolvió que el régimen no violaba los derechos de propiedad reconocidos en la Constitución al disponer que se garantizaba la conversión de 1,40 pesos por un dólar estadounidense, con un coeficiente de estabilización y una tasa de interés anual del 4 por ciento. Se trataba de una adición judicial al régimen de emergencia legal para evitar que fuera declarado inconstitucional. [77]

En casos de derechos humanos, la Corte Suprema también ha emitido sentencias aditivas, como en el Caso *Portillo* (1989), en el cual se requirió que la Corte se pronunciara sobre la constitucionalidad del servicio militar obligatorio. El peticionario afirmó que, en la medida en que el servicio militar podía requerir matar a otra persona, ello afectaba sus profundas creencias religiosas, en violación de la cláusu-

---

[74] Ver Sentencia nº 163 del 28 de febrero de 2008, caso *Ciro Ramón Araujo*. Ver http://www.tsj.gov.ve/sentencias/scon/Febrero/163-280208-07-0124.htm. Véase también Daniela Urosa Maggi, *Ponencia nacional de Venezuela*, pp. 27-28.

[75] *Id.*, p. 28.

[76] Ver Fallos 329:5913 (2006); Alejandra Rodríguez Galán y Alfredo Mauricio Vítolo, *Ponencia nacional Argentina I*, p. 17 (nota al pie 71). Véase también el caso *Bustos*, Fallos 327:4495 (2004). *Id.*, p. 17 (nota al pie 70).

[77] Véase Néstor P. Sagüés, "Los efectos de las sentencias constitucionales en el derecho argentino", en *Anuario Iberoamericano de Justicia Constitucional*, Centro de Estudios Políticos y Constitucionales, nº 12, 2008, Madrid 2008, p. 339; Néstor Pedro Sagüés, *Ponencia nacional Argentina II*, p. 19.

la constitucional de libre ejercicio de la religión. La Corte sostuvo que, en tiempos de paz, el cumplimiento del servicio militar establecido por el Congreso violaba dicha cláusula, pero aun así exigía que el peticionario cumpliera un tiempo de servicio civil alternativo, redefiniendo así el concepto de "defensa nacional" a pesar de que el Congreso no previó tal alternativa.[78]

Incluso en Francia, donde hasta 2009 el sistema de control de constitucionalidad se reducía al control *a priori* de la legislación aún no vigente, el Consejo Constitucional ha ejercido sus atribuciones, añadiendo disposiciones a la ley revisada y modificando el ámbito de aplicación de la ley. Por ejemplo, en la Decisión 82-141 DC del 27 de julio de 1982 sobre el control de constitucionalidad del proyecto de ley sobre las comunicaciones audiovisuales, el Consejo amplió el alcance del derecho de respuesta, interpretando la frase "sin fines de lucro" para establecer el titular del derecho.

Como mencionó Bertrand Mathieu, en este caso, el Consejo ha dicho, en lugar del Legislador, cuál es la ley que establece el derecho de respuesta en las comunicaciones audiovisuales sólo a una categoría de personas. Al eliminar esa restricción, el Consejo amplió el alcance del derecho, sustituyéndose así la voluntad del Legislador. El Consejo Constitucional consideró que la Constitución establecía tal derecho de respuesta sin que estuviera reservado a algunas personas.[79]

III. LOS TRIBUNALES CONSTITUCIONALES COMPLEMENTANDO LAS FUNCIONES LEGISLATIVAS AL INTERFERIR EN LOS EFECTOS TEMPORALES DE LA LEGISLACIÓN

Una de las interferencias más comunes de los Tribunales Constitucionales respecto de las funciones legislativas, es la facultad de los mismos de determinar los efectos temporales de la legislación promulgada por el Legislador. En esta materia, en términos generales, se pueden distinguir tres situaciones diferentes en el derecho comparado: en primer lugar, casos en los cuales el Tribunal Constitucional determina cuándo una norma anulada dejará de tener efectos en algún momento futuro; en segundo lugar, casos en los cuales el Tribunal Constitucional, al asignar efectos retroactivos o irretroactivos a sus sentencias, determina la fecha en cual la legislación deja de tener efec-

---

[78]   Ver Fallos 312:496 (1989); Alejandra Rodríguez Galán y Alfredo Mauricio Vítolo, *Ponencia nacional Argentina I*, p. 15 (nota al pie 63).

[79]   Véase Bertrand Mathieu, *Ponencia nacional Francia*, p. 16. Véase la sentencia en http://www.conseil-constitutionnel.fr/conseil-constitutionnel/francais/les-decisions/depuis-1958/decisions-par-date/1982/82-141-dc/decision-n- 82-141-dc-du-27-juillet-1982.7998.html.

tos; y en tercer lugar, se encuentran los casos en los cuales el Tribunal Constitucional, al declarar nula una ley inconstitucional, decide restablecer o revivir una legislación previamente derogada.

La cuestión, por ejemplo, ha sido regulada expresamente en la Constitución de la República de Sudáfrica de 1996, que establece lo siguiente:

Artículo 172. Facultades de los tribunales en materia constitucional.

1.   Al resolver una cuestión constitucional dentro de su competencia, un tribunal:

a)   debe declarar que cualquier ley o conducta que sea incompatible con la Constitución es inválida en la medida de su incompatibilidad; y

b)   puede emitir cualquier orden que sea justa y equitativa, incluyendo

i.   una orden que limite el efecto retroactivo de la declaración de nulidad; y

ii.   una orden que suspenda la declaración de nulidad por cualquier período y en cualquier condición, para permitir a la autoridad competente corregir el defecto.

1.   **La facultad de la Corte Constitucional para determinar cuándo la legislación anulada dejará de surtir efectos: la posposición del efecto de la sentencia de la Corte**

El primero de los casos en los cuales los tribunales constitucionales interfieren en la función legislativa, al modular los efectos temporales de su sentencia declarando inconstitucional o nula una ley, es cuando el Tribunal establece una *vacatio sentenciae*, determinando cuándo la legislación anulada dejará de tener efectos,al posponer la inicio de los efectos de su propia sentencia y extendiendo así el tiempo de aplicación de la ley invalidada.

En principio, puede considerarse como una regla general en los sistemas de control de constitucionalidad en los que los tribunales constitucionales tienen la facultad de anular normas inconstitucionales,[80] como se estableció, por ejemplo, desde el principio en la Constitución austriaca de 1920 (artículo 140.3), que las sentencias de l Tribunal Constitucional deben publicarse en un Diario Oficial. Esto significa,

---

[80]   Aunque en algunos países como Portugal, "la Corte nunca ha pospuesto los efectos de su sentencia salvaguardando los efectos producidos tras la declaración de inconstitucionalidad (y según la opinión predominante sobre este tema los efectos de nulidad no podrían ser pospuestos)". Véase Joaquim de Sousa Ribeiro y Esperança Mealha, *Ponencia nacional Portugal*, p. 6.

que en principio, como las sentencias del Tribunal Constitucional tienen efectos *erga omnes* como producto del legislador negativo, la decisión de control de constitucionalidad que anula una ley comienza a surtir efectos desde la fecha de su publicación, a menos que la Corte establezca otra fecha para evitar vacíos legislativos, dando tiempo al Legislador para promulgar una nueva legislación que reemplace la anulada.

Conforme a la Constitución austriaca, el Tribunal puede posponer los efectos de su decisión por un plazo de hasta seis meses, lapso que en la reforma constitucional de 1992 se amplió a dieciocho meses (art. 140.5).[81]

En estos casos de prórroga del inicio de los efectos de las sentencias del Tribunal, la ley anulada permanece vigente hasta la extinción del plazo o la intervención del Legislador mediante la promulgación de una ley que sustituya a la anulada. En consecuencia, como el Tribunal tiene la facultad de extender los efectos de una ley anulada, se puede decir que, desde el inicio del sistema concentrado de control de constitucionalidad en Europa, el Tribunal Constitucional de Austria fue "un legislador jurisdiccional correctivo y no sólo un simple legislador jurisdiccional negativo".[82]

En Grecia, el artículo 100.4, párr. 2, de la Constitución dispone que la Corte Suprema Especial invalida las disposiciones legales inconstitucionales "a partir de la fecha de publicación de la sentencia respectiva, o a partir de la fecha especificada en la sentencia", reconociendo así implícitamente que la Corte Suprema Especial puede establecer un fecha distinta para el inicio de los efectos de la invalidación de la ley inconstitucional.[83]

Esto también ocurre en Bélgica, donde la Corte Constitucional (antigua Corte de Arbitraje), conforme a su Ley Orgánica (artículo 8.2), tiene la facultad de mantener provisionalmente los efectos de una disposición legal invalidada, en este caso, no durante un período deter-

---

[81]   Véase Francisco Javier Díaz Revorio, *Las sentencias interpretativas del Tribunal Constitucional*, Lex Nova, Valladolid 2001, p. 266; Francisco Fernández Segado, "Algunas reflexiones generales en torno a los efectos de las sentencias de inconstitucionalidad ya la relatividad de ciertas fórmulas estereotipadas vinculadas a ellas", en *Anuario Iberoamericano de Justicia Constitucional*, n° 12, 2008, Centro de Estudios Políticos y Constitucionales, Madrid 2008, pp. 174, 188.

[82]   Véase Otto Pfersmann, "Prefacio", en Christian Behrendt, *Le Judge Constitutionnel, un législateur-cadre positif. Un análisis comparativo en droit francais, belge et allemande*, Bruylant, Bruselas 2006, p. xxxiii; Konrad Lachmayer, *Ponencia nacional de Austria*, p. 7.

[83]   Véase Julia Iliopoulos-Strangas y Stylianos-Ioannis G. Koutnatzis, *Ponencia nacional Grecia*, p. 20 (nota al pie 152).

minado de tiempo, sino por el tiempo que el Tribunal determine.[84] Este plazo se ha establecido de diferentes maneras según la apreciación de los hechos por parte de la Corte, por ejemplo, como mencionó Christian Behrendt, hasta la publicación de la sentencia de la Corte en el *Moniteur*; hasta el final del año académico; hasta el final del ejercicio fiscal; o hasta el nombramiento de los funcionarios de un órgano del Estado.[85]

En tales casos, los efectos de la disposición anulada cesan automáticamente, creando así un vacío legislativo que el Legislador está obligado a llenar. Este fue el caso de una ley de 2002 que modificó las reglas para la publicación del *Moniteur* y estableció su publicación electrónica exclusiva, reduciendo la publicación física (en papel) para consulta pública a sólo tres ejemplares. Debido al carácter discriminatorio de la reforma, que impedía el acceso de algunos ciudadanos al Diario Oficial, el Tribunal declaró inválida la ley en 2004, pero dispuso que continuaría teniendo efectos (*delai d'arogation*) hasta el 31 de julio de 2005. imponiendo al Legislador la obligación de determinar reglas alternativas para superar las desigualdades.[86]

Es por eso que, en algunos casos, la Corte Constitucional ha determinado que el plazo durante el cual la norma inconstitucional debe permanecer vigente se extiende hasta el momento en que el Legislador correspondiente dicta una nueva legislación sobre la materia.[87]

En la República Checa, el Tribunal Constitucional ha pospuesto los efectos de una sentencia emitida en 2000 para ofrecer tiempo a la Legislatura para promulgar una nueva ley que debía establecer un mecanismo para condiciones justas en materia de alquileres.[88]

Sin embargo, el ejemplo más famoso es el caso de la anulación de la ley sobre control judicial de actos administrativos, que no se ajustaba a los requisitos de la Constitución checa y, sobre todo, de la Convención Europea de Derechos Humanos. El Tribunal Constitucional instó repetidamente al poder legislativo a promulgar una ley nueva que

---

[84] Véase Christian Behrendt, *Le juez constitucional, un législateur-cadre positif. Un análisis comparativo en droit francais, belge et allemande*, Bruylant, Bruselas 2006, pp. 87, 230, 235, 286, 309; P. Popelier, *Ponencia nacional Bélgica*, p.

[85] Véase Christian Behrendt, *Le juez constitucional, un législateur-cadre positif. Un análisis comparativo en droit francais, belge et allemande*, Bruylant, Bruselas 2006, p. 236.

[86] Véase CA arrêt 106/2004, 16 de junio de 2004. Véanse también las referencias en Christian Behrendt, *Le Judge Constitutionnel, un législateur-cadre positif. Un análisis comparativo en droit francais, belge et allemande*, Bruylant, Bruselas 2006, pp. 313–320.

[87] Arrêt 45/2004; Christian Behrendt, *Le Judge Constitutionnel, un législateur-cadre positif. Un análisis comparativo en droit francais, belge et allemande*, Bruylant, Bruselas 2006, pp. 87, 235, 309–321.

[88] Ver sentencia de 21 de junio de 2000, Pl. ÚS 3/2000, *Control de Rentas I*, publicada como nº 231/2000 Sb.; Zdenek Kühn, *Ponencia nacional Checa*, p. 12 (nota al pie 57).

fuera constitucionalmente coherente. Finalmente, como ha mencionado Zdenek Kühn, el Tribunal perdió la paciencia y anuló toda la parte
5 del Código de Procedimiento Civil relacionada con los tribunales
contencioso administrativos. Observó que la ley en su conjunto ado-
lecía de graves déficits constitucionales, a pesar de que había muchas
disposiciones que se iban a incluir en una nueva ley, afirmando que:

> "Luego de tomar en cuenta todos los llamados hechos por el Tri-
> bunal tanto al poder legislativo como al ejecutivo, y luego de con-
> siderar el estado actual de los trabajos de reforma de los tribuna-
> les administrativos, el Tribunal decidió retrasar los efectos de su
> sentencia hasta el 31 de diciembre de 2002. Como pasaría algún
> tiempo antes de que se promulgara la ley y su entrada en vigor,
> está claro que corresponde a esta legislatura promulgar una nue-
> va ley.[89]

Finalmente, la Legislatura, que retrasó la promulgación de la nueva
ley sobre los tribunales contencioso administrativos durante casi diez
años, promulgó una nueva ley.

En Francia, la ley constitucional N° 2008-724 de 23 de julio de 2008
que reformó el artículo 62 de la Constitución sobre el sistema de control de constitucionalidad, estableció que en el caso de disposiciones
legales declaradas inconstitucionales según el artículo 61-1 (excepción de inconstitucionalidad), la decisión tiene efecto desde su publicación, ya que el Consejo Constitucional está autorizado a fijar otra
fecha posterior.

En Croacia, para evitar que se produzcan incertidumbres jurídicas
en el período comprendido entre la adopción y la publicación de una
sentencia anulatoria del Tribunal Constitucional, el artículo 55.2 de la
Ley Constitucional de 2002 sobre el Tribunal Constitucional establece
que:

> "La ley u otro reglamento anulados, o sus disposiciones parti-
> culares anuladas, perderán fuerza legal el día de la publicación
> de la sentencia del Tribunal Constitucional en el Boletín Oficial
> *Narodne novine*, a menos que el Tribunal Constitucional fije otro
> plazo.[90]

En Alemania se ha aplicado el mismo principio general, aunque
sin una disposición tan clara como en Bélgica, Francia o Croacia. El

---

[89]   Véase sentencia de 27 de junio de 2001, Pl. ÚS 16/99, *Quinta Parte del Código de Procedimiento Civil – Poder Judicial Administrativo*, publicado como n° 276/2001 Sb.; Zdenek Kühn,
Ponencia nacional Checa, p. 14 (nota 63) (el Tribunal se refería a las elecciones parlamenta-
rias previstas para junio de 2002).

[90]   Véase Sanja Barić y Petar Bačić, *Ponencia nacional Croacia*, p. 17.

artículo 35 del Tribunal Constitucional Federal de Alemania sólo establece, en relación con la ejecución de su sentencias que, en casos individuales, el Tribunal puede determinar cómo se llevará a cabo dicha ejecución. Teniendo en cuenta esta disposición, puede considerarse práctica habitual que el Tribunal Constitucional Federal establezca un plazo para la aplicación de su decisión, que se fija según diferentes reglas, por ejemplo, una fecha precisa o un hecho particular, como el final del período legislativo.[91]

Un caso reciente, destacado por I. Härtel, se refiere a la disposición legal sobre el impuesto a las sucesiones.[92] En algunos aspectos la disposición era inconstitucional, pero el Tribunal no la anuló sino que la remitió al Legislador para que la reformara de conformidad con la Constitución, manteniendo así la aplicabilidad de la ley inconstitucional hasta que se pudiera establecer una nueva regulación legislativa. Como dijo I. Härtel:

> "La continuación de la implementación se consideró necesaria para evitar una situación de inseguridad jurídica durante el período intermedio, que especialmente podría afectar y potencialmente podría complicar las regulaciones relativas a la sucesión de bienes durante la vida del cedente. Por lo tanto, el Tribunal Constituconal, como una especie de "legislador de emergencia", creó una condición similar a la de una ley (*Steiner*, ZEV 2007, 120 (121)); ha 'inventado' un nuevo tipo de decisión (*Schlaich/Korioth*, Das Bundesverfassungsgericht, 7ª ed. 2007, margen número 395)".[93]

En Italia, la Constitución establece claramente que cuando el Tribunal Constitucional declara inconstitucional una disposición legal, ésta cesa en sus efectos al día siguiente de su publicación (artículo 136, Constitución), lo que implica que el Tribunal Constitucional no puede posponer los efectos de la anulación ni prorrogar la aplicación de la disposición anulada.[94]

---

[91] Véase BVferG, 22 de mayo de 1963 (Circuitos electorales), en Christian Behrendt, *Le Judge Constitutionnel, un législateur-cadre positif. Un análisis comparativo en droit francais, belge et allemande,* Bruylant, Bruselas 2006, pp. 299-300. Véase BVferG, 7 de noviembre de 2006 (Impuesto sobre Sucesiones); I. Härtel, *Ponencia nacional Alemania,* p. 7.

[92] Véase BVerfG, orden judicial del 7 de noviembre de 2006, número de referencia: 1 BvL 10/02; I. Härtel, *Informe Alemania,* pp. 7–8.

[93] Véase I. Härtel, *Ponencia nacional Alemania,* p. 8.

[94] En la propuesta de reforma de la Constitución de 1997, que no fue aprobada, una de las reformas apuntaba a permitir al Tribunal Constitucional posponer los efectos de la nulidad hasta por un año. Véase Francisco Javier Díaz Revorio, *Las sentencias interpretativas del Tribunal Constitucional,* Lex Nova, Valladolid 2001, p. 125 (nota al pie 166).

Sin embargo, es posible identificar en la jurisprudencia casos importantes de diferimiento de los efectos en el tiempo de una declaración de inconstitucionalidad. Como lo ha mencionado Gianpaolo Parodi:

> "en estos casos, el Tribunal declaró el carácter inconstitucional de las disposiciones legislativas del Estado posteriores a la ley constitucional núm. 3/2001, y en perjuicio de las nuevas atribuciones regionales, explicando que la disciplina estatal censurada no habría dejado de ser aplicable hasta la ordenación y entrada en vigor de las nuevas normas regionales, y dejando de lado los procedimientos administrativos en curso y fundados en la primera, incluso aún no agotados, para evitar que, por la situación de vacío normativo establecido por la decisión de aceptación, la garantía de los derechos constitucionales pueda resultar comprometida".[95]

En Canadá, la Corte Suprema también ha desarrollado remedios innovadores retrasando o suspendiendo la declaración de nulidad por períodos de seis a dieciocho meses, para dar a las legislaturas la oportunidad de promulgar nueva legislación constitucional para que no haya lagunas en el régimen legal. Este medio se utilizó por primera vez en el caso *Manitoba Language Reference*, en vista de que en la provincia de Manitoba todas las leyes eran inconstitucionales porque no habían sido traducidas al francés. El Tribunal retrasó la declaración de nulidad prevista en el art. 52(1) de la Ley Constitucional (que dice que las leyes incompatibles con la Constitución no tienen fuerza ni efecto) y justificó el uso de una declaración de nulidad suspendida, con base en que la anulación inmediata de todas las leyes de Manitoba afectaría el Estado de derecho. Sin embargo, el efecto práctico de esta decisión fue que la provincia de Manitoba tradujo todas sus leyes durante un período de tiempo, supervisado por la Corte.[96]

Desde entonces, como lo ha mencionado Kent Roach,

> "el uso de declaraciones de nulidad suspendidas, ha aumentado, aunque la Corte mantiene formalmente que el remedio sólo debe utilizarse en casos en los cuales una declaración inmediata de nulidad amenace el estado de derecho o la seguridad pública, o prive a las personas de beneficios, simplemente porque el be-

---

[95]   Sobre el tema de la educación, véase Const. C., Sentencia Nos. 370/2003; 13 y 423/2004. Véase también Gianpaolo Parodi, *Ponencia nacional Italia*, p. 13.

[96]   Véase *Manitoba Language Reference* [1985] 1 SCR 721; Kent Roach, *Ponencia nacional Canadiense*, p. 7 (nota al pie 8).

neficio ha sido extendido de manera inconstitucional bajo formas inclusivas".[97]

Kent Roach también ha mencionado que la Constitución sudafricana sigue el ejemplo canadiense y prevé específicamente la suspensión de las declaraciones de nulidad (artículo 172). Cabe señalar que, si bien puede tener ese efecto práctico, la declaración de nulidad suspendida no es una orden obligatoria para que el legislador promulgue nueva legislación. La legislatura es legalmente libre de no hacer nada. En tal caso, la declaración judicial de nulidad surtirá efecto una vez que el plazo de demora haya expirado.[98]

En Brasil, en cambio, en la Ley n° 11.417 de 2006 que desarrolla lo dispuesto en el artículo 103-B de la Constitución, al regular la institución conocida como *súmula vinculante* y establecer el principio general de los efectos inmediatos de las sentencias del Supremo Tribunal Federal, autoriza al Tribunal a decidir que los efectos de las mismas comiencen en otro momento, teniendo en cuenta razones de seguridad jurídica o interés público excepcional.[99]

El mismo tipo de regulación se encuentra en el artículo 190.3 de la Constitución polaca, donde, respecto de las sentencias del Tribunal Constitucional, después de establecer que surtirán efecto a partir del día de su publicación, autoriza al Tribunal Constitucional a fijar otra fecha para la terminación de la fuerza vinculante de un acto normativo; plazo que no puede exceder de los dieciocho meses para una ley o de doce meses para cualquier otro acto normativo.[100]

Como ha dicho Marek Safjan

> "ningún otro órgano, excepto el Tribunal constitucional, puede ordenar la aplicación de normas declaradas inconstitucionales, lo cual resulta paradójico teniendo en cuenta que el papel fundamental de cualquier Tribunal constitucional es eliminar normas inconstitucionales y no dejarlas permanecer en vigor."[101]

En España, la Ley Orgánica del Tribunal Constitucional no contiene ninguna disposición expresa al respecto, ya que el Tribunal resolvió en la sentencia 45/1989 que no podía aplazar el inicio de los efectos

---

[97] Véase *Schachter contra Canadá* [1992] 2 SCR 679; Kent Roach, *Ponencia nacional canadiense,* p. 8 (nota al pie 9).

[98] Véase Kent Roach, *Ponencia nacional Canadiense,* p. 8.

[99] Véase Jairo Gilberto Schäfer y Vânia Hack de Almeida, "O controle de constitucionalidade no dereitto brasileiro ea possibilidade de modular os efeitos da decisão de inconstitutionalidade", en *Anuario Iberoamericano de Justicia Constitucional,* n° 12, 2008, Centro de Estudios Políticos y Constitucionales, Madrid 2008, p. 384.

[100] Véase Marek Safjan, *Ponencia nacional Polonia,* p. 4 (nota al pie 13).

[101] *Id.,* p. 6.

de su decisión de nulidad "debido a que la Ley Orgánica no faculta al Tribunal, a diferencia de lo que ocurre en otros sistemas, para postergar el momento de la efectividad de la nulidad".[102] Sin embargo, en sentencias posteriores, el Tribunal Constitucional, sin sustento legal, se ha atribuido la facultad de posponer el inicio de los efectos de sus sentencias de nulidad, como fue el caso de la Ley 6/1992 por la que se estableció el ámbito territorial de la Marisma de *Santoja y Noja Marsh*, considerado inconstitucional porque interfería en las competencias de las Comunidades Autónomas. Para evitar cualquier desprotección en materia de medio ambiente, el Tribunal pospuso los efectos de su anulación hasta el momento en cual la correspondiente Comunidad Autónoma ejerciera sus atribuciones legislativas.[103] Aunque se propuso incorporar la facultad que asumió el Tribunal en la reforma de la Ley Orgánica de 2007, no fue aprobada, lo que evidencia el papel del Tribunal como legislador positivo en materia de control de constitucionalidad.[104]

Algo similar se acepta en México, donde la Corte Suprema está facultada para posponer los efectos de una decisión que anula una ley según su evaluación de los efectos del vacío legislativo producido por la anulación. En estos casos no se establece un plazo máximo.[105]

En Perú, el Tribunal Constitucional aplicó *vacatio sentenciae* al anular en 2002 las leyes antiterroristas del gobierno de Fujimori, "para permitir al legislador democrático, en un plazo breve y razonable", emitir legislación sobre cuestiones procesales que racionalmente permitieran nuevos juicios para aquellos ya condenado por traición.[106]

En Colombia, la Corte Constitucional también ha, a menudo, pospuesto los efectos de sus sentencias que anulan leyes.[107]

---

[102]   Véase STC 45/1989, de 20 de febrero de 1989, en F. Fernández Segado, *Ponencia nacional de España*, pp. 16-17.

[103]   Véase STC 195/1998, de 1 de octubre de 1998, en F. Fernández Segado, *Ponencia nacional de España*, p. 18.

[104]   Véase la crítica de F. Fernández Segado, *Ponencia nacional de España*, pp. 13, 17.

[105]   Véase Tesis Jurisprudencial P./J 11/2001, en SJFG, vol. XIV, septiembre de 2001, p. 1008. Véase la referencia en Héctor Fix Zamudio y Eduardo Ferrer Mac-Gregor, *Las sentencias de los Tribunales Constitucionales*, Ed. Porrúa, Ciudad de México 2009, p. 69; y "Las sentencias de los tribunales constitucionales en el ordenamiento mexicano", en *Anuario Iberoamericano de Justicia Constitucional*, n° 12, 2008, Centro de Estudios Políticos y Constitucionales, Madrid 2008, pp. 247-248.

[106]   Véase Domingo García Belaúnde y Gerardo Eto Cruz, "Efectos de las sentencias constitucionales en el Perú", en *Anuario Iberoamericano de Justicia Constitucional*, n° 12, 2008, Centro de Estudios Políticos y Constitucionales, Madrid 2008, pp. 283-284; Francisco Eguiguren y Liliana Salomé, *Ponencia nacional Perú I*, p. 10.

[107]   Ver, por ejemplo, Sentencia C-221 de 1997; C-700 de 1999; C-442/01; C-500/01; C-737/01; Germán Alfonso López Daza, *Ponencia nacional de Colombia I*, p. 11 (nota al pie 26).

Finalmente, debe indicarse que esta posibilidad de postergar la fecha en la cual comienzan los efectos de una sentencia también se ha aplicado en países con un sistema de control difuso de constitucionalidad, como en Argentina, donde la Corte Suprema, para evitar consecuencias caóticas de la aplicación inmediata de su declaración de inconstitucionalidad de una disposición legal, en un caso postergó el inicio de sus efectos por un año después de publicada la decisión.[108] En otros casos, la Corte Suprema se ha pronunciado claramente para casos futuros, ampliando el alcance de protección de las sentencias declarativas (*acción declarativa de certeza*), reguladas por el artículo 322 del Código Nacional de Procedimientos Civiles y Comerciales Federales. Por ejemplo, en el caso *Ríos*, decidido en 1987, se impugnó una disposición legal que disponía que sólo los partidos políticos podían presentar candidatos a las elecciones federales, porque se consideró que violaba el derecho a elegir y ser elegido para cargos públicos. Si bien al momento de la decisión la elección ya había ocurrido, la Corte Suprema aceptó el caso, para sentar un precedente que zanjase el asunto para casos futuros, reafirmando así su papel como intérprete final de la Constitución y su pretensión de ampliar el efecto de sus sentencias **más allá del caso que se está tramitando.**[109]

En la misma tendencia, en Holanda, respecto al control de convencionalidad de las leyes, la Corte Suprema ha pospuesto los efectos de algunas de sus sentencias, "verdaderas prospectivas", cuando el Tribunal no aplica su nueva interpretación en el caso que la ocupa, sino que la pospone.[110]

2. La facultad de, Tribunal Constitucional para determinar cuándo dejará de surtir efectos la legislación anulada: efectos retroactivos o no retroactivos de sus propias sentencias

Pero en cuanto a los efectos de las sentencias que declaran inconstitucional una ley, otro aspecto de los efectos temporales de la nulidad son los efectos retroactivos o irretroactivos que se otorgan a las sentencias del Tribunal Constitucional, de manera que por ejemplo,

---

[108] Véase caso *Rosza, Jurisprudencia Argentina,* 2007-III-414, en Néstor P. Sagües, "Los efectos de las sentencias constitucionales en el derecho argentino", en *Anuario Iberoamericano de Justicia Constitucional,* Centro de Estudios Políticos y Constitucionales, n° 12, 2008, Madrid 2008, p. 352.

[109] Ver Fallos 310:819 (1987); Alejandra Rodríguez Galán y Alfredo Mauricio Vítolo, *Ponencia nacional Argentina I,* p. 10.

[110] Véase sentencia del Tribunal Supremo de 12 de mayo de 1999, *Nueva Jersey.* 2000/170 (*Deducción de Gastos Laborales*) ; J. Uzman, T. Barkhuysen y ML van Emmerik, *Ponencia nacional Países bajos,* p. 26 (nota al pie 79).

el Tribunal puede determinar el momento del pasado en el cual una
legislación anulada dejó de surtir efectos.

En este campo de los efectos de las sentencias del Tribunal Constitucional depende de la naturaleza de la decisión de control de constitucionalidad y varía según el sistema adoptado en el país en cuestión. Si las sentencias del Tribunal son consideradas por naturaleza de carácter declarativas, con efectos *ex tunc* o *ab initio*, las sentencias de control de constitucionalidad que declaran la inconstitucionalidad de leyes tienen efectos retroactivos, y el resultado es que la ley se considera nula desde el inicio, como si nunca hubiera producido efectos.

Si las sentencias del Tribunal que declaran la inconstitucional de una ley se consideran que tienen carácter constitutivas, con efectos *ex nunc* o *pro futuro*, las mismas tienen efectos irretroactivos, no afectando los efectos producidos por la ley en el pasado hasta su anulación.

Sobre esta materia, en algunos países se ha establecido una norma regulatoria en la ley del Tribunal Constitucional, y en otros, la decisión de optar por una o otra solución corresponde al propio Tribunal Constitucional al tener la facultad de determinar cuándo cesan los efectos de la legislación anulada. En todo caso, puede decirse que ya no hay rigidez en las regulaciones en esta materia.

A. La posibilidad de limitar los efectos retroactivos ex tunc respecto de las sentencias declarativas

En el caso de un clásico sistema difuso de control de constitucionalidad, como en los Estados Unidos, las sentencias de la Suprema Corte que declaran la inconstitucionalidad de leyes, tienen en principio efectos declarativos, en el sentido de que se considerarla ley nula y sin valor, como si "nunca hubiera sido sancionada",[111] o como si no "nunca hubiese sido aprobada";[112] es decir, generalmente se considera que tienen efectos *ex tunc o retroactivos*.

Sin embargo, esta doctrina inicial se ha ido relajando progresivamente, ante los posibles efectos negativos o injustos que podrían producir las sentencias de la Corte respecto de los efectos que ya ha sido producidos por la norma inconstitucional. Esto lo destacó específicamente, por ejemplo, el juez Clark en el caso *Linkletter v. Walker* (1965),

---

[111]   Véase *Norton v. Selby County*, 118 US 425 (1886), p. 442. Véanse las críticas a esta sentencia en J AC Grant, "The Legal Effect of a Ruling That a Statute Is Unconstitutional", en *Detroit College of Law Review*, 1978, n° 2, p. 207, en el que dijo: "Un acto inconstitucional puede dar origen a derechos. Puede imponer deberes. Puede brindar protección. Incluso podría crear una oficina. En resumen, puede que no sea tan inoperante como si nunca se hubiera aprobado". Véase también Laurence Claus y Richard S. Kay, *Ponencia nacional de Estados Unidos*, p. 21 (nota al pie 21).

[112]   Véase el caso *Vanhorne's Lessee* v. *Dorrance* (1795), 2 Dallas 304.

al aplicar una nueva norma constitucional a casos previamente finalizados. La Corte dijo:

"El peticionario sostiene que nuestro método para resolver esos casos anteriores demuestra que prevalece una regla absoluta de retroactividad en el área de control de constitucionalidad. Sin embargo, creemos que la Constitución no prohíbe ni exige efecto retroactivo. Como dijo el juez Cardozo, creemos que la Constitución federal no tiene voz sobre el tema. Una vez que se acepta la premisa de que no estamos obligados a aplicar, ni se nos prohíbe aplicar una decisión retroactivamente, debemos sopesar los méritos y deméritos de cada caso, examinando la historia anterior de la regla en cuestión, su propósito y efecto, y si la operación retrospectiva promoverá o retrasará su operación.[113]

Por tanto, considerando que "el pasado no siempre puede ser borrado por una nueva decisión judicial",[114] la aplicación del principio de los efectos retroactivos de las sentencias del Tribunal Supremo en materia constitucional. Se ha hecho en forma relativa. "Las preguntas – dijo la Suprema Corte en el caso *Chicot County Drainage District v. Baxter State Bank* (1940) – se encuentran entre los más difíciles de las que han atraído la atención de los tribunales, estatales y federales, siendo manifiesto de numerosas sentencias que no se puede justificar que haya una declaración exhaustiva del principio de nulidad retroactiva absoluta."[115] La Suprema Corte, en todo caso, ha abandonado la regla absoluta [116] y ha reconocido su autoridad para dar o negar efectos retroactivos a sus fallos en cuestiones constitucionales; y las Cortes Supremas de los Estados durante las últimas décadas han hecho lo mismo.

Por ejemplo, en materia penal, las Cortes han dado plenos efectos retroactivos a sus decisiones cuando benefician al procesado. En particular, han dado efectos retroactivos a sentencias en el ámbito de la responsabilidad penal, permitiendo por ejemplo a los presos que solicitan un *hábeas corpus* obtener su liberación basándose en que se encuentran recluidos bajo la autoridad de una ley que, después de su condena, fue declarado inconstitucional.[117] La Corte también ha dado efectos retroactivos a sus sentencias en cuestiones constitucionales, cuando considera las reglas esenciales para salvaguardar contra la condena de personas inocentes, como el requisito de que se haya proporcione abo-

---

[113]   Véase *Linkletter v. Walker*, 381 US 618 (1965).

[114]   Véase *Chicot County Drainage District v. Baxter State Bank*, 308 US 371 (1940), p. 374.

[115]   *Id.*

[116]   Véase Laurence Claus y Richard S. Kay, *Ponencia nacional de Estados Unidos*, p. 21.

[117]   Véase *Ex parte Siebold*, 100 US 371 (1880).

gado en el juicio (*Gideon v. Wainwright*, 327 US 335, 1963), o cuando
se pide al acusado que se declare culpable (*Arsenault* v. *Massachusetts*,
393 US 5, 1968), o cuando se busca revocar el estado de libertad condicional de un criminal convicto por su conducta posterior (*McConnell
v. Rhay*, 393 US 2, 1968), así como la regla que exija prueba más allá de
toda duda razonable (*Ivan v. City of New York*, 407 US 203, 1972). Su
fallo sobre la pena de muerte también se ha tenido completos efectos
retroactivos (*Witherspoon v. Illinois*, 391 US 510, 1968).[118]

En otros casos penales, la posición de la Corte ha sido la de no
dar efectos retroactivos a sus fallos sobre cuestiones constitucionales
cuando ello también beneficie al procesado. Como dijo J.A.C. Grant,
en 1977, la Suprema Corte sostuvo que cualquier cambio en la interpretación de la Constitución que tenga el efecto de castigar actos que
no estaban penalizados conforme a la interpretación anterior no puede aplicarse retroactivamente. Como la Corte afirmó en el caso *Marks
v. Estados Unidos* (1977), "la noción de que las personas tienen derecho a una advertencia justa sobre a conducta que puede dar lugar a
sanciones penales es fundamental para nuestro concepto de libertad
constitucional".[119]

Por lo tanto, la regla de retroactividad de los efectos de las sentencias de la Corte en casos penales no es absoluta y ha sido aplicada
por la Corte en cada caso, al considerar la justicia de su aplicación.
En consecuencia, cuando la decisión no ha afectado, por ejemplo, la
"garantía de juicio justo" sino sólo el derecho a la privacidad de una
persona, la Corte ha negado los efectos retroactivos de su fallo.

También hay que mencionar que, incluso en casos de reglas relacionadas con la idea del tipo de juicio necesario para proteger contra la
condena de inocentes, las normas establecidas por la Suprema Corte
se han hecho totalmente prospectivas cuando darles efecto retroactivo
impondría lo que la Corte considera cargas irrazonables para el gobierno provocadas, al menos en parte, por su apoyo en lo resuelto en
fallos anteriores de la Corte Suprema. Esto sucedió en el caso *De Stefa-
no v. Woods* (392 US 631 (1968)), en el cual se estableció que los juicios
penales estatales deben ser por jurado, y en el caso *Adam v. Illinois* (405
US 278 (1972)), que estableció el derecho a un abogado en la audiencia preliminar cuya retroactividad, según la Corte, "podría perturbar
gravemente la administración de nuestras leyes penales". En cambio,
en los casos civiles, se ha considerado que la nueva regla establecida
en una decisión judicial en materia constitucional no puede perturbar
derechos de propiedad ni contratos celebrados anteriormente. A este

---

[118]   Véase J.A.C. Grant, *loc. cit.*, p. 237.

[119]   Véase *Marks v. United States*, 430 US 188 (1977), p. 191; J.A.C, Grant *loc. cit.*, 238.

respecto, la Corte Suprema en el caso *Gelpcke v. Dubuque* (68 US (1 Wall) 175 (1864)) consideró que:

> "La regla sólida y verdadera es que si el contrato, cuando se celebró, era válido según las leyes del estado tal como se exponían en ese momento... y eran administradas en sus tribunales de justicia, su validez y obligación no puede verse afectada por ninguna acción posterior de la legislación o decisión de sus tribunales que alteren la interpretación de la ley."

En otros países que han adoptado el sistema difuso de control de constitucionalidad, siguiendo el modelo estadounidense, como es el caso de Argentina, se ha adoptado la misma modalidad de mitigar los efectos retroactivos de las sentencias que declaran la inconstitucionalidad de leyes.[120]

El mismo proceso atenuante respecto de la regla general de los efectos retroactivos de las sentencias de control de constitucionalidad también se ha desarrollado en países, como Holanda, respecto del control de convencionalidad de las leyes. Partiendo de la regla general inicial del efecto retroactivo de las sentencias de la Corte Suprema en la materia, desde los años 1970, tal como lo refieren J. Uzman, T. Barkhuysen y M.L. van Emmerik, los tribunales han asumido un deber legislativo, discutiendo abiertamente las consecuencias de las sentencias de control de constitucionalidad y dando en algunos casos efectos prospectivos –llamados sentencias prospectivas calificadas– a las mismas, cuando la Corte aplica inmediatamente su nueva interpretación o regla pero limita las posibilidades para otras partes distintas a las del caso para invocar la nueva regla. Un ejemplo es el *caso Boon v. Van Loon de 1981,* en el cual la Corte cambió su jurisprudencia sobre la propiedad de las pensiones en la ley de divorcio,[121] pero limitó explícitamente el efecto temporal de su nuevo rumbo al caso en cuestión y a casos futuros. Si el divorcio ya se hubiera consumado, no era posible apelar a la nueva regla.[122]

Sin embargo, debe mencionarse que no todos los países que siguen el sistema concentrado de control de constitucionalidad han adoptado los efectos constitutivos de la decisión que anula la ley inconstitucional. En Alemania, por ejemplo, el principio proclamado es el contra-

---

[120]   Véase caso *Itzcovich, Jurispudencia Argentina* 2005-II-723, en Néstor P. Sagües, "Los efectos de las sentencias constitucionales en el derecho argentino", en *Anuario Iberoamericano de Justicia Constitucional,* Centro de Estudios Políticos y Constitucionales, n° 12, 2008, Madrid 2008, p. 351.

[121]   Véase sentencia del Tribunal Supremo de 27 de noviembre de 1981, *NJ* 1982/503 (*Boon v. Van Loon* ; J. Uzman, T. Barkhuysen y ML van Emmerik, *Ponencia nacional Países bajos*, p. 42 (nota al pie 138).

[122]   Véase J. Uzman, T. Barkhuysen y ML van Emmerik, *Ponencia nacional Países Bajos*, p. 41-42.

rio. En efecto, como cuestión de principio, las sentencias del Tribunal Constitucional Federal al anular una ley tienen efectos *ex tunc* y *eo ipse*, considerando que la ley anulada nunca debió producir efectos jurídicos.[123] Sin embargo, en la práctica la realidad es otra, y no es común encontrar sentencias que anulen leyes con efectos puramente *ex tunc*, salvo que con la anulación *ex tunc* de la ley se restablezca inmediatamente la situación de conformidad con la Constitución.[124]

En cambio, la Ley que regula las funciones del Tribunal Constitucional Federal establece en su artículo 95.1 los posibles efectos *ex tunc* en materia penal, prescribiendo que "un nuevo procedimiento puede ser iniciado de acuerdo con las previsiones del Código de Procedimiento Penal contra la condena firme fundada en una regla que ha sido declarada incompatible con la Ley Fundamental o nula de conformidad con el artículo 78 o con base en la interpretación de una norma que el Tribunal Constitucional Federal haya declarado incompatible con la Ley Fundamental." En el artículo 95.2 se añade que, "en todo lo demás, salvo lo dispuesto en el apartado 2 del artículo 95 siguiente o en una disposición legal específica, las sentencias firmes basadas en una norma declarada nula de conformidad con el artículo 78 anterior no se verán afectadas."[125]

En Polonia, conforme al artículo 190.4 de la Constitución, las sentencias del Tribunal Constitucional que anulan leyes, además de la prohibición de aplicar la norma inconstitucional en el futuro, implican para los tribunales y órganos administrativos, una oportunidad de modificar sentencias y actos pasadas dictadas, por ejemplo, sobre la base de las disposiciones declaradas inconstitucionales, antes de que se emitiera la sentencia. Dicha disposición establece que la sentencia del Tribunal Constitucional "será una base para reabrir el procedimiento, o para anular la decisión u otro acuerdo en la forma y sobre los principios especificados en las disposiciones aplicables al procedimiento en cuestión".[126]

En Portugal, los efectos dados a las sentencias anulatorias del Tribunal Constitucional también son retroactivos, aunque el artículo 282.4 de la Constitución limita la retroactividad de la decisión cuando

---

[123] Véase I. Härtel, *Ponencia nacional Alemania*, p. 10.

[124] Véase Francisco Fernández Segado, *Ponencia nacional de España*, pp. 8, 14.

[125] Cf. Francisco Fernández Segado, "Algunas reflexiones generales en torno a los efectos de las sentencias de inconstitucionalidad ya la relatividad de ciertas fórmulas estereotipadas vinculadas a ellas", en *Anuario Iberoamericano de Justicia Constitucional*, Centro de Estudios Políticos y Constitucionales, n° 12, 2008, Madrid 2008, pp. 190-191.

[126] Véase Marek Safjan, *Ponencia nacional Polonia*, p. 5.

motivos de seguridad jurídica, equidad o interés público impidan la aplicación del principio de retroactividad.[127]

También en Brasil, las sentencias dictadas por el Supremo Tribunal Federal aplicando el método concentrado de control de constitucionalidad de las leyes normalmente tienen efectos *ex tunc* o retroactivos. Sin embargo, como ha señalado Tomás Bustamante, "la Corte Suprema puede restringir los efectos del pronunciamiento de inconstitucionalidad de una ley cuando dicta sentencias *ex nunc* o *pro futuro* o, incluso, para determinar que el pronunciamiento de inconstitucionalidad producirá efectos sólo después de un plazo a ser fijado por el Tribunal. Sin embargo, existen algunos requisitos para dictar tales sentencias manipuladoras: (i) deben haber razones de seguridad jurídica o de (ii) interés social excepcional y, aparte de eso, (iii) la restricción o excepción a los efectos retroactivos de la decisión deberá tomarse por el voto de al menos dos tercios de los miembros del Tribunnal (en su sesión plenaria)".[128]

B. LA POSIBILIDAD DE EFECTOS RETROACTIVOS DE LAS SENTENCIAS CONSTITUTIVAS *EX NUNC*

En el sistema concentrado de control de constitucionalidad, el principio inicial adoptado, según el pensamiento de Kelsen, en la Constitución austriaca de 1920 fue el de los efectos constitutivos de la decisión del tribunal constitucional que anula una ley, en el sentido de que su anulación, similar a los efectos de la derogatoria, implicaba que la ley producía efectos hasta el momento en que se establecía su nulidad.[129]

Según esta regla, la ley cuya nulidad se declara, en principio es considerada o por el Tribunal como válida hasta ese momento. Es por ello que en estos casos la decisión del Tribunal o Corte Constitucional tiene efectos *ex nunc* y *pro futuro* o prospectivos, en el sentido de que,

---

[127] Véase María Fernanda Palma, "O legislador negativo eo interprete da Constitucão", en *Anuario Iberoamericano de Justicia Constitucional,* Centro de Estudios Políticos y Constitucionales, nº 12, 2008, Madrid 2008, pp. 174, 329; Francisco Fernández Segado, "Algunas reflexiones generales en torno a los efectos de las sentencias de inconstitucionalidad ya la relatividad de ciertas fórmulas estereotipadas vinculadas a ellas", en *Anuario Iberoamericano de Justicia Constitucional,* Centro de Estudios Políticos y Constitucionales, nº 12, 2008, Madrid 2008, p. 174; Iván Escobar Fornos, *Estudios Jurídicos,* vol. Yo, Ed. Hispamer, Managua 2007, p. 493; Joaquim de Sousa Ribeiro y Esperança Mealha, *Ponencia nacional Portugal,* p.6.

[128] Ver Ley nº 9.882, de 3 de diciembre de 1999: art. 11; y Ley nº 9.868, de 10 de noviembre de 1999: art. 27; en Thomas Bustamante y Evanlida de Godoi Bustamante, *Ponencia nacional Brasil,* p. 26.

[129] Véase Hans Kelsen, "El control de la constitucionalidad de las leyes. Estudio comparado de las constituciones austriaca y americana", en Revista Iberoamericana de Derecho procesal Constitucional, nº 12, Editorisl Porrúa, México 2009, pp.7- 8.

en principio, no se remontan al momento de la promulgación de la ley considerada inconstitucional, por lo que los efectos producidos por la ley anulada hasta que se declara su nulidad, se consideran válidos.

El acto legislativo declarado inconstitucional por el Tribunal Constitucional en los sistemas concentrados de control de constitucionalidad, por lo tanto, se considera un acto válido hasta su anulación por el tribunal, habiendo producido completos efectos hasta el momento en el cual el tribunal lo anula.

Ello implica, que sólo el interesado que inicia una acción en un caso concreto de control de constitucionalidad de un acto legislativo (*Anlassfall*) puede beneficiarse de una excepción a la regla *ex nunc*.[130]

Por otra parte, para que los efectos *ex nunc* se produzcan con la anulación, la ley impugnada debe estar vigente produciendo sus efectos. Sin embargo, sólo en Austria la Corte Constitucional tiene competencia para anular leyes o decretos ya derogados, que en consecuencia carecen de validez formal (Art. 139, 4; Art. 140, 4), lo que, en principio, supone algunos efectos retroactivos de la decisión de control de constitucionalidad, siendo ello una excepción a los efectos *ex nunc*.

Otros países que, si bien siguen el principio general de los efectos irretroactivos de las sentencias de nulidad, han alcanzado los mismos efectos prácticos,[131] aun cuando la Constitución establezca expresamente lo contrario (efecto irretroactivo), como es el caso de Italia con el artículo 136 de la Constitución. Allí, la Corte Constitucional ha interpretado la disposición en el sentido de que la declaración de inconstitucionalidad de una ley la hace inaplicable a todos los juicios pendientes de decisión, con fuerza *de cosa juzgada*, en el mismo sentido como si se tratara de un *ius superveniens*.[132] Sin embargo, tratándose de casos ya decididos, particularmente en materia penal, se aceptan los efectos retroactivos de la nulidad cuando se ha pronunciado una condena judicial sobre la base de una ley declarada inconstitucional, en cuyo caso debe cesar su ejecución y sus efectos penales (Art. 30, Ley N° 87, 1953).

En España, según lo dispuesto en la Constitución, la declaración de inconstitucionalidad o declaración de nulidad de una ley por parte del Tribunal Constitucional supone su anulación, y la declaración también tiene efectos *ex nunc, pro futuro*.[133] Por eso, la Constitución

---

[130]   Véase Konrad Lachmayer, *Ponencia nacional de Austria,* pp. 7–8.

[131]   Véase Gianpaolo Parodi, *Ponencia nacional Italia,* p. 13.

[132]   Ver Sentencia n° 3491, 1957. Ver la referencia en F. Rubio Llorente, *La Corte Constitucional italiana,* Universidad Central de Venezuela, Caracas 1966, p. 30.

[133]   Véase J. Arosemena Sierra, "El recurso de inconstitucionalidad", en *El Tribunal Constitucional,* Instituto de Estudios Fiscales, Madrid 1981, vol. I, p. 171.

establece expresamente que las sentencias ya adoptadas en proceso judicial no perderán su valor *de cosa juzgada* (artículo 161.1.a). La Ley Orgánica del Tribunal también establece, que las sentencias que declaren la inconstitucionalidad de leyes, disposiciones o actos con fuerza de ley, no permitirán la revisión de procesos judiciales terminados por sentencias con fuerza *de cosa juzgada* en las cuales el acto inconstitucional haya sido aplicados (artículo 40.1). Sin embargo, como es la tendencia general en el sistema concentrado de otorgar efectos no retroactivos a las sentencias de control de constitucionalidad, la excepción a los efectos *ex nunc* se establece respecto de las causas penales, donde se permite un efecto retroactivo limitado, y también se extiende a las sentencias de la jurisdicción contencioso administrativa en casos de casos de sanciones administrativas.[134]

Una situación similar se puede encontrar en el Perú, donde el principio general establecido en el artículo 204 de la Constitución y el artículo 89 del Código Procesal Constitucional es que las sentencias que anulan leyes tienen efectos *pro futuro* y no son retroactivas. Sin embargo, las mismas disposiciones del Código aplicadas por el Tribunal Constitucional establecen que, en los casos tributarios, la nulidad puede producir efectos retroactivos, los cuales también pueden ser determinados por el Tribunal Constitucional.[135] Respecto de la nulidad de leyes en materia penal, el mismo principio se aplica también por interpretación del artículo 103 de la Constitución (principio de retroactividad de la ley), que permite los efectos retroactivos excepcionales de las leyes en materia penal.[136]

En Francia, en la reforma constitucional sancionada en materia de control de constitucionalidad en 2008 (Ley Constitucional 2008-724, de 23 de julio de 2008), se estableció que las sentencias del Consejo Constitucional que declaran inconstitucional una disposición conforme al artículo 61-1 de la Constitución, se consideran derogadas desde la publicación de la sentencia, estando facultado el Consejo Consti-

---

[134]   Véase Francisco Javier Díaz Revorio, *Las sentencias interpretativas del Tribunal Constitucional*, Ed. Lex Nova, Valladolid 2001, pp. 104–105, 126–127; Francisco Fernández Segado, "Algunas reflexiones generales en torno a los efectos de las sentencias de inconstitucionalidad ya la relatividad de ciertas fórmulas estereotipadas vinculadas a ellas", en *Anuario Iberoamericano de Justicia Constitucional*, Centro de Estudios Políticos y Constitucionales, n° 12, 2008, Madrid 2008, pp. 192-194.

[135]   Véase Sentencia STC 0041-2004-AI/TC, FJ 70, en Domingo García Belaúnde y Gerardo Eto Cruz, "Efectos de las sentencias constitucionales en el Perú", en *Anuario Iberoamericano de Justicia Constitucional*, Centro de Estudios Políticos y Constitucionales, n° 12, 2008, Madrid 2008, p. 281-282.

[136]   Véase Sentencia STC 0019-2005-AI/TC, FJ 52, en Domingo García Belaúnde y Gerardo Eto Cruz, "Efectos de las sentencias constitucionales en el Perú", en *Anuario Iberoamericano de Justicia Constitucional*, Centro de Estudios Políticos y Constitucionales, n° 12, 2008, Madrid 2008, pp. 281-283.

tucional para determinar cuándo y cómo pueden verse afectados los efectos que la disposición anulada ha producido en el pasado.[137]

En el caso de Croacia, donde las sentencias del Tribunal Constitucional tienen efecto *ex nunc*, las sentencias judiciales firmes por un delito penal basadas en la disposición legal que ha sido anulada por inconstitucionalidad, no producen efectos jurídicos a partir del día en el cual la decisión del Tribunal Constitucional entró en vigor, pudiendo modificarse la sentencia judicial penal mediante la correspondiente aplicación de las disposiciones en caso de reanudación del proceso penal. En lo que respecta a los casos de faltas no penales, el derecho a exigir la promulgación de un nuevo acto o decisión individual se confiere desde 2002, únicamente a las personas físicas y jurídicas que hayan presentado al Tribunal Constitucional la acción para el control de constitucionalidad de una disposición legal. En tales casos, la solicitud de modificación del acto individual deberá presentarse dentro del plazo de seis meses a partir de la publicación de la decisión del Tribunal.[138]

En Serbia, también rige el principio general de que los efectos de las sentencias del Tribunal Constitucional cuando anulan una ley son *ex nunc*. Sin embargo, existen algunas excepciones a dichos efectos *pro futuro*, ya que las sentencias pueden afectar con carácter retroactivo las relaciones jurídicas individuales. Como señaló Boško Tripković, la decisión del Tribunal puede tener consecuencias retroactivas, aunque no *ex tunc*, en el sentido de que toda persona cuyo derecho haya sido vulnerado por un acto individual definitivo o jurídicamente vinculante adoptado con base en una ley declarada inconstitucional por una decisión del Tribunal Constitucional, tiene derecho a exigir de la autoridad competente una revisión de ese acto individual.

Sin embargo, este derecho de revisión tiene ciertas restricciones: en primer lugar, las solicitudes de revisión deben presentarse dentro de un lapso de seis meses siguientes a la fecha de la publicación de la decisión del Tribunal Constitucional en el Boletín Oficial; y en segundo lugar, la revisión se limita a los actos dictados dentro de los dos años anteriores a la presentación de la demanda de control de constitucionalidad (artículo 60 de la Ley del Tribunal Constitucional).[139]

En la República Eslovaca, el artículo 41b de la Ley núm. 38/1993 que regula los procedimientos ante el Tribunal Constitucional estable-

---

[137]   Véase Francisco Fernández Segado, "Algunas reflexiones generales en torno a los efectos de las sentencias de inconstitucionalidad ya la relatividad de ciertas fórmulas esterotipadas vinculadas a ellas", en *Anuario Iberoamericano de Justicia Constitucional*, Centro de Estudios Políticos y Constitucionales, n° 12, 2008, Madrid 2008, p. 175.

[138]   Véase Sanja Barić y Petar Bačić, *Ponencia nacional Croacia*, p. 8.

[139]   Véase Boško Tripković, *Ponencia nacional de Serbia*, p. 17.

ce, como mencionan Ján Svák y Lucia Berdisová, que "si una sentencia dictada en un proceso penal basada en una norma que no esté en conformidad con la Constitución no ha sido ejecutada, entonces la sentencia de inconstitucionalidad del Tribunal Constitucional es motivo para un nuevo juicio". Las sentencias válidas dictadas en procedimientos civiles y administrativos no se ven afectadas, pero las obligaciones impuestas por las mismas no pueden ser objeto de ejecución.[140]

La disposición legislativa no establece claramente los efectos *ex nunc* de la decisión del Tribunal Constitucional, siendo esta una materia una en la cual la jurisprudencia del Tribunal Constitucional ha fijado las reglas que deben ser aplicables. Y así, en un caso, el Tribunal Constitucional tuvo que decidir si protegería la seguridad jurídica y, por tanto, no permitiría el efecto retroactivo de la sentencia (decisión con efecto *ex nunc*), o protegería el principio de constitucionalidad y, por tanto, no permitiría la aplicación de la norma que se conocía como inconstitucional (decisión con efecto *ex tunc*); siendo ambos principios, el de seguridad jurídica y el de constitucionalidad, principios fundamentales del Estado de Derecho.

Finalmente, el Tribunal Constitucional decidió que protegería el principio de constitucionalidad porque era inadmisible aplicar el principio de seguridad jurídica de manera absoluta y resolvió que la sentencia tenía efecto sustantivo ex *tunc* . Esto significó que un juez del tribunal ordinario no podía aplicar una norma que era contraria a la Constitución. El Tribunal Constitucional estableció así, *de facto,* una doctrina sobre los efectos sustanciales de las sentencias de inconformidad entre normas jurídicas, que no estaba totalmente desarrollada.[141]

En otros países, los efectos no retroactivos de la nulidad han sido establecidos expresamente en las Constituciones, sin la excepción antes mencionada, como es el caso de Ecuador[142] y Chile.[143]

---

[140] Ver Ján Svák y Lucía Berdisová, *Ponencia nacional Eslovaquia,* p. 6. Véase también la Sentencia III. US 164/07. *Id.,* p. 8.

[141] En opinión de Ján Svák y Lucia Berdisová, el Tribunal Constitucional de la República Checa aboga por una doctrina un poco más "sofisticada". Es decir, el tribunal prefiere efectos sustantivos *ex tunc* de las sentencias sobre inconformidad de normas jurídicas sobre los procedimientos que no se resuelven válidamente sólo si el efecto *ex nunc* vulneraría los derechos y libertades fundamentales de las personas agraviadas. Y así un juez de un tribunal ordinario puede aplicar una norma inconstitucional si no se vulneran los derechos y libertades fundamentales. Véase, por ejemplo, la sentencia del Tribunal Constitucional de la República Checa nº IV.ÚS 1777/07 y otras sentencias allí mencionadas. Ver Ján Svák y Lucía Berdisová, *Ponencia nacional Eslovaquia,* p. 8 (nota al pie 11).

[142] Véase Hernán Salgado Pesantes, "Los efectos de las sentencias del Tribunal Constitucional del Ecuador", en *Anuario Iberoamericano de Justicia Constitucional,* Centro de Estudios Políticos y Constitucionales, nº 12, 2008, Madrid 2008, p. 362.

[143] Arte. 94.3. Véase Humberto Nogueira Alcalá, "La sentencia constitucional en Chile: Aspectos fundamentales sobre su fuerza vinculante", en *Anuario Iberoamericano de Justicia*

En Bolivia, se aplica el mismo principio de los efectos *ex nunc* de las sentencias del Tribunal Constitucional que anulan una ley, pero con la excepción relativa a casos de *cosa juzgada formal* y en materia penal si la retroactividad afecta la situación jurídica del condenado.[144]

En Nicaragua, el artículo 182 de la Constitución asigna efectos retroactivos a las sentencias de nulidad de leyes dictadas por la Corte Suprema, aunque en materia de amparo constitucional, la misma Constitución asigna a la decisión judicial respectiva sólo efectos *pro futuro*.[145]

En muchos otros casos, como en Venezuela, si bien la regla general, en principio, ha sido la de los efectos *ex nunc*, no retroactivos de las sentencias de la Sala Constitucional del Tribunal Supremo que anulan leyes, la Ley Orgánica del Tribunal Supremo asignó expresamente a la Sala Constitucional la facultad de determinar los efectos de sus sentencias de control de constitucionalidad en el tiempo, las cuales por tanto, según los casos, pueden tener efectos retroactivos o no.[146]

Lo mismo ocurre en Brasil, donde la Constitución faculta al Tribunal Constitucional Federal para decidir siempre los efectos temporales de sus sentencias y determinar cuándo comienzan.[147] Igualmente en Costa Rica, la Ley de Jurisdicción Constitucional en defensa de la seguridad jurídica, facultó al Sala Constitucional de la Corte Suprema para determinar los efectos temporales de la decisión de control de constitucionalidad.

    Constitucional, Centro de Estudios Políticos y Constitucionales, n° 12, 2008, Madrid 2008, p. 297.

[144] Véase Sentencia SC 1426/2005-R de 8 de noviembre de 2005, en Pablo Dermisaky Peredo, "Efectos de las sentencias constitucionales en Bolivia", en *Anuario Iberoamericano de Justicia Constitucional*, Centro de Estudios Políticos y Constitucionales, n° 12, 2008, Madrid 2008, p. 86.

[145] Véase Iván Escobar Fornos, "Las sentencias constitucionales y sus efectos en Nicaragua", en *Anuario Iberoamericano de Justicia Constitucional*, Centro de Estudios Políticos y Constitucionales, n° 12, 2008, Madrid 2008, p. 101.

[146] Véase Allan R. Brewer-Carías, "Algunas consideraciones sobre el control jurisdiccional de la constitucionalidad de los actos estatales en el derecho venezolano", *Revista de Administración Pública*, n° 76, Madrid 1975, pp. 419–446; Brewer-Carías, *Justicia constitucional: Procesos y procedimientos constitucionales*, Universidad Nacional Autónoma de México, Ciudad de México 2007, pp. 343 ss.

[147] Véase Jairo Gilberto Schäfer y Vânia Hack de Almeida, "O controle de constitucionalidade no dereito brasileiro ea possibilitade de modular os effeitos de decisão de inconstitucionalidade", en *Anuario Iberoamericano de Justicia Constitucional*, Centro de Estudios Políticos y Constitucionales, n° 12, 2008, Madrid 2008, pp. 383–384.

En México, la excepción a los efectos no retroactivos de las sentencias de la Corte Suprema que anulan leyes se refiere a casos de materia penal, cuando benefician al procesado.[148]

En Colombia, la Ley que regula el Poder Judicial (artículo 45) dispuso que las sentencias de la Corte Constitucional tienen efectos *pro futuro*, salvo que la Corte decida lo contrario. Además, el artículo 51 de la Ley N° 1836 de la Corte Constitucional impedía a la misma otorgar efectos retroactivos a sus sentencias, si éstas afectaban la *cosa juzgada formal*,[149] disposición que el Tribunal declaró inconstitucional porque limitaba sus funciones. La Corte argumentó que según la Constitución, ella es el único árbitro para determinar los efectos de sus propias sentencias.[150] En consecuencia, la Corte Constitucional tiene facultades para determinar los efectos temporales de sus propias sentencias y, por ejemplo, darles efectos retroactivos, cuestión que ha resultado que ni siquiera el Legislador puede regular.

3. El poder de los tribunales constitucionales para revivir la legislación derogada

Como cuestión de principio, como escribió Hans Kelsen en 1928, las sentencias de control de constitucionalidad que declaran nula una disposición legal adoptada por un Tribunal Constitucional no implican la revivencia de la legislación anterior que la ley anulada derogó; es decir, no restablecen la legislación que ya fue derogada.[151]

Sin embargo, el principio contrario es el que se aplica en Portugal, donde la declaración de inconstitucionalidad con fuerza vinculante general tiene fuerza de ley negativa, ya que anula directamente la norma inconstitucional, produciendo así como consecuencia que "las disposiciones legales que habían sido modificadas" o derogada por la norma declarada inconstitucional se restablecen a partir de la fecha en

---

148   Ver Tesis Jurisprudencial P/J. 74/79, en Héctor Fix Zamudio y Eduardo Ferrer Mac-Gregor, *Las sentencias de los Tribunales Constitucionales*, Ed. Porrúa, Ciudad de México 2009, p. 69; y "Las sentencias de los Tribunales Constitucionales en el ordenamiento mexicano", en *Anuario Iberoamericano de Justicia Constitucional*, Centro de Estudios Políticos y Constitucionales, n° 12, 2008, Madrid 2008, p. 248.

149   Véase Humberto Nogueira Alcalá, "La sentencia constitucional en Chile: Aspectos fundamentales sobre su fuerza vinculante", en *Anuario Iberoamericano de Justicia Constitucional*, Centro de Estudios Políticos y Constitucionales, n° 12, 2008, Madrid 2008, p. 297.

150   Véase Sentencia C-113 de 1993, en Iván Escobar Fornos, "Las sentencias constitucionales y sus efectos en Nicaragua", en *Anuario Iberoamericano de Justicia Constitucional*, Centro de Estudios Políticos y Constitucionales, n° 12, 2008, Madrid 2008, p. 112; y en *Estudios Jurídicos*, vol. Yo, Ed. Hispamer, Managua 2007, p. 511.

151   Véase Hans Kelsen, *La garantía jurisdiccional de la Constitución (La justicia constitucional)*, Universidad Nacional Autónoma de México, Ciudad de México 2001, p. 84.

la cual la decisión del Tribunal Constitucional surta efectos, salvo que el Tribunal Constitucional determine otra cosa (artículo 282 (1 y 4) de la Constitución).[152]

En Bélgica, la revivencia de las provisiones legales derogadas como consecuencia de la anulación de una ley, es la regla general.[153]

En Austria, la anulación de unas leyes por el Tribunal Constitucional puede tener como consecuencia que otras leyes previamente derogadas por la anulada recomiencen su validez a partir del día en que la anulación es efectiva, salvo que el Tribunal decida otra cosa (artículo 140.6).

Este tema de la revivencia de las leyes, por otra parte, es un asunto que en otros países ha sido decidido por propio el Tribunal Constitucional. Por ejemplo, en Polonia, en una decisión relativa a la regulación de las pensiones, el Tribunal Constitucional ordenó directamente el restablecimiento de la disposición que había estado en vigor anteriormente, y que no contenía elementos considerados inconstitucionales.[154]

En México, la Suprema Corte ha decidido, particularmente en materia electoral, que la nulidad de una ley implica la reactivación de la legislación que estaba vigente antes de que la ley anulada fuera sancionada. La decisión fue adoptada para evitar un vacío legislativo, que podría afectar la seguridad jurídica en la materia.[155]

En Costa Rica, la Sala Constitucional de la Corte Suprema, al anular leyes en materia forestal, de arrendamiento y en materia monetaria, decidió revivir la legislación que la ley anulada había derogado.[156]

---

[152] Véase Joaquim de Sousa Ribeiro y Esperan ç a Mealha, *Ponencia nacional Portugal*, pp. 6–7; y Jairo Gilberto Schäfer y Vânia Hack de Almeida, "O controle de constitucionalidade no dereito brasileiro ea possibilitade de modular os effeitos de decisão de inconstitucionalidade", en *Anuario Iberoamericano de Justicia Constitucional*, Centro de Estudios Políticos y Constitucionales, nº 12, 2008, Madrid 2008, p. 377.

[153] Véase Christian Behrendt, *Le juez constitucional, un législateur-cadre positif. Un análisis comparativo en droit francais, belge et allemande*, Bruylant, Bruselas 2006, pp. 280, 281, 436–437.

[154] Sentencia de 20 de diciembre de 1999, K 4/99; Marek Safjan, *Ponencia nacional Polonia*, p. 5 (nota al pie 12).

[155] Ver Tesis Jurisprudencial P./J. 86/2007, SJFG, vol. 26 de diciembre de 2007, p. 778. Véase la referencia en Héctor Fix Zamudio y Eduardo Ferrer Mac-Gregor, *Las sentencias de los Tribunales Constitucionales*, Ed. Porrúa, Ciudad de México 2009, pp. 63–64, 74; y "Las sentencias de los Tribunales Constitucionales en el ordenamiento mexicano", en *Anuario Iberoamericano de Justicia Constitucional*, Centro de Estudios Políticos y Constitucionales, nº 12, 2008, Madrid 2008, p. 252.

[156] Véase Iván Escobar Fornos, *Estudios Jurídicos*, vol. Yo, Ed. Hispamer, Managua 2007, p. 513; y en "Las sentencias constitucionales y sus efectos en Nicaragua", en *Anuario Iberoamericano de Justicia Constitucional*, Centro de Estudios Políticos y Constitucionales, nº 12, 2008, Madrid 2008, p. 114.

IV. LA DEFORMACIÓN DEL PRINCIPIO INTERPRETATIVO: LOS TRIBUNALES CONSTITUCIONALES REFORMANDO LAS LEYES E INTERPRETÁNDOLAS SIN INTERPRETAR LA CONSTITUCIÓN

Como cuestión de principio, los tribunales constitucionales son intérpretes de la Constitución, no intérpretes de las leyes, excepto cuando lo hacen en conexión o en contraste con la Constitución. Es decir, los tribunales constitucionales sólo pueden interpretar leyes cuando interpretan la Constitución, para declarar inconstitucional una ley, para rechazar su supuesta inconstitucionalidad, o para establecer una interpretación de la ley conforme o en armonía con la Constitución.

Es decir, al interpretar las leyes, el Tribunal Constitucional siempre está obligado a hacerlo interpretando la Constitución, ya que su función no es interpretar las leyes de forma aislada, sin interpretación alguna de la Constitución, pues esta última tarea corresponde generalmente a los tribunales ordinarios.

Como lo ha señalado Iván Escobar Fornos, "un juez constitucional no puede interpretar o corregir una ley a menos que lo haga respecto de su constitucionalidad; correspondiendo la tarea de interpretación de la ley a los tribunales ordinarios".[157]

En tales casos, los tribunales constitucionales interpretan la Constitución y la ley, pero la única interpretación de una ley cuando no se hace interpretación alguna de la Constitución no es más que una reforma legislativa de una ley por parte del Tribunal Constitucional. Como explicó Francisco Díaz Revorio:

> "Para que una decisión interpretativa esté dentro de las funciones del tribunal constitucional, es necesario que la interpretación, o el contenido normativo que el tribunal constitucional establezca en armonía con la Constitución, sea realmente consecuencia de la exigencia constitucional, y el resultado de una "nueva" disposición sin fundamento constitucional".[158]

En el mismo sentido, hay que subrayar que los tribunales constitucionales no están autorizados a crear leyes *ex novo* ni a reformar leyes, ni siquiera en materia de control de constitucionalidad. Como dijo el Tribunal Constitucional de Bolivia en 2005, los tribunales constitucionales

---

[157]   Véase Iván Escobar Fornos, *Estudios Jurídicos,* vol. Yo, Ed. Hispamer, Managua 2007, p. 497; y "Las sentencias constitucionales y sus efectos en Nicaragua", en *Anuario Iberoamericano de Justicia Constitucional,* Centro de Estudios Políticos y Constitucionales, n° 12, 2008, Madrid 2008, p. 104.

[158]   Véase Francisco Javier Díaz Revorio, *Las sentencias interpretativas del Tribunal Constitucional,* Lex Nova, Valladolid 2001, pp. 296-297.

"Sólo establecen el sentido y alcance de las disposiciones legales,
sin crear ni modificar un nuevo texto legal. En este sentido, la disposición interpretada por los Tribunales no se constituye en una
nueva disposición jurídica, debido a que la autoridad judicial
mediante la interpretación no crea disposiciones diferentes."[159]

En el mismo sentido, el Tribunal Constitucional del Perú ha dicho:

En forma diferente al Congreso que puede crear ley *ex novo* dentro del marco constitucional, las sentencias interpretativas [del
Tribunal Constitucional] sólo pueden determinar una disposición
legal a partir de una derivación directa de disposiciones constitucionales, como una interpretación *secundum constitutionem*".[160]

Sin embargo, a pesar de estos límites autoimpuestos, en muchos
casos, una clara intromisión de los tribunales constitucionales en las
funciones legislativas, superando el marco asistencial o cooperativo,
ha terminado por extender el texto de las leyes que se interpretan mu-
cho más allá de su sentido literal, modificando la intención. o finalidad del legislador original, que son los dos límites principales de las
sentencias interpretativas.[161]

En consecuencia, en muchos casos, las sentencias interpretativas
adoptadas por los tribunales constitucionales ocultan sentencias de
claro contenido normativo;[162] de manera que al dictarlas, el Tribunal
Constitucional asume un claro rol de legislador positivo e, incluso,
desnaturaliza la voluntad del Legislador. Esto se ha observado, por
ejemplo, en Alemania[163] y España.

Refiriéndose a la práctica del Tribunal Constitucional español de
interpretar las leyes conforme a la Constitución, Francisco Fernández
Segado ha destacado su "uso abusivo y pervertido", como sucedió en
la sentencia STC101/2008 de 24 de julio de 2008,[164] donde el Tribunal
resolvió una acción de inconstitucionalidad de una Artículo del Re-

---

[159]   Ver Sentencia SC 1426/2005-R. de 8 de noviembre de 2005, en Pablo Dermizaky Peredo,
"Efectos de las sentencias constitucionales en Bolivia", en *Anuario Iberoamericano de Justicia
Constitucional*, Centro de Estudios Políticos y Constitucionales, n° 12, 2008, Madrid 2008,
p. 86.

[160]   Ver Resolución de 2 de febrero de 2006. STC 0030-2005; Fernán Altuve Febres, *Ponencia
nacional Perú II*, p.

[161]   Véase Francisco Fernández Segado, *Ponencia nacional de España*, p. 20.

[162]   Véase Francisco Javier Díaz Revorio, *Las sentencias interpretativas del Tribunal Constitucional*, Lex Nova, Valladolid 2001, p. 97.

[163]   Véase, por ejemplo, Helmut Simón, "La jurisdicción constitucional", en Benda et al., *Manual de derecho constitucional*, Instituto Vasco de Administración Pública, Marcial Pons,
Madrid 1996, pp. 853–854.

[164]   Véase Francisco Fernández Segado, "Algunas reflexiones generales en torno a los efectos
de las sentencias de inconstitucionalidad ya la relatividad de ciertas fórmulas estereoti-

glamento del Senado, reformado en 2007, tras la reforma de la Ley Orgánica 6/2007 del Tribunal.

En la última se estableció un nuevo procedimiento para el nombramiento, por el Rey, de los miembros del Tribunal Constitucional (artículo 16.1), que establecía: "Los Magistrados del Tribunal Constitucional propuestos por el Senado serán seleccionados entre los candidatos designados por las Asambleas Legislativas de las Comunidades Autónomas en los términos previstos por el Reglamento de la Cámara [Senado]." La disposición de la ley era vinculante en el sentido de que el Senado, en tal caso, no tiene discreción en la selección de los cuatro candidatos que debe seleccionar, que deben ser seleccionados entre los propuestos por las Comunidades Autónomas. Sin embargo, en el Reglamento del Senado (artículo 184.b) se introdujo una excepción que permitía al Senado elegir al candidato sólo cuando dichas Asambleas Legislativas no propusieran "candidatos suficientes" en el plazo prescrito; condición difícilmente aplicable porque en España existen diecisiete Asambleas Legislativas, cada una de las cuales puede proponer hasta dos candidatos cada una (un total de treinta y cuatro candidatos).[165]

Finalmente, al resolver la acción de inconstitucionalidad, el Tribunal la desestimó, cambiando la voluntad inequívoca expresada por el Legislador, y estableció que la expresión "candidatos suficientes" se refería no sólo a una cuestión numérica sino también a una cuestión subjetiva sobre la idoneidad de los candidatos según su evaluación por el Senado. Esto permitió a los grupos parlamentarios del Senado proponer candidatos de forma contraria a lo dispuesto en el artículo 26.1 de la Ley Orgánica del Tribunal. Es decir, mediante una decisión interpretativa, el Tribunal Constitucional produjo una nueva norma *contra legem*.[166]

Un caso de este tipo –igualmente de patología de la justicia constitucional– también puede identificarse en Venezuela. En efecto, según los artículos 335 y 336 de la Constitución, el Tribunal Supremo es el "máximo y último intérprete" de la Constitución, ya que su función es asegurar una "interpretación y aplicación uniforme" de la Constitución y "la supremacía y eficacia de las normas y principios constitucionales". Para tal efecto, la Constitución de 1999 creó la Sala Constitucional dentro

---

padas vinculadas a ellas", en *Anuario Iberoamericano de Justicia Constitucional*, Centro de Estudios Políticos y Constitucionales, n° 12, 2008, Madrid 2008, p. 167.

[165] Por eso Francisco Fernández Segado lo considera un caso de "ciencia ficción", en Francisco Fernández Segado, *Ponencia nacional de España*, p. 35.

[166] Véanse los comentarios en Francisco Fernández Segado, *La justicia constitucional: Una visión de derecho comparada*, Ed. Dykingson, Madrid 2009, vol. III, pp. 1031 ss.; F. Fernández Segado, *Ponencia nacional de España*, pp. 35–38.

del Tribunal Supremo, como jurisdicción constitucional (artículos 266.1 y 262), con facultades exclusivas para anular leyes (artículo 334). Para implementar el método concentrado de control de constitucionalidad, la Constitución prevé diferentes medios o recursos ante los tribunales, incluida la acción popular de inconstitucionalidad de leyes, que cualquier ciudadano puede interponer directamente ante la Sala Constitucional.

Pero adicionalmente, sin ningún sustento constitucional ni legal, la Sala Constitucional mediante sentencia No 1077 del 22 de septiembre de 2000,[167] creó un recurso de interpretación abstracta de la Constitución, a través del cual cualquier ciudadano, incluidos los funcionarios públicos y el Fiscal General, puede presentar una petición para obtener del Tribunal Supremo una sentencia declarativa para aclarar el contenido de disposiciones legales o constitucionales.

En estos casos, la Sala Constitucional puede establecer interpretaciones vinculantes de la Constitución y de una disposición de una ley relacionada con la interpretación de la Constitución, pero no está facultada para establecer de manera aislada interpretaciones vinculantes de disposiciones legales sin ninguna interpretación paralela de una norma constitucional. Es decir, una petición de interpretación respecto de una determinada ley debe presentarse únicamente ante la Sala Político-Administrativa del Tribunal Supremo o las demás Salas; no puede presentarse ante la Sala Constitucional. En consecuencia, esta última no puede emitir interpretaciones de una ley sin interpretar la Constitución; si lo hace, está interpretando ilegítimamente la Constitución.

Sin embargo, esto último ocurrió en Venezuela, con la sentencia No. 1541 del 14 de junio de 2008 de la Sala Constitucional,[168] en la cual, ante un recurso de interpretación del artículo 258 de la Constitución, interpuesto por el Procurador General de la República, la Sala Constitucional, sin interpretar dicha disposición –que no necesitaba interpretación alguna– decidió interpretar el artículo 22 de la Ley de Protección y Promoción de Inversiones de 1999, según el sentido que propuso y pidió el Procurador General, es decir, negar que dicho artículo contuviera una oferta general abierta de consentimiento otorgado por el Estado venezolano para someter a arbitraje internacional controversias en materia de inversiones.

El artículo 258 de la Constitución, cuya "interpretación" fue solicitada, de hecho y de derecho, no requería interpretación alguna. Dice: "La ley promoverá el arbitraje, la conciliación, la mediación y cualesquiera otros medios alternativos para la solución de controversias". Como no

---

[167]   Véase Sentencia n° 1.077 del 22 de septiembre de 2000, Caso *Servio Tulio León Briceño, Revista de Derecho Público*, n° 83, Editorial Jurídica Venezolana, Caracas 2000, pp. 247 ss.

[168]   Ver Sentencia 1541 del 14 de junio de 2008, en *Gaceta Oficial* n° 39055 del 17 de octubre de 2008.

hay nada oscuro, ambiguo o inoperante en esta disposición, es obvio que el verdadero propósito de la petición oficial de interpretación constitucional interpuesta por el representante del Ejecutivo, no fue obtener una interpretación aclaratoria del artículo 258 de la Constitución, sino obtener una interpretación del artículo 22 de la Ley de Inversiones de modo que se dijera que no contenía el consentimiento unilateral del Estado para el arbitraje internacional. En particular, el Procurador General solicitó a la Sala Constitucional una declaración de que "el artículo 22 de la Ley de Inversiones no puede ser interpretado en el sentido de que constituye el consentimiento del Estado a ser sometido a arbitraje internacional", y "que el artículo 22 de la Ley de Inversiones no contiene una oferta unilateral de arbitraje, en otras palabras, no sustituye la ausencia de una declaración expresa por escrito por parte de las autoridades venezolanas de someterse a arbitraje internacional, ni esta declaración ha sido hecha en ningún acuerdo bilateral que contenga expresamente tal disposición".[169]

Como se dijo en el Voto Disidente de la sentencia, la petición de interpretación tuvo como finalidad obtener de la Sala Constitucional una "opinión legal" mediante *un control de constitucionalidad a priori*, lo cual no existe en Venezuela, implicando así el ejercicio de una "función legislativa" por parte de la Sala Constitucional.[170]

En otro caso resuelto por la misma Sala Constitucional, mediante sentencia No. 511 de 5 de abril de 2004, [171] la Sala estableció, *de oficio*, es decir, sin relación alguna con el caso particular que estaba decidiendo, las normas procesales aplicables en el proceso a seguir por cualquiera de las demás Salas del Tribunal Supremo de Justicia cuando decidan avocarse al conocimiento de cualquier causa y proceso judicial que curse ante tribunales inferiores para su decisión ante el Tribunal Supremo. En este caso, la Sala no interpretó disposición constitucional alguna, porque este avocamiento excepcional respecto de casos que se desarrollan en instancias inferiores no es una institución constitucional y está regulado únicamente en la Ley Orgánica del Tribunal Supremo. Así, usurpando funciones legislativas, en este caso la Corte Constitucional actuó como legislador positivo directo y *ex officio* y creó reglas de procedimiento sin interpretar la Constitución.

Sin embargo, el caso extremo de la patología de la Justicia Constitucional respecto de la relación de los tribunales constitucionales con el Legislador y su legislación vigente ocurre cuando proceden a "re-

---

[169]   *Id.*

[170]   *Id.*

[171]   Ver Sentencia nº 511 de 5 de abril de 2004, caso *Maira Rincón Lugo*; http://www.tsj.gov. ve/sentencias/scon/Abril/511-050404-04-0418..%20.htm . Véase también Daniela Urosa Maggi, *Ponencia nacional de Venezuela*, pp. 18-19.

formar" textos legislativas, actuando abiertamente como legislador positivo.

En efecto, uno de los principios más elementales del derecho constitucional es que las leyes sólo pueden ser reformadas por otras leyes y, en consecuencia, sólo la acción del Legislador puede reformar las leyes. Lo contrario sería una acción contraria a la Constitución, ya sea que el Ejecutivo pretenda reformar leyes del Parlamento o que lo pretenda cualquier otro órgano del Estado distinto del propio Legislador.

En este sentido, una de las sentencias más sorprendentes emitidas por la Sala Constitucional del Tribunal Supremo de Justicia de Venezuela para "reformar" leyes, se emitió en 2007, cuando la Sala, *de oficio* y en un *obiter dictum*, respecto de una disposición de la Ley de Impuesto sobre la Renta que estaba analizando sin que siquiera hubiese sido impugnada por inconstitucionalidad, decidió reformarla. En efecto, en la sentencia No. 301 de 27 de febrero de 2007,[172] tras rechazar una acción popular de inconstitucionalidad que había sido interpuesta en 2001 contra los artículos 67, 68, 69, 72, 74 y 79 de la Ley del Impuesto sobre la Renta de 1999, [173] en razón de la falta de legitimación de lor recurrentes, en lugar de remitir el expediente al Archivo del tribunal general, la Sala procedió, tras decidir la inadmisibilidad de la acción, y sin debate o discusión judicial sobre la cuestión, a reformar de oficio *otro* artículo de la Ley (artículo 31), que ni siquiera había sido cuestionado o impugnado por los recurrentes.

La decisión provocó agrias protestas en la opinión pública y en la Asamblea Nacional, la cual, mediante Acuerdo unánime, "rechazó categóricamente" la decisión de la Sala Constitucional por considerarla "inconstitucional, contraria a los derechos fundamentales sociales colectivos y a la ética social", y declaró "sin ningún efecto legal" alguno. Además, la Asamblea Nacional promovió públicamente la desobediencia a la decisión de la Sala, y "exhortó al pueblo venezolano y específicamente, a los contribuyentes, así como al Servicio de Impuestos Administración Tributaria (*Seniat*) a continuar con el proceso de declaraciones de impuestos como está. establecido en la ley".[174]

El Vicepresidente de la Asamblea Nacional calificó la decisión de la Sala que reformó un artículo de la Ley del Impuesto a la Renta como aquella en la que la Jurisdicción Constitucional "usurpó facultades

---

[172]   Véase Caso *Adriana Vigilanza y Carlos A. Vecchio*, Exp. n° 01-2862; *Gaceta Oficial* n° 38.635 del 1 de marzo de 2007, en http://www.tsj.gov.ve/sentencias/scon/Febrero/301-270207-01-2862.htm . Véase también Daniela Urosa Maggi, *Ponencia nacional de Venezuela*, pp. 22-23.

[173]   Ver Decreto Ley n° 307, *Gaceta Oficial* n° 5.390 Extra. de 22 de octubre de 1999.

[174]   Ver en *Gaceta Oficial* n° 38.651 del 26 de marzo de 2007.

legislativas".[175] Y así fue en definitiva, es este caso, la Sala Constitucional usurpó la función legislativa al reformar un artículo de la Ley Tributaria en un *obiter dictum* de una decisión en la que la Sala declaró inadmisible una acción de inconstitucionalidad interpuesta contra otros artículos de la misma Ley Tributaria.[176]

Durante la última década se han emitido muchas otras sentencias por la Sala Constitucional que reforman disposiciones legislativas, por ejemplo, en cuestiones de términos procesales aplicables en juicios de procedimiento civil. En este caso,: la Sala anuló parcialmente una disposición del Código de Procedimiento Civil y creó una nueva redacción que establece un manera diferente de contar los términos procesales.[177]

En las mismas materias de plazos procesales pero aplicables en los juicios procesales penales, la Corte modificó el Código Orgánico Procesal Penal para establecer una nueva forma de cómputo de los plazos procesales, pero sin anular la disposición.[178]

En materia de feriados judiciales establecidos en el mismo Código de Procedimiento Civil, el Tribunal anuló parcialmente la disposición específica del Código, eliminando uno de los dos plazos de días feriados en él establecidos, usurpando así las opciones discrecionales que sobre la materia deben establecerse en la legislación que se le atribuye. a la Asamblea Nacional.[179]

En otros casos, también en materia de normas procesales, al resolver una acción de nulidad contra disposiciones de la Ley de Tierras Rurales, en las que la convocatoria a los interesados para participar

---

[175]   Resolución de 22 de marzo de 2007; *El Universal*, Caracas 23 de marzo de 2007, p. 1-1; *El Nacional*, Caracas, 23 de marzo de 2007, p. 4.

[176]   Véase el comentario general sobre esta sentencia en Allan R. Brewer-Carías, "El juez constitucional en Venezuela como legislador positivo de oficio en materia tributaria", en *Revista de Derecho Público*, n° 109, Editorial Jurídica Venezolana, Caracas 2007, pp. 193- 212.

[177]   Ver Sentencia n° 80 del 1 de febrero de 2001, caso *Artículo 197 del Código Procesal Civil* ; *Revista de Derecho Público*, n° 85–89, Editorial Jurídica Venezolana, Caracas 2001, pp. 90 ss., en http://www.tsj.gov.ve/sentencias/scon/Febrero/80-010201-00-1435% 20.htm . Véanse los comentarios en Allan R. Brewer-Carías, "Los primeros pasos de la Jurisdicción Constitucional como 'legislador positivo' violando la Constitución, y el régimen legal de cómputo de los lapsos procesales", en Crónica *sobre la "in" justicia constitucional: La Sala Constitucional y el autoritarismo en Venezuela*, Colección Instituto de Derecho Público, Universidad Central de Venezuela, n° 2, Editorial Jurídica Venezolana, Caracas 2007, pp. 511 ss. Véase también Daniela Urosa Maggi, *Ponencia nacional de Venezuela*, p. 24.

[178]   Ver Resolución n° 2560 del 5 de agosto de 2005, *artículo 172 del* caso Código Orgánico Civil Penal; http://www.tsj.gov.ve/sentencias/scon/Agosto/2560-050805-03-1309.htm . Véase también Daniela Urosa Maggi, *Ponencia nacional de Venezuela*, pp. 21-22.

[179]   Ver Sentencia n° 1264 del 11 de junio de 2002, *artículo 201 del* caso Código de Procedimiento Civil; http://www.tsj.gov.ve/sentencias/scon/Junio/1264-110602-00-1281.htm . Véase también Daniela Urosa Maggi, *Ponencia nacional de Venezuela*, pp. 24-25.

en el respectivo juicio se establecía mediante una publicación en un periódico, la Sala reformó las disposiciones añadiendo que el aviso también debía ser entregado personalmente a los interesados.[180]

En otros casos, la Sala Constitucional del Tribunal Supremo ha "reformado" la Ley Orgánica de Amparo, estableciendo un nuevo procedimiento a aplicar en los procesos de amparo, y también ha reformado la misma Ley Orgánica del Tribunal Supremo estableciendo un nuevo conjunto de normas procesales a aplicar en materia de control de constitucionalidad, asumiendo un papel activo como legislador positivo.

En efecto, en las dos primeras sentencias que adoptó la Sala Constitucional luego de su instalación en el año 2000, modificó, *de*, los artículos 7 y 8 de la Ley Orgánica de Amparo, redistribuyendo las competencias de los tribunales, incluyendo sus propias competencias en materia de amparo,[181] es decir, para decidir la acción de amparo de derechos fundamentales. Desde entonces, tales competencias se rigen por la decisión de la Sala y no por lo previsto en la Ley Orgánica.

Otro caso muy sonado fue la sentencia No. 7 del 1 de febrero de 2000[182] en la cual la Sala, con ocasión de pronunciarse en un caso particular de amparo, también en un *obiter dictum* y *de oficio*, mediante la interpretación de los artículos 27 y 49 de la Constitución que establecen el juicio oral en el proceso de amparo para la protección de los derechos fundamentales y las reglas básicas del debido proceso, decidió "adaptar" la Ley de Amparo de 1988 a la nueva Constitución de 1999, "reformando" completamente la ley al establecer un conjunto completamente nuevo de reglas de procedimiento que desde entonces se han aplicado en todos los casos de amparo. No se han aplicado las establecidas en la Ley de Amparo, aunque dicha ley sigue "vigente" sin haber sido anulada o derogada.[183]

Sin duda, en este caso, la Sala se extralimitó en sus funciones como máximo intérprete de la Constitución y actuó abiertamente como le-

---

[180] Ver Sentencia n° 2855 del 20 de noviembre de 2002, *artículos 40 y 42 del* caso Ley de Tierras Rurales; http://www.tsj.gov.ve/sentencias/scon/Noviembre/2855-201102-02-0311.. htm . Véase también Daniela Urosa Maggi, *Ponencia nacional de Venezuela*, p. 21.

[181] Ver Sentencia n° 1, Caso *Emery Mata Millán*, en http://www.tsj.gov.ve/sentencias/scon/ Enero/01-200100-00-002.htm; y Sentencia n° 2, de 20 de enero de 2000, caso *Domingo Ramírez Monja*, en http://www.tsj.gov.ve/sentencias/scon/Enero/02-200100-00-001.htm; en *Revista de Derecho Público*, n° 84, Editorial Jurídica Venezolana, Caracas, 2000, pp. 225 ss. y 235 ss. Véase Daniela Urosa Maggi, *Ponencia nacional de Venezuela*, p. 12.

[182] Caso: *José A. Mejía y otros*, en *Revista de Derecho Público*, n° 81, Editorial Jurídica Venezolana, Caracas 2000, pp. 349 ss. Véase también http://www.tsj.gov.ve/sentencias/scon/ Febrero/07-010200-00-0010.htm ; Daniela Urosa Maggi, *Ponencia nacional de Venezuela*, p.

[183] Véase Daniela Urosa Maggi, *Ponencia nacional de Venezuela*, p. 5.

gislador positivo, "reformando" el texto de una ley.[184] En consecuencia, desde el año 2000, en materia de procedimiento de amparo y de distribución de competencias entre los distintos tribunales, la "ley" aplicable en Venezuela es la sentencia Nº 7 de 2000 de la Sala Constitucional del Tribunal Supremo que "reformó" la Ley de Amparo de 1988, y no el texto de la misma.[185]

Otra sentencia de la Sala Constitucional reformando leyes se emitió en relación con el régimen legal de las acciones de control judicial de constitucionalidad de las leyes. La Ley Orgánica del Tribunal Supremo de Justicia fue sancionada por la Asamblea Nacional en 2004, estableciendo las normas de procedimiento relativas a las acciones interpuestas ante la Corte reclamando la nulidad de leyes (artículo 21.9 ss.). En sentencia Nº 1645 del 19 de agosto de 2004, a pocos meses de la publicación de la Ley Orgánica, la Sala Constitucional, sin declarar inconstitucional ninguna disposición legal, en ejercicio de su competencia normativa, procedió a reformar la nueva ley y a establecer un régimen completamente nuevo de procedimiento judicial.[186]

---

[184]   Véase el comentario general sobre esta sentencia en Allan R. Brewer-Carías, "El juez constitucional como legislador positivo y la inconstitucional r eforma de la Ley Orgánica de Amparo mediante sentencias interpretativas", en Eduardo Ferrer Mac-Gregor y Arturo Zaldívar Lelo de Larrea. (coords.), *La ciencia del derecho procesal constitucional: Estudios en homenaje a Héctor Fix-Zamudio en sus cincuenta años como investigador del derecho*, Instituto de Investigaciones Jurídicas, Universidad Nacional Autónoma de México, Ciudad de México 2008, vol. V, pp. 63–80.

[185]   Véase Humberto Enrique Tercero Bello Tabares, "El procedimiento de Amparo Constitucional, según la sentencia n° 7 dictada por la Sala Constitucional del Tribunal Supremo de Justicia, de fecha 01 de febrero de 2000. Caso *José Amando Mejía Betancourt y José Sánchez Villavicencio*", en *Revista de Derecho del Tribunal Supremo de Justicia*, n° 8, Caracas 2003, pp. 139-176; María Elena Toro Dupuy, "El procedimiento de amparo en la jurisprudencia de la Sala Constitucional del Tribunal Supremo de Justicia (Años 2000–2002)", en *Revista de Derecho Constitucional*, n° 6, Editorial Sherwood, Caracas 2003, p. pp. 241–256

[186]   Ver Sentencia 1645 de 19 de agosto de 2004, caso *Gregorio Pérez Vargas* ; http://www.tsj.gov.ve/sentencias/scon/Agosto/1645-190804-04-0824.htm . Esta sentencia fue ratificada y complementada con nuevas normas procesales en la Sentencia 1795 del 19 de julio de 2005. Caso *Promotora San Gabriel*, http://www.tsj.gov.ve/sentencias/scon/Julio/1795-190705-05-0159. htm ; Daniela Urosa Maggi, *Ponencia nacional de Venezuela*, p. 10. Ver los comentarios en Allan R. Brewer-Carías, *Ley Orgánica del Tribunal Supremo de Justicia*, Editorial Jurídica Venezolana, Caracas 2004.

Capítulo **4**

INTERFERENCIA DE LOS TRIBUNALES CONSTITUCIONALES CON EL LEGISLADOR RESPECTO DE LAS OMISIONES LEGISLATIVAS

Como se mencionó anteriormente, una de las tendencias contemporáneas más importantes en la transformación del control de constitucionalidad de la legislación, particularmente en sistemas de control concentrado, ha sido el desarrollo de la posibilidad de que los tribunales constitucionales ejerzan su poder de controlar la constitucionalidad de las leyes, interpretándolas de acuerdo con las Constitución sin estar obligado a decidir sobre la nulidad de las disposiciones inconstitucionales.

Sin embargo, también hay que mencionar que el mismo tipo de control respecto de la constitucionalidad de la conducta del Legislador, igualmente se ejerce, no en relación con leyes debidamente promulgadas, sino respecto de la ausencia de dichas leyes o de las omisiones que las mismas contienen, cuando el Legislador no cumple con su obligación constitucional de legislar sobre materias específicas, o cuando el Legislador lo haya hecho de manera incompleta o discriminatoria.

Es importante resaltar, en todos estos casos, de control de constitucionalidad de las omisiones del Legislador mediante sentencias dictadas por los tribunales constitucionales, que las mismas se emiten completamente separadas de la necesidad de anular las leyes existentes, no siendo posible en estos casos, caracterizar a los tribunales constitucionales como legisladores negativos.

Por el contrario, en muchos de estos casos, los tribunales constitucionales actúan abiertamente como legisladores positivos, muchas veces con la posibilidad de emitir declaraciones de inconstitucionalidad de determinadas disposiciones legales sin anularlas. En cierto modo, esto es similar a lo que ocurre en los sistemas difusos de control de constitucionalidad, donde los tribunales no tienen poder alguno para anular leyes.

143

En este contexto del control de las omisiones legislativas, dos tipos de omisiones legislativas pueden generalmente distinguirse, las omisiones absolutas y las omisiones relativas.[1]

Existen omisiones absolutas en los casos de ausencia de alguna disposición legislativa que haya sido sancionada con el fin de aplicar la Constitución o ejecutar una disposición constitucional, en cuyo caso se crea una situación contraria a la Constitución.

En cuanto a las omisiones relativas, las mismas existen cuando la legislación ha sido promulgada pero de manera parcial, incompleta o defectuosa desde el punto de vista constitucional.

Como lo ha señalado Luís Fernández Revorio, las omisiones absolutas se relacionan con los "silencios del legislador" que crean situaciones contrarias a la Constitución; las omisiones relativas están relacionadas con los "silencios de las leyes", que también crean la misma situación inconstitucional.[2]

Ambos tipos de omisiones legislativas han sido objeto de control de constitucionalidad por parte de los tribunales constitucionales, aun cuando no de manera uniforme.

I. LOS TRIBUNALES CONSTITUCIONALES LLENANDO EL VACÍO DE LAS OMISIONES LEGISLATIVAS ABSOLUTAS

En cuanto al control de constitucionalidad de las omisiones legislativas absolutas, el mismo puede ser ejercido por los tribunales constitucionales a través de dos vías judiciales: al decidir una acción directa ejercida contra la inconstitucionalidad de una omisión del Legislador, y al decidir una acción de amparo o tutela particular para la protección de derechos fundamentales que se haya interpuesto contra una omisión del Legislador que impide la posibilidad de hacer efectivo tal derecho.

1. Acción Directa de inconstitucionalidad contra Omisiones Legislativas Absolutas

---

[1]   Véase José Julio Fernández Rodríguez, *La inconstitucionalidad por omisión: Teoría general. Derecho comparado. El caso español*, Civitas, Madrid 1998, pp. 33, 114 ss. Según Tomás Bustamante, "mientras que se produce una omisión total cuando el legislador no produce ninguna ley aunque existe una obligación constitucional genuina de regular alguna cuestión constitucional, se produce una omisión parcial cuando la autoridad legislativa regula una situación de manera inconstitucional porque no cubre situaciones que deberían haber sido incluidas en la ley". Véase Thomas Bustamante y Evanlida de Godoi Bustamante, *Ponencia nacional de Brasil*, p. 11.

[2]   Véase Francisco Javier Díaz Revorio, *Las sentencias interpretativas del Tribunal Constitucional*, Ed. Lex Nova, Valladolid 2001, p. 171.

El origen de la acción directa para el control de la constitucionalidad de las omisiones legislativas absolutas, por ejemplo se encuentra en la Constitución de la ex Yugoslavia de 1974, que asignó al Tribunal de Garantías Constitucionales la facultad de decidir sobre los casos de falta de desarrollo legislativo de disposiciones constitucionales que impedían la completa ejecución. de la Constitución (artículo 377).[3]

Dos años más tarde, e influenciada por la antigua institución yugoslava,[4] la acción directa contra las omisiones legislativas absolutas se incorporó en la Constitución de Portugal de 1976, asignándole al Consejo de la Revolución, como órgano político auxiliar del Presidente de la República, las facultades necesarias para verificar los incumplimientos del Legislador en la promulgación de las leyes necesarias para implementar las disposiciones de la nueva Constitución (artículo 279, Constitución)[5] y, en particular, con miras a modificar la legislación prerrevolucionaria y a implementar las previsiones legislativas de las normas de Constitución que prohibían las organizaciones con ideología fascista.[6]

Hasta la sanción de la Primera Reforma de la Constitución de 1982, que estableció definitivamente este "control constitucional de la omisión legislativa", el control de las omisiones absolutas fue ejercido por el entonces Consejo de la Revolución en dos ocasiones y, básicamente, como un medio de control político.[7] En 1977, mediante la decisión *Parecer 8/1977*, de 3 de marzo de 1977, el Consejo "recomendó" a la Asamblea de la República adoptar medidas legislativas para hacer cumplir el artículo 46.4 de la Constitución de 1976 respecto de las organizaciones de ideología fascista, estableciendo como condición principal para el ejercicio de tal control, primero, que la norma constitucional no podría ser autoejecutable (es decir, que no requería de implementación para ser aplicada), y segundo, que el órgano competente para adoptar

---

[3]   Véase José Julio Fernández Rodríguez, *La inconstitucionalidad por omisión: Teoría general. Derecho comparado. El caso español*, Civitas, Madrid 1998, pp. 244-246.

[4]   Véase Jorge Campinos, "Brevísimas notas sobre a fiscalizacão da constitucionalidade des leis em Portugal", en Giorgo Lombardi (coord.), *Constituzione e giustizia constitucionale nel diritto comparato*, Maggioli, Rimini 1985; y *La Constitution portuguesa de 1976 et sa garantie*, Universidad Nacional Autónoma de México, Congreso sobre La Constitución y su Defensa (mimeo), Ciudad de México, agosto de 1982, p. 42.

[5]   Véase en general Jorge Miranda, "L'inconstitutionalité par omisión dans le droit portugais", en *Revue Européene de Droit Public*, vol. 4, n° 1, 1992, pp. 39 ss.; José Julio Fernández Rodríguez, *La inconstitucionalidad por omisión: Teoría general. Derecho comparado. El caso español*, Civitas, Madrid 1998, pp. 249 ss.

[6]   Ver Francisco Javier Díaz Revorio, *Las sentencias interpretativas del Tribunal Constitucional*, Ed. Lex Nova, Valladolid 2001, pp. 257-260.

[7]   Véase M. Gonzalo, "Portugal; El Consejo de la Revolución, su Comisión Constitucional y los Tribunales ordinarios como órganos de control de la constitucionalidad", en *Boletín de Jurisprudencia Constitucional*, Cortes Generales, 8, Madrid 1981, pp. 630, 640.

las medidas legislativas debía haber violado su obligación de emitir disposiciones legislativas. hasta el punto de obstruir la observancia de la Constitución por parte del mismo partido al que estaba destinada la obligación constitucional.[8]

En un segundo caso, mediante el *Parecer* 11/1977, 14 de abril de 1978, el Consejo de la Revolución recomendó a los órganos legislativos competentes adoptar medidas legislativas para garantizar la aplicabilidad del artículo 53 de la Constitución a los trabajadores domésticos, confiriéndoles el derecho al descanso y al esparcimiento, limitando la duración de la jornada laboral y estableciendo el período de descanso semanal así como vacaciones periódicas retribuidas. En esta segunda ocasión, el aporte esencial de la decisión del Consejo fue la interpretación extensiva que hizo sobre la iniciativa para solicitar el control de las omisiones legislativas.[9]

Siguiendo estas experiencias previas en materia de control de constitucionalidad, la Constitución portuguesa de 1982 creó el Tribunal Constitucional y estableció su facultad para ejercer el control de constitucionalidad de las omisiones legislativas en relación con la promulgación de las disposiciones necesarias para hacer ejecutables los mandatos constitucionales (artículo 283).

La legitimación activa para el ejercicio de la acción en estos casos, se atribuyó al Presidente de la República o al Defensor del Pueblo a nivel nacional, y a los Presidentes de las Asambleas Regionales en los casos de violación de los derechos de las regiones autónomas.

Las sentencias del Tribunal, en estos casos, son sólo de carácter declarativo y con efectos no vinculantes, por lo que la Corte "no puede sustituir al legislador creando las normas faltantes, ni puede instarlo a actuar indicando el momento o el contenido de dicha acción."[10] En estos casos de sentencias judiciales sobre omisiones legislativas, el Tribunal sólo puede informar de sus conclusiones al órgano legislativo competente.

El Tribunal Constitucional portugués solo emitió siete sentencias importantes ejerciendo este método de control de constitucionalidad de las omisiones legislativas,[11] habiendo sido la primera, la sentencia nº 182/1989, de 1 de febrero de 1989, sobre el incumplimiento del artículo 35.4 de la Constitución sobre el uso de ordenadores y la prohibi-

---

8   Véase José Julio Fernández Rodríguez, *La inconstitucionalidad por omisión: Teoría general. Derecho comparado. El caso español,* Civitas, Madrid 1998, pp. 265-266.

9   Véase José Julio Fernández Rodríguez, *La inconstitucionalidad por omisión: Teoría general. Derecho comparado. El caso español,* Civitas, Madrid 1998, pp. 265-266.

10   Véase Joaquim de Sousa Ribeiro y Esperança Mealha, *Ponencia nacional Portugal,* pp. 10-11.

11   Véase Joaquim de Sousa Ribeiro y Esperança Mealha, *Ponencia nacional Portugal,* p. 10.

ción de acceso de terceros a ficheros que contengan datos de carácter personal, dictada ante la falta de un marco legislativo que definieran dichos datos personales.[12]

Otro caso fue la sentencia N° 474/2002, sobre el incumplimiento del artículo 59.1-e de la Constitución, dada la omisión de medidas legislativas necesarias para brindar prestaciones sociales a los trabajadores de la Administración Pública que involuntariamente se encontraran en situación de desempleo.[13]

En los casos mencionados, si bien el Legislador no está constitucionalmente obligado a iniciar ningún procedimiento legislativo, el resultado de la decisión del Tribunal fue la sanción de la legislación necesaria (Ley 10/91 y Ley 11/2008).[14]

Después de la experiencia constitucional portuguesa, la acción directa de control de constitucionalidad de las omisiones legislativas absolutas inconstitucionales se solo estableció en algunos otros países, principalmente en América Latina, incluidos Brasil, Ecuador y Venezuela.

El primer país que siguió las tendencias portuguesas en la materia fue Brasil, donde el control de constitucionalidad de las omisiones legislativas absolutas mediante el ejercicio de una acción directa, fue incorporado en la Constitución de 1988 (artículos 102.Ia y 103), que asignó al Supremo Tribunal Federal la facultad de decidir las acciones interpuestas contra la inconstitucionalidad de las omisiones legislativas que impedían la aplicación de una disposición constitucional. También en este caso de Brasil, siguiendo el modelo portugués,, la acción sólo puede ser interpuesta por un número limitado de funcionarios u órganos del Estado, a saber, el Presidente de la República, la Directiva del Senado Federal, la Directiva de la Cámara de Representantes y la Directiva de una Asamblea Legislativa de un Estado.

La sentencia del Tribunal que declara inconstitucional una omisión legislativa para hacer cumplir una disposición de la Constitución se emite sin anular acto legislativo alguno y sin emitir una orden directa al Congreso. El Tribunal sólo deberá informar al órgano competente para que adopte las medidas necesarias.

En este sentido, en el caso de una acción intentada con el fin de establecer que el valor del salario mínimo era inconstitucional porque no podía satisfacer las necesidades básicas de una persona, el Supre-

---

[12]   Véase José Julio Fernández Rodríguez, *La inconstitucionalidad por omisión: Teoría general. Derecho comparado. El caso español*, Civitas, Madrid 1998, pp. 268-269; Joaquim de Sousa Ribeiro y Esperança Mealha, *Ponencia nacional Portugal*, p. 10.

[13]   Véase Joaquim de Sousa Ribeiro y Esperança Mealha, *Ponencia nacional Portugal*, p. 10.

[14]   Véase Joaquim de Sousa Ribeiro y Esperança Mealha, *Ponencia nacional Portugal*, pp. 10-11.

mo Tribunal Federal sostuvo que, al pronunciarse sobre estas acciones contra conductas omisivas:

"la Corte Suprema no puede hacer más que notificar al órgano legislativo competente que debería haber dictado un acto normativo, a fin de que este órgano de la República conozca la inconstitucionalidad y le permita regular la materia exigida por la Constitución, sin la intromisión de el poder Judicial."[15]

En consecuencia, la decisión judicial en estos casos es también declarativa, sin efectos *erga omnes ni* vinculantes.[16]

Sin embargo, en muchos casos, el Tribunal Supremo Federal ha fijado un plazo para subsanar la omisión y ha establecido la auto-aplicabilidad de la norma constitucional en caso de que el plazo expire.[17] Por ejemplo, en la acción interpuesta por la Asamblea Legislativa del Estado de Mato Grosso contra la inconstitucionalidad de la omisión del Congreso Nacional en la elaboración de la ley federal complementaria a que se refiere el numeral 4 del artículo 18 de la Constitución –relativa a la creación, fusión, consolidación, y subdivisión de Municipios– el Tribunal fijó un plazo de dieciocho meses para adoptar todas las medidas legislativas necesarias para dar cumplimiento a la disposición constitucional.[18]

Otro país latinoamericano que ha adoptado el sistema de control de constitucionalidad de omisiones legislativas absolutas es Venezuela, donde el artículo 336.7 de la Constitución de 1999 facultó a la Sala Constitucional del Tribunal Supremo de Justicia para;

"declarar la inconstitucionalidad de las omisiones del poder legislativo municipal, estatales o nacionales. cuando haya dejado de dictar las normas o medidas indispensables para garantizar el cumplimiento de la Constitución, o las haya dictado de en forma incompleta; y establecer el plazo, y de ser necesario, los lineamientos de su corrección."

---

[15] Véase. STF, ADI 1439-MC, Rel. Mín. Celso de Mello, DJ de 30-5-2003, en Thomas Bustamante y Evanlida de Godoi Bustamante, *Ponencia nacional de Brasil*, p. 12.

[16] Véase Marcia Rodrígues Machado, "Inconstitutionalidade por omissão", *Revista da Procuradoria Greal de São Paulo*, n° 30, 1988, pp. 41 ss.; Héctor Fix Zamudio y Eduardo Ferrer Mac-Gregor, *Las sentencias de los Tribunales Constitucionales*, Ed. Porrúa, Ciudad de México 2009, pp. 38-39; José Julio Fernández Rodríguez, *La inconstitucionalidad por omisión: Teoría general. Derecho comparado. El caso español*, Civitas, Madrid 1998, p. 285; Marcelo Figuereido, *Ponencia nacional Brasil II*, p. 3.

[17] Véase Marcelo Figuereido, *Ponencia nacional Brasil II*, p. 4.

[18] Véase ADI 3682/MT, 9 de mayo de 2007, en Thomas Bustamante y Evanlida de Godoi Bustamante, *Ponencia nacional de Brasil*, p. 12; Marcelo Figuereido, *Ponencia nacional Brasil II*, p. 7.

Esta disposición otorgó facultades judiciales ampliadas a la Sala Constitucional del Tribunal Supremo de Venezuela, como Jurisdicción Constitucional, para controlar el "silencio legislativo y el funcionamiento anormal legislativo",[19] superando las tendencias de los antecedentes portugueses y brasileños, primero, al no limitar la legitimación activa para presentar la demanda solo respecto de altos funcionarios públicos, y al contrario, configurándola como una *actio popul45*, y segundo, otorgando facultades expresas al Tribunal para establecer los términos y, en su caso, las pautas para la subsanación de la omisión.

Han sido muchos los casos en los cuales, conforme a esta previsión constitucional, que se ha pedido a la Sala Constitucional que se pronuncie sobre omisiones de la Asamblea Nacional al sancionar leyes que estaba obligada a promulgar dentro de un plazo determinado establecido en la propia Constitución de 1999. Fue el caso, por ejemplo, de la Ley Orgánica del Poder Municipal debió haber sido sancionada dentro de los dos años siguientes a la aprobación de la Constitución. Aun cuando la Sala Constitucional emitió dos sentencias en relación con esta omisión,[20] la Asamblea Nacional no reformó el texto de la ley que existía, sino en 2005.[21]

En estos casos, como es la situación general en materia de control de constitucionalidad de las omisiones legislativas, la Sala Constitucional no se convirtió en un legislador positivo y se abstuvo de decidir en lugar del cuerpo legislativo, es decir, no legisló por si misma.

Sin embargo, conforme a la Constitución, la Sala Constitucional siempre tiene la facultad, al declarar la inconstitucionalidad de una omisión legislativa, "de establecer el plazo" para la sanción de la ley "y, de ser necesario, establecer "los lineamientos" para la corrección de la omisiones legislativas.

Es por eso que, en otros casos, la Sala Constitucional ha emitido una legislación provisional que llena el vacío existente, por ejemplo, en cuestiones tributarias relacionadas con la distribución de competencias entre los niveles de gobierno Nacional y Estatal. Ocurrió al resolver un conflicto entre la Ley de Timbres Fiscales nacional y la

---

[19]   Ver sentencia de la Sala Político Administrativa n° 1819 del 8 de agosto de 2000, caso: *René Molina vs. Comisión Legislativa Nacional* .

[20]   Ver sentencias de la Sala Constitucional n° 1347 del 27 de mayo de 2003; n° 3118 del 6 de octubre de 2003, en *Revista de Derecho Público*, n° 93–96, Editorial Jurídica Venezolana, Caracas 2003, pp. 108 ss. y 527 ss.; y n° 1043 del 31 de mayo de 2004, *Revista de Derecho Público*, n° 97–98, Editorial Jurídica Venezolana, Caracas 2004, pp. 270 ss. y 409 ss.

[21]   La Ley Orgánica fue publicada en *Gaceta Oficial* n° 38327 del 2 de diciembre de 2005. Ver referencia en Allan R. Brewer-Carías et al., *Ley Orgánica del Poder Público Municipal*, Editorial Jurídica Venezolana, Caracas 2005, p. 17.

Ordenanza sobre Timbres Fiscales del Distrito Metropolitano de Caracas, al disoner mediante sentencia No. 978 de abril de 2003,[22] el establecimiento de un régimen jurídico estrictamente aplicable en la materia, mientras se sancionaba la legislación nacional sobre coordinación de competencias tributarias (artículo 164.4 de la Constitución).

Además, en Venezuela, se ha pedido a la Sala Constitucional que decida no sólo casos de omisiones absolutas de la Asamblea Nacional para promulgar las leyes que tenía la obligación constitucional de sancionar, sino también de la omisión de emitir otros actos no normativos que la Asamblea Nacional debe adoptar. Este fue el caso, por ejemplo, también muy cuestionada, del nombramiento de los miembros del Consejo Nacional Electoral, cuya elección la Asamblea Nacional debe realizar por una mayoría de dos tercios de los representantes tras un complejo procedimiento que involucra a la sociedad civil y la participación ciudadana.[23]

En 2004, la Asamblea Nacional, después de completar casi todos los pasos del procedimiento respectivo, no logró la mayoría necesaria para elegir a los miembros del Consejo Nacional Electoral, porque el partido oficial no tenía los votos necesarios para nombrar a sus candidatos (dos tercios) sin hacer establecer algún compromiso con los partidos de oposición. Ante la omisión de la Asamblea Nacional, un ciudadano solicitó a la Sala Constitucional que controlara la inconstitucionalidad de la omisión y solicitó una decisión de la Sala Constitucional que obligue a la Asamblea Nacional a cumplir con su deber constitucional, que ningún otro órgano del Estado podría asumir.

Sin embargo, lo que en este caso el peticionario obtuvo de una Sala Constitucional del Tribunal Supremo, cuyos magistrados estaban ya completamente controlados por el poder Ejecutivo, fue la designación directa por la propia Sala Constitucional de los miembros del Consejo Nacional Electoral, sin cumplir con los requisitos y condiciones establecidos. en la Constitución. Sin duda, en este caso, la Sala Constitucional usurpó las facultades exclusivas de la Asamblea Nacional; actuó como Legislador positivo y violatorio de la Constitución; y con su decisión garantizó el control total del Poder Electoral por parte del Ejecutivo Nacional.[24]

---

22   Sentencia n° 978 del 30 de abril de 2003, caso *Banco Bolívar*; http://www.tsj.gov.ve/sentencias/scon/Abril/978-300403-01-1535%20.htm. Véase también Daniela Urosa Maggi, *Ponencia nacional de Venezuela*, pp. 17-18.

23   Véase Allan R. Brewer-Carías, "La participación ciudadana en la designación de los titulares de los órganos no electos de los Poderes Públicos en Venezuela y sus vicisitudes políticas", *Revista Iberoamericana de Derecho Público y Administrativo*, vol. 5, n° 5,2005, San José, Costa Rica 2005, pp. 76–95.

24   Ver Sentencias Nos. 2073 de 4 de agosto de 2003 (caso: *Hermánn Escarrá Malaver y oros*) y 2341 de 25 de agosto de 2003 (caso: *Hermánn Escarrá M. y otros*), en Allan R. Brewer-Ca-

En otros países, como Costa Rica, la Ley de Jurisdicción Constitucional asigna a la Sala Constitucional de la Corte Suprema la facultad para decidir acciones de inconstitucionalidad "contra las inercias, las omisiones y las abstenciones de las autoridades públicas" (artículo 73.f).[25]

Más recientemente, en la Constitución del Ecuador de 2008 se estableció expresamente la acción directa de control de constitucionalidad de las omisiones legislativas (artículo 436.10), atribuyéndose a la Corte Constitucional la facultad de "declarar la inconstitucionalidad en que incurran las instituciones del Estado o autoridades públicas que por omisión inobserven, en forma total o parcial, los mandatos contenidos en normas constitucionales, dentro del plazo establecido en la Constitución o en el plazo considerado razonable por la Corte Constitucional". La misma disposición dispone que transcurrido el plazo, si persiste la omisión, la Corte Constitucional, de manera provisional "expedirá la norma o ejecutará el acto omitido, de acuerdo con la Ley." Puede considerarse como un caso único en el derecho comparado el que se otorgue poder constitucional, incluso provisional, al Tribunal Constitucional para sustituir al Legislador.

En Hungría, el artículo 49 de la Enmienda de la Constitución de 1989 establece que la Corte Constitucional para que *de oficio* o a petición de cualquier persona, puede decidir sobre la inconstitucionalidad de omisiones legislativas cuando un órgano legislativo no ha cumplido sus tareas legislativas, instruyendo al órgano que cometió la omisión a fijar un plazo para cumplir su tarea.

La Corte Constitucional húngara ha interpretado esta competencia de manera amplia y la ha ejercido no sólo en los casos de incumplimiento inconstitucional de obligaciones legislativas resultantes de una autorización legal particular, sino también cuando el Legislador no ha sancionado alguna ley necesaria para el desarrollo de un derecho fundamental indicado en la Constitución.[26]

---

rías, "El secuestro del Poder Electoral y la confiscación del derecho a la participación política mediante el referendo revocatorio presidencial: Venezuela 2000–2004", en *Boletín Mexicano de Derecho Comparado*, Instituto de Investigaciones Jurídicas, Universidad Nacional Autónoma de México, n° 112. Ciudad de México, enero-abril de 2005., pp. 11–73.

[25]   Véase José Julio Fernández Rodríguez, *La inconstitucionalidad por omisión: Teoría general. Derecho comparado. El caso español*, Civitas, Madrid 1998, pp. 300-302.

[26]   Un ejemplo de tal caso es la Sentencia 37/1992 (VI.10). Según el artículo 61, apartado 4, de la Constitución, se requiere una mayoría de dos tercios de los votos de los miembros del Parlamento presentes para aprobar una ley sobre la supervisión de la radio, la televisión y las agencias públicas de noticias, así como así como sobre el nombramiento de sus directores, sobre la concesión de licencias de radio y televisión comerciales y sobre la prevención de monopolios en el sector de los medios de comunicación. Sin embargo, hasta 1996 el Parlamento no logró adoptar una ley integral sobre radio y televisión. Asimismo, en virtud del artículo 68, apartado 5, de la Constitución, se requiere una mayoría de dos

Como lo mencionaron Lóránt Csink, Józef Petrétei y Péter Tilk, al ejercer esta atribución, la Corte Constitucional no solo establece la inconstitucionalidad de la omisión de legislación –por ejemplo, al hacer imposible el ejercicio de un derecho fundamental– sino también el contenido de las reglas a ser sancionadas, que el Legislador debe respetar.[27]

En cuanto a Croacia, donde el Tribunal Constitucional tiene poderes para proceder *de oficio* en cuestiones de control de constitucionalidad, la reforma constitucional de 2002 lo facultó para adoptar informes sobre cualquier tipo de inconstitucionalidad (e ilegalidad) que haya observado y enviarlos al Parlamento croata. Hasta noviembre de 2009, había adoptado seis informes que abordaban cuestiones importantes que surgían en la práctica, como el derecho a la duración razonable de los procesos, y la inconstitucionalidad de las normas que establecían tarifas de estacionamiento.[28]

En Bolivia, incluso en ausencia de disposiciones constitucionales o legales, el Tribunal Constitucional Plurinacional creó su propio poder para ejercer control de constitucionalidad sobre las omisiones legislativas. En la sentencia SC 0066/2005 de 22 de septiembre de 2005, el Tribunal, luego de verificar sus propias facultades de control de constitucionalidad, sostuvo que,

> "cuando el Legislador no desarrolla una disposición constitucional de manera particular y precisa, o desarrolla la disposición de manera deficiente o incompleta, tornando el mandato constitucional ineficaz, o imposible de aplicar por tal omisión o deficiencia, el Tribunal Constitucional tiene la atribución de juzgar la constitucionalidad de tales actos, proveyendo para que el Legislador desarrolle de la disposición constitucional como está impuesta por el Constitución."[29]

En particular, en el caso de la omisión del Congreso Nacional en designar a los miembros de la Corte Suprema de Justicia, el Tribunal Constitucional de Bolivia emitió una sentencia en 2004, declarando la inconstitucionalidad del nombramiento provisional de los magistra-

---

tercios de los votos de los miembros del Parlamento presentes para aprobar una ley sobre los derechos de las minorías nacionales y étnicas. La Sentencia 35/1992 (VI.10) estableció una omisión inconstitucional al no haber sido regulada la representación de las minorías nacionales y étnicas en la medida y forma requerida por la Constitución; Lóránt Csink, Józef Petrétei y Péter Tilk, *Ponencia nacional Hungría*, p. 5 (nota al pie 18).

27   Véase Lóránt Csink, Józef Petrétei y Péter Tilk, *Ponencia nacional Hungría*, pp. 5-6.

28   Véase Sanja Barić y Petar Bačić, *Ponencia nacional Croacia*, pp. 12 y 13.

29   Véase Pablo Dermizaky Peredo, "Efectos de las sentencias constitucionales en Bolivia", en *Anuario Iberoamericano de Justicia Constitucional*, Centro de Estudios Políticos y Constitucionales, n° 12, 2008, Madrid 2008, p. 79.

dos por parte del Ejecutivo. Sin embargo, para evitar crear una situación de inconstitucionalidad aún más grave, el Tribunal pospuso los efectos de su decisión por el término de sesenta días, exhortando al Legislador a cumplir con sus deberes, pero sin usurpar sus funciones.[30]

En otros casos, también sin un mecanismo de control de constitucionalidad específico para controlar omisiones legislativas absolutas, los tribunales constitucionales han desarrollado este control de constitucionalidad a través de otros mecanismos de control judicial generales, como en el caso de México, pero sólo mediante el recurso de solución de controversias constitucionales entre órganos constitucionales del Estado. Sin embargo, esta tesis fue abandonada en 2006, en una decisión que resolvió una controversia constitucional en la que la Corte consideró inapropiada dicha vía de judicial para controlar omisiones legislativas.[31]

2. La protección de los derechos fundamentales contra omisiones legislativas absolutas mediante acciones de amparo, tutela o protección

La otra vía para controlar las omisiones legislativas inconstitucionales han sido las acciones específicas de amparo, tutela o protección de los derechos fundamentales que pueden interponerse contra los daños o amenazas que tales omisiones pueden causar.

Este es el caso, por ejemplo, de muchos países latinoamericanos, donde se pueden interponer acciones de amparo contra omisiones del Legislador, u otras acciones específicas para la protección de derechos fundamentales que han sido establecidos.[32] Por lo tanto, en algunos países, al menos teóricamente, es posible interponer acciones de amparo para proteger derechos fundamentales contra omisiones legis-

---

[30] Véase Sentencia SC 0129/2004-R, de 10 de noviembre de 2004, en Pablo Dermizary Peredo, "Efectos de las sentencias constitucionales en Bolivia", en *Anuario Iberoamericano de Justicia Constitucional,* n° 12, 2008, Centro de Estudios Políticos y Constitucionales, Madrid 2008, p. 78.

[31] Véase Sentencia 56/2006, en Héctor Fix Zamudio y Eduardo Ferrer Mac-Gregor, *Las sentencias de los Tribunales Constitucionales,* Ed. Porrúa, Ciudad de México 2009, pp. 71, 72; y "Las sentencias de los tribunales constitucionales en el ordenamiento mexicano", en *Anuario Iberoamericano de Justicia Constitucional,* n° 12, 2008, Centro de Estudios Políticos y Constitucionales, Madrid 2008, p. 252. Véase también Eduardo Ferrer Mac-Gregor, "La Corte Suprema di Giustizia del Messico quale Tribunale constituzionale", en Luca Mezetti (coord.), *Sistemi e modelli di giustizia costitutionale,* Cedam, Padua 2009, p. 618.

[32] Sobre los procesos de amparo contra omisiones de autoridades en países latinoamericanos, ver particularmente Allan R. Brewer-Carías, *Constitutional Protection of Human Rights in Latin America: A Comparative Estudio del procedimiento de amparo,* Cambridge University Press, Nueva York 2009, pp. 324 ss.

lativas cuando dichas omisiones impiden el ejercicio efectivo de un derecho fundamental.[33]

En particular, debe mencionarse el importante *mandado de injunção* en Brasil, establecido en el artículo 5.LXXI, de la Constitución, que debe "concederse siempre que la falta de disposición reglamentaria haga que el ejercicio de los derechos constitucionales y libertades, así como los derechos inherentes a la nacionalidad, la soberanía y la ciudadanía, sean inviables". Según el Supremo Tribunal Federal, el mandamiento no autoriza al Tribunal a llenar el vacío dejado por la omisión legislativa, por lo que el Tribunal no puede promulgar un texto normativo.[34] Su función se limita a declarar el retraso para desarrollar la provisión normativa y notificar al Legislador, y la decisión sólo tiene efectos *inter partes*.

En el primer *mandado de injunção* decidido en 1989, el Tribunal consideró que la acción pretendía obtener del Poder Judicial una declaración de inconstitucionalidad de una omisión en la regulación de un derecho, con el fin de notificar a la entidad responsable de esa regulación para que tomase medidas.[35]

Sin embargo, hay casos en los cuales el Tribunal ha dado un alcance más amplio a este medio procesal. En la sentencia No 283 de 1991, el Tribunal reconoció un estado de negligencia del Congreso al regular las normas establecidas por las Disposiciones Transitorias de la Constitución relativas a la indemnización a las víctimas de los abusos cometidos por la dictadura militar a través de Actos Secretos del Ministerio de Defensa, que prohibían a un gran número de personas el ejercicio de determinadas actividades económicas. Ahora bien, debido a que las Disposiciones Temporales requerían la aprobación de una ley federal para regular dicha compensación, las víctimas no pudieron ejercer sus derechos constitucionales. Por tanto, ante esta situación específica, el Supremo Tribunal Federal no sólo dictaminó que hubo una omisión inconstitucional, sino que también estableció un plazo de cuarenta y cinco días para que el Congreso aprobara la ley respectiva. El Tribunal determinó, además, que si la negligencia parlamentaria persistía después de ese plazo, el demandante tendría

---

[33]   En Venezuela se han interpuesto acciones de amparo contra omisiones del Legislador respecto de ciertos actos administrativos. Véase Allan R. Brewer-Carías, *La justicia constitucional: Procesos y procedimientos constitucionales*, Universidad Nacional Autónoma de México, Ciudad de México 2007, pp. 153 ss.

[34]   Véase Sentencia STF 168/RS, Magistrado Ponente J. Ministro Pertence, DJU, del 20 de abril de 1990, en Marcelo Figuereido, *Ponencia nacional Brasil II*, p. 4.

[35]   STF, MI 107-QO, Rel. Mín. Moreira Alves, DJ del 21-09-1990; Thomas Bustamante y Evanlida de Godoi Bustamante, *Ponencia nacional Brasil*, p. 17.

automáticamente derecho a reclamar una indemnización según las normas generales del Código Civil.[36]

Otro caso relevante se refirió a la garantía establecida en la Constitución de un privilegio fiscal a determinadas instituciones sociales, excluyéndolas de la tributación por aportaciones a la seguridad social, "siempre que dichas entidades cumplan las condiciones establecidas en la ley" (artículo 197.5). Como la Constitución dejó al legislador ordinario la tarea de establecer las condiciones que deben cumplirse para reclamar el privilegio fiscal, el Gobierno Federal entendió que dichas entidades no podían reclamar inmunidad fiscal hasta cuando el Congreso aprobara la ley que enumerara dichas condiciones. El Supremo Tribunal Federal, tras considerar que había una omisión legislativa injustificable, fijó un plazo de seis meses para que el Congreso aprobara una ley que eliminara esa omisión. Además, determinó que, de no aprobarse ninguna ley antes de ese plazo, el reclamante tendría automáticamente derecho a reclamar el beneficio fiscal.[37]

También hay que mencionar que en algunos casos, el Tribunal Supremo Federal de Brasil, en sus decisiones, ha suplido la norma faltante, por analogía, hasta que el Legislador pueda promulgar la legislación pertinente. Este fue el caso de la aplicación de las normas de seguridad social relativas a la pensión especial en el sector privado, a los funcionarios que trabajan en el Departamento de Salud del sector público (MI 721/DF, 8 de marzo de 2007) y en la aplicación de las disposiciones de una ley (Ley 7.783/1989) que regula el derecho de huelga en el sector privado (MI 670/ES, 25 de octubre de 2007) a los funcionarios de un Estado.[38]

El mismo enfoque general del tribunal constitucional que complementa al Legislador, particularmente en cuestiones de protección de los derechos fundamentales, también se puede encontrar en otros países. Por ejemplo, en Argentina, el fallo de la Corte Suprema en los casos *Badaro* referente al ajuste automático de las pensiones. En efecto, debido a que la Constitución prevé pensiones "móviles" (artículo 14 *bis*), en e caso *Badaro I*,[39] la Corte Suprema consideró que la inacción del Congreso con respecto al aumento de las pensiones, que habían

---

[36]   STF, MI 283, Rel. Mín. Sepúlveda Pertence, DJ del 14-11-1991; Thomas Bustamante y Evanlida de Godoi Bustamante, *Ponencia nacional Brasil*, p. 17.

[37]   STF, MI 232, Rel. Mín. Moreira Alves, DJ del 27-03-1992; Thomas Bustamante y Evanlida de Godoi Bustamante, *Ponencia nacional de Brasil*, pp. 17-18.

[38]   Véase Marcelo Figuereido, *Ponencia nacional Brasil II*, pp. 6–7; Thomas Bustamante y Evanlida de Godoi Bustamante, *Ponencia nacional Brasil*, p. 19; Luis Roberto Barroso et al., "Notas sobre a questão do legislador positivo", *Ponencia nacional Brasil III*, pp. 28 ss., 32.

[39]   Fallos 329:3089 (2006); Alejandra Rodríguez Galán y Alfredo Mauricio Vítolo, *Ponencia nacional Argentina I*, p. 16 (nota al pie 68).

sido seriamente reducidas como resultado de la alta inflación, violaba el mandato constitucional. Por lo tanto, la Corte instó al Congreso a aprobar dentro de un plazo razonable la legislación para resolver ese problema. La Corte enfatizó que no era sólo una facultad sino también un deber del Congreso hacer efectiva el ajuste de las pensiones, para lo cual debía legislar y adoptar medidas que garantizasen el pleno goce del derecho. Finalmente, en vista de la falta de acción del Congreso, en el caso *Badaro II*,[40] al instar al Congreso a promulgar la legislación, la Corte resolvió conceder la petición del accionante y adoptó criterios para reajustar las pensiones hasta que el Congreso decidiera actuar.[41]

En otro caso importante, en materia ambiental, la Corte Suprema de Mendoza[42] *resolvió* una denuncia interpuesta por un grupo de vecinos de un asentamiento conocido como Villa Inflamable -ubicado en las afueras de Buenos Aires- contra el Gobierno Nacional, la provincia de Buenos Aires, el gobierno de la Ciudad de Buenos Aires y cuarenta y cuatro empresas privadas, alegando daños causados por múltiples enfermedades que habían sufrido sus hijos y ellos mismos, como consecuencia de la contaminación de la cuenca hídrica Matanza-Riachuelo". En dos sentencias históricas, la primera de 2006 y la otra de 2008, la Corte ordenó a los demandados presentar un programa de recuperación ambiental, encomendó su implementación a la Autoridad de la Cuenca Matanza-Riachuelo y estableció lineamientos detallados sobre su cumplimiento, supervisados judicialmente, para evitar conflictos interprovinciales. Todas esas materias habían sido tradicionalmente de la competencia de las legislaturas y del ejecutivo tanto a nivel federal como provincial.[43]

En Alemania, respecto de una demanda de amparo constitucional de derechos fundamentales (*Verfassungsbeschwerde*),[44] se debe mencionar la decisión del Tribunal Federal Constitucional n.º 26/1969, de 29 de enero de 1969, relativa al artículo 6.5 de la Constitución, que establece que la ley debe garantizar para los hijos nacidos fuera del matrimonio, en su desarrollo físico, espiritual y social, las mismas condiciones de los hijos nacidos de padres casados.

---

[40]   Fallos 330:4866 (2007); Alejandra Rodríguez Galán y Alfredo Mauricio Vítolo, *Ponencia nacional Argentina I*, p. 17 (nota al pie 69).

[41]   Véase también Néstor Pedro Sagües, *Ponencia nacional Argentina II*, p. 12-13.

[42]   Fallos 329:2316 (2006) y Fallos 331:1622 (2008); Alejandra Rodríguez Galán y Alfredo Mauricio Vítolo, *Ponencia nacional Argentina I*, p. 17 (nota al pie 72).

[43]   Véase Alejandra Rodríguez Galán y Alfredo Mauricio Vítolo, *Ponencia nacional Argentina I*, p. 17.

[44]   Véase en general Francisco Fernández Segado, "El control de las omisiones legislativas por el Bundesverfassungsgericht", en *Revista de Derecho,* n° 4, Universidad Católica del Uruguay, Konrad Adenauer Stiftung, Montevideo 2009, pp. 137–186.

El Tribunal Constitucional Federal consideró que el artículo 1712 del Código Civil era insuficiente respecto de la disposición constitucional y exhortó al Legislador a reformarlo según las condiciones previstas en el artículo 6.5 de la Constitución antes de finalizar la legislatura (otoño de 1969), lo que de hecho ocurrió el 19 de agosto de 1969, con la promulgación de la reforma.[45] Respecto a esta decisión, Ines Härtel ha considerado que:

> "El BVerfG ya ha amonestado varias veces al legislador para que cumpla con sus obligaciones constitucionales explícitas mediante la ley. Las obligaciones constitucionales mencionadas son a menudo aquellas cuya realización sólo puede depender de fuerzas débiles de la sociedad; un ejemplo sería la tarea del legislador de crear igualdad de condiciones entre los hijos ilegítimos y legítimos en su desarrollo físico y emocional y, en consecuencia, en su posición social (BVerfGE 8, 210 (216); 17, 148 (155); 25, 167 (173-188)). La decisión respectiva señala: "Si el Legislador no cumple con la orden que le asigna la Constitución en el art. 6 seg. 5 GG para reformar la Ley de Ilegitimidad. . . hasta el final de la actual (quinta) legislatura del Bundestag, la voluntad de la Constitución es hacer realidad la legislación en la mayor manera posible.[46]

En la India, en relación con este tema, debe mencionarse un caso importante de acoso escolar *(bullying)* en las universidades. En el ejercicio de su poder conforme a los artículos 32 y 142 de la Constitución, en 2001, la Corte Suprema decidió sobre un litigio de interés público iniciado en 1998 por la Misión Vishwa Jagriti, una organización espiritual, que buscaba frenar la amenaza de acosos en las instituciones educativas.[47] La Corte, al decidir a favor de la protección de los derechos fundamentales, emitió varias directrices, no solo definiendo el acoso sino también contemplando sus posibles causas, prescribiendo pasos detallados para frenar esta práctica y delineando diversos modos de castigo que las autoridades educativas podrían imponer. El Tribunal también resolvió que "la falta de prevención de las burlas se interpretará como un acto de negligencia en el mantenimiento de la disciplina en la institución" y dijo que si "una institución no logra frenar las burlas, la UGC/Agencia de Financiamiento puede considerar la suspensión de la asistencia financiera a tal institución hasta que logre lo mismo".

---

[45] Véase José Julio Fernández Rodríguez, *La inconstitucionalidad por omisión: Teoría general. Derecho comparado. El caso español*, Civitas, Madrid 1998, pp. 313-315.

[46] Véase I. Härtel, *Ponencia nacional Alemania*, p. 19.

[47] *Vishwa Jagriti Mission v. Central Government* AIR 2001 SC 2793; Surya Deva, *Ponencia nacional de la India*, p. 9 (nota al pie 58).

Como los medios de comunicación seguían informando sobre los abusos, la Corte Suprema de la India emprendió su lucha para frenarlos y nombró directamente, en noviembre de 2006, un comité para sugerir medidas correctivas para abordar el problema de los acosos, burlas o abusos en las instituciones educativas. En mayo de 2007, la Corte Suprema ordenó que varias recomendaciones del Comité se implementaran sin más plazo, estableciendo, entre otras cosas, que "el castigo que se imponga debe ser ejemplar y justificadamente severo para actuar como disuasivo contra la reincidencia de tales incidentes".[48]

La Corte, por otra parte, no dejó la tarea de monitorear los lineamientos de sus medidas al poder ejecutivo del gobierno, dictaminando que:

> "el Comité constituido conforme a la orden de este Tribunal continuará supervisando el funcionamiento de los comités anti-acosos y de los escuadrones que se formen. También supervisará la aplicación de las recomendaciones a las que se ha hecho referencia anteriormente."

En 2007, la Corte Suprema dio más instrucciones al abordar casos específicos de irregularidades en dos universidades que fueron investigados por el Comité Raghavan;[49] y en 2009, en el *caso University of Kerala v. Council of Principals of Colleges of Kerala*,[50] ordenó a todos los gobiernos estatales y a las universidades que actuaran de acuerdo con las directrices formuladas por el Comité, considerando el acoso como abuso de los derechos humanos y justificando así expresamente el ejercicio de las facultades del Tribunal en virtud del artículo 32 de la Constitución.[51]

En una orientación similar, y a través de medios judiciales desarrollados progresivamente para la protección de los derechos fundamentales, la Suprema Corte de los Estados Unidos también ha llenado el vacío de omisiones legislativas, particularmente al emitir remedios de equidad, como mandamientos judiciales,[52] a través de los cuales un tribunal de equidad puede otorgar reparación extraordinaria a la parte agraviada, consistente en una orden del tribunal ordenando al

---

[48] Véase *University of Kerala v. Council of Principals of Colleges of Kerala*, orden de 16 de mayo de 2007; Surya Deva, *Ponencia nacional de la India*, p. 10 (nota al pie 61).

[49] Véase J. Venkatesan, "SC Issues Guidelines to Check Ragging", *The Hindu*, 9 de mayo de 2009, http://www.thehindu.com/2009/05/09/stories/200905095740100.htm; Surya Deva, *Ponencia nacional de la India*, p. 10 (nota al pie 62).

[50] Véase *University of Kerala v. Council of Principals of Colleges of Kerala*, orden de 11 de febrero de 2009, párr. 2; Surya Deva, *Ponencia nacional de la India*, p. 10 (nota al pie 63).

[51] Véase Surya Deva, *Ponencia nacional de la India*, p. 10.

[52] Véase Allan R. Brewer-Carías, *Constitutional Protection of Human Rights in Latin America*, Cambridge University Press, Nueva York 2009, pp. 69 ss..

demandado o a la parte agraviada a hacer algo o a abstenerse de hacer algo.[53]

Estos se denominan como *coercive remedies* o medios coercitivos porque están respaldados por *contempt power*, o el poder del tribunal de sancionar directamente a un acusado desobediente por desacato. Aunque no están concebidas sólo para la protección de derechos constitucionales, sino para la protección de cualquier derecho, estas medidas han sido específicamente efectivas para la protección de derechos constitucionales, en particular las medidas cautelares preventivas (*preventive injunctions*), que están diseñadas para evitar daños futuros a una parte al prohibirle u ordenar cierto comportamiento, por parte de otra parte *mandatory injunctions or prohibitory injunctions* (mandamientos judiciales obligatorios o mandamientos judiciales prohibitivos), y *structural injunctions* (mandamientos judiciales estructurales).

Estos últimos fueron desarrollados por los tribunales a partir del conocido caso *Brown v. Board of Education* (347 US 483 (1954); 349 US 294 (1955)), en el cual la Suprema Corte declaró discriminatorio el sistema de educación dual, utilizando la orden judicial como instrumento de reforma. mediante el cual los tribunales en ciertos casos asumieron la supervisión de las políticas y prácticas institucionales del Estado para prevenir la discriminación. Como lo describió Owen S. Fiss:

> "*Brown* dio a la *injunction* una importancia especial. La eliminación de la segregación escolar se convirtió en una de las principales tareas litigiosas de los tribunales en el período 1954-1955, y en estos casos el remedio típico era la *injunction*. La eliminación de la segregación escolar no sólo dio mayor vigencia al mandato, sino que también le presentó nuevos desafíos, tanto en términos de la enormidad como del tipo de tareas que se le asignaban. La orden judicial se utilizaría para reestructurar los sistemas educativos en todo el país. El impacto de *Brown* en nuestra jurisprudencia correctiva –dar primacía a la *injunction*– no se limitó a la eliminación de la segregación escolar. También se extendió a los casos de derechos civiles en general, y más allá de los derechos civiles, a litigios que involucraban reelecciones electorales, hospitales psiquiátricos, prisiones, prácticas comerciales y el medio ambiente. Habiendo eliminado la segregación en las escuelas de Alabama, era natural que el juez Johnson intentara reformar los hospitales psiquiátricos y luego las cárceles del Estado en nombre de los derechos humanos –el derecho a recibir tratamiento o a no ser sometido a castigos crueles e inusuales– y intentar esta hazaña hercúlea mediante una *injunction*. Y él no estaba solo. La misma

---

[53]   Véase William Tabb y Elaine W. Shoben, *Remedies*, Thomson West, St. Paul MN 2005, p. 13.

lógica se manifestó en las acciones de otros jueces, del Norte y del Sur.[54]

De hecho, al decidir estos medios de equidad para la protección de los derechos fundamentales, la Corte Suprema de los Estados Unidos también ha creado legislación judicial complementaria, por ejemplo, invocando las Enmiendas Cuarta, Quinta y Sexta de la Constitución, en relación con las condiciones para la búsqueda legal y arresto en relación con la investigación y el procesamiento del delito. Las sentencias del Tribunal han dado lugar a un conjunto sustancial y relativamente complejo de reglas que controlan el comportamiento policial, lo que permite a los tribunales revocar las condenas de acusados que no hayan sido tratados de conformidad con las normas dictadas judicialmente. Por el contrario, los organismos encargados de hacer cumplir la ley interesados en obtener condenas tienen interés en el cumplimiento, por lo que los departamentos de policía han adoptado procedimientos y han capacitado a su personal para seguir las reglas.[55]

En materia de segregación racial en la educación pública, declarada contraria a la cláusula de igual protección establecida en la Decimocuarta Enmienda, los fallos de la Corte Suprema en el caso *Brown v. Board of Education* exigieron que los tribunales participaran en el proceso de administración de los planes de abolición de la segregación, que fueron precisados tres años después en el caso *Swann v. Charlotte-Mecklenburg Board of Education*,[56] en el cual la Corte Suprema aprobó un decreto detallado emitido por un tribunal de distrito, basado en la recomendación de un experto en administración educativa, que contiene medidas como:

> "el diseño de zonas de asistencia con formas extrañas, el emparejamiento o agrupamiento de escuelas blancas y negras para permitir un mayor equilibrio racial razonable, transporte obligatorio de estudiantes a escuelas fuera de sus vecindarios, reasignación de maestros y otro personal para reducir el carácter racial de las escuelas individuales, y exigir que las nuevas escuelas se

---

[54] Véase Owen M. Fiss, *The Civil Rights Injunctions*, Indiana University Press, Bloomington 1978, pp. 4-5; Owen M. Fiss y Doug Rendelman, *Mandamientos judiciales*, Foundation Press, Mineola – Nueva York 1984, p. Así, los mandamientos estructurales pueden considerarse un instrumento de derecho constitucional moderno específicamente desarrollado para la protección de los derechos humanos, particularmente en las instituciones estatales; un instrumento que ha sido considerado "parte implícita de la garantía constitucional de proteger los derechos individuales frente a acciones gubernamentales inapropiadas". Véase William M. Tabb y Elaine W. Shoben, *Remedies*, Thomson West, St. Paul MN 2005, pp. 87–88.

[55] Véase también Laurence Claus y Richard S. Kay, *Ponencia nacional de Estados Unidos*, p. 23.

[56] Véase *Swann v. Charlotte-Mecklenburg Bd. of Educ.*, 402 US 1 (1971); Laurence Claus y Richard S. Kay, *Ponencia nacional de Estados Unidos*, p. 30 (nota al pie 101).

construyan en lugares que no contribuyan a la persistencia de la segregación".[57]

Como mencionaron Laurence Claus y Richard S. Kay, los siguientes veinte años fueron testigos de numerosos casos en los cuales los jueces federales intentaron conciliar el imperativo constitucional con las realidades prácticas del funcionamiento de un sistema escolar, una tarea a menudo dificultada por la resistencia pasiva o activa de las autoridades locales.

En todo caso, las cuestiones prácticas y políticas asociadas con la gestión de un régimen de desegregación, fueron replanteadas regularmente ante la Corte Suprema, cuyas sentencias, a partir de ese momento, se ocuparon en gran medida de definir los límites al amplio mandato judicial esbozado en el caso *Brown* y otras sentencias.

Los tipos de cuestiones involucradas quedaron ilustradas por la sentencia de 1995 de la Corte Suprema en el caso *Missouri v. Jenkins*,[58] una de sus últimas declaraciones significativas sobre la autoridad remediadora de los tribunales federales en casos de abolición de la segregación. En ese caso, el tribunal de distrito concluyó que la segregación inconstitucional había reducido la calidad de la educación ofrecida en las escuelas afectadas. En consecuencia, durante un período de diez años, el juez del tribunal de distrito había ordenado que se redujera el tamaño de las clases, que se instituyera un jardín de infancia de tiempo completo, que se ampliaran los programas de verano, que se proporcionaran tutorías antes y después de la escuela, y que se estableciera un programa de desarrollo de la primera infancia. El tribunal de distrito también ordenó un importante programa de mejoras de capital y aumentos salariales para maestros y otros empleados escolares.[59]

Una situación similar ocurrió en los Estados Unidos en cuestiones relacionadas con el funcionamiento de las prisiones, basándose en la disposición de la Octava Enmienda que establece la prohibición de castigos crueles e inusuales, se llegó a configurar un programa de supervisión a largo plazo de numerosas instituciones. En un litigio que impugnaba la constitucionalidad de algunos aspectos de las instituciones correccionales del Estado de Arkansas, los jueces federales ordenaron mediante mandamientos judiciales estructurales, las mismas *structural injunctions*, entre otras cosas, el cierre de las instituciones, el

---

[57]   *Id.* entre 19 y 25 años. Véase Laurence Claus y Richard S. Kay, *Ponencia nacional de Estados Unidos*, p. 30 (nota al pie 102).

[58]   Véase *Missouri v. Jenkins*, 515 US 70 (1995). Véase Laurence Claus y Richard S. Kay, *Ponencia nacional de Estados Unidos*, p. 31 (nota a pie de página 104).

[59]   *Id.* entre 74 y 80. Laurence Claus y Richard S. Kay, *Ponencia nacional de Estados Unidos*, p. 31.

número máximo de reclusos en una instalación particular y en celdas individuales, procedimientos detallados para determinar violaciones disciplinarias, y límites a las penas impuestas.

Los mandamientos, además, exigieron el empleo de psiquiatras o psicólogos a tiempo completo, acción afirmativa para reclutar más personal de minorías y capacitación obligatoria de los empleados para mejorar las relaciones raciales en las prisiones. Se prohibió la práctica de utilizar reclusos armados como guardias "de confianza," y a los reclusos se les debía brindar oportunidades educativas y un procedimiento justo para presentar quejas. Los tribunales mantuvieron su competencia en la materia durante más de diez años.[60]

Los hospitales psiquiátricos también han sido objeto de mandamientos judiciales similares[61] y, en procedimientos algo más limitados, también se han utilizado en el proceso de distribución de la representación legislativa.[62]

En Canadá, de manera similar a las *injunctions* o a la acción de amparo latinoamericana para la protección de derechos constitucionales, el artículo 24.1 de la Carta establece el derecho de toda persona, cuando los derechos o libertades garantizados por la Carta hayan sido vulnerados o negados, "a acudir a un tribunal de justicia competente para obtener el remedio que el tribunal considere apropiado y justo".

Según esa disposición, los tribunales tienen la facultad de dictar una amplia variedad de medidas cuando determinen que se han violado los derechos de las personas, incluidas declaraciones y mandamientos que exijan al gobierno que adopte medidas positivas para cumplir la Constitución, y para remediar los efectos de violaciones constitucionales pasadas.

En un importante caso relacionado con una lengua minoritaria, el tribunal también emitió mandamientos judiciales o *structural injunctions* que exigían al gobierno, en particular, que proporcionara instrucción e instalaciones. En efecto, en Canadá, la Ley Constitucional de 1867 disponía que se utilizaran tanto el francés como el inglés en las legislaturas y tribunales de Canadá y Quebec, y las constituciones provinciales, como la Ley de Manitoba de 1870, establecían derechos similares.

---

[60] Véase *Hutto v. Finney*, 437 US 678 (1978); Laurence Claus y Richard S. Kay, *Ponencia nacional de Estados Unidos*, p. 32 (nota al pie 107).

[61] Véase *Wyatt v.Stickney*, 344 F. Supp. 373 (1972). Véase Laurence Claus y Richard S. Kay, *Ponencia nacional de Estados Unidos*, p. 32 (nota al pie 108).

[62] Véase *Branch v. Smith*, 538 US 254 (2003); Laurence Claus y Richard S. Kay, *Ponencia nacional de Estados Unidos*, p. 32 (nota al pie 109).

En 1985, la Corte Suprema examinó una ley que pretendía abolir las obligaciones de bilingüismo de Manitoba, donde la población francófona había adquirido carácter mayoritario. La Corte decidió que las leyes unilingües eran inconstitucionales pero sostuvo que la invalidación inmediata de la mayoría de las leyes de Manitoba no era apropiada porque produciría un vacío legal que amenazaría el Estado de derecho. Posteriormente, la Corte decidió que daría a las leyes unilingües validez temporal durante el período de tiempo necesario para traducirlas al francés; mantuvo jurisdicción sobre el caso durante varios años y, durante ese tiempo, escuchó varias mociones relativas al alcance de las obligaciones constitucionales para el bilingüismo.[63] Las acciones de la Corte a este respecto han sido consideradas como una forma de activismo correctivo, algo similar a la experiencia estadounidense e india de los tribunales que mantuvieron jurisdicción sobre instituciones públicas, como escuelas y prisiones en los años 1970 y 1980, para garantizar que cumplieran con los estándares constitucionales.[64]

Sin embargo, las omisiones legislativas también han dado lugar en Canadá a importantes actos de activismo judicial en cuestiones de justicia penal, dada la falta de respuesta legislativa para promulgar normas legales para juicios rápidos y la revelación de pruebas por parte del fiscal al acusado.

En 1993, sin embargo, el Tribunal actuó decisivamente al sostener que la Carta exige que se comunique al acusado, antes del juicio, todas las pruebas pertinentes en poder del fiscal,[65] y sostuvo que el derecho a un juicio en un plazo razonable sería violado por retrasos previos al juicio de más de un año.[66]

Otro ejemplo fue la decisión de la Corte Suprema que sostuvo que, en general, extraditar a una persona para enfrentar la pena de muerte violará la Carta.[67] En este caso, aun cuando formulada en términos negativos que potencialmente impedirían la extradición, el efecto práctico de esta decisión fue exigir que el gobierno tomase medidas positivas para obtener garantías de los Estados de que no solicitarían

---

[63]   *Reference re Manitoba Language Rights* [1985] 1 SCR 721; [1985] 2 RCS 347; [1990] 3 RCS 1417n; [1992] 1 RCS 212. Véase Kent Roach, *Ponencia nacional Canadiense*, p. 18 (nota al pie 48).

[64]   Véase Kent Roach, *Ponencia nacional Canadiense*, p. 18.

[65]   Véase *R. v. Stinchcombe* [1991] 3 SCR 326; Kent Roach, *Ponencia nacional Canadiense*, p. 11 (nota al pie 18).

[66]   Véase *R. v. Askov* [1990] 2 RCS 1199; Kent Roach, *Ponencia nacional Canadiense*, p. 12 (nota al pie 19).

[67]   Véase *United States v. Burns and Rafay* [2001] 1 SCR; Kent Roach, *Ponencia nacional Canadiense*, p. 12 (nota al pie 21).

ni impondrían la pena de muerte a una persona extraditada desde Canadá.[68]

En cierta forma, en el Reino Unido, donde el principio básico es que los tribunales no sustituyen al Legislador, también es posible identificar importantes actividades desarrolladas por las cortes en materia de control constitucional para la protección de los derechos humanos, emitiendo sentencias con lineamientos que complementen la competencia del Legislador o de la Administración. Por ejemplo, refiriéndose a casos en los cuales los jueces elaboraban normas en áreas en las que no existían precedentes o leyes previas inadecuadas, John Bell ha mencionado el caso relativo a la esterilización de adultos con discapacidad intelectual, en el cual la Cámara de los Lores estableció principios que regirían la aprobación de tales casos.[69]

Igualmente, el caso decidido en *Airedale NHS Trust v. Bland* [70] respecto de la situación de un hombre que se encontraba en estado vegetativo permanente y era alimentado a través de una sonda. En este último caso, la Cámara de los Lores decidió las circunstancias, estableciendo políticas sobre tratamiento médico para que los médicos pudieran acceder legalmente a los deseos de los padres del hombre de que se detuviera la alimentación y se le permitiera morir. Es decir, en tales casos, las sentencias judiciales han proporcionado reglas para su aplicación futura en ausencia de cualquier pronunciamiento de autoridad por parte del gobierno.

En la República Checa, puede decirse que también el Tribunal Constitucional ha llenado el vacío resultante de la omisión del Legislador, siendo el mejor y más controvertido ejemplo, el mencionado por Zdenek Kühn es el de la legislación de control de alquileres. En efecto, en 2000, el Tribunal Constitucional declaró inconstitucional el control de los alquileres tal como lo aplicaba conforme a la legislación checa y anuló el decreto del Ministerio de Finanzas que regulaba los aumentos de los alquileres en los edificios de apartamentos.

El Tribunal retrasó la anulación para ofrecer tiempo a la Legislatura para promulgar una nueva ley con un mecanismo para poner los alquileres en condiciones justas, pero la Legislatura se negó a abordar el tema. La Corte continuó anulando decretos que trataban el tema y utilizó argumentos cada vez más convincentes para instar a la Legislatura a promulgar una ley adecuada.[71] Finalmente, en 2006, el Tribunal

---

[68] Véase Kent Roach, *Ponencia nacional Canadiense*, p. 12.

[69] Véase *Re F (Paciente mental: esterilización)* [1990] 2 AC 173; John Bell, *Ponencia nacional Reino Unido*, p. 7 (nota al pie 33).

[70] Véase [1993] 1 Todos ER 821; John Bell, *Ponencia nacional Reino Unido*, p. 7.

[71] Ver sentencia de 20 de noviembre de 2002, Pl. ÚS 8/02, *Control de Rentas II*, publicada como n° 528/2002 Sb.; y ver sentencia de 19 de marzo de 2003, Pl. ÚS 2/03, *Control de*

volvió a criticar la "actividad, o mejor dicho, la inactividad" legislativa, lo que tuvo como consecuencia:

> "la congelación de los alquileres controlados, lo que profundiza aún más la violación de los derechos de propiedad de los propietarios de aquellos apartamentos a los que se aplicaba el control de los alquileres" ... Al no aprobarlas, la asamblea legislativa evocó una situación inconstitucional".[72]

Por eso el Tribunal Constitucional rechazó la petición, pero al mismo tiempo emitió un veredicto bastante singular, **nº 1, según el cual**:

> "la inactividad prolongada del Parlamento de la República Checa, consistente en no aprobar una ley especial que defina los casos en los cuales un propietario tiene derecho a aumentar unilateralmente el alquiler, el pago de los servicios relacionados con el uso de un apartamento y cambiar otras condiciones del contrato de arrendamiento es inconstitucional y viola [una serie de derechos constitucionales]". [73]

El veredicto único fue acompañado por un razonamiento igualmente único en el que el Tribunal ordenó a los tribunales ordinarios que aumentaran los alquileres ellos mismos, en lugar de una legislatura completamente pasiva; es decir, la Corte ordenó a los tribunales que elaboraran las normas en lugar de la legislatura. Al respecto, la Corte sostuvo abiertamente que debía apartarse de su rol de legislador negativo, expresando lo siguiente:

> "Con base en hechos [inactividad legislativa], el Tribunal Constitucional, en su papel de protector de la constitucionalidad, no puede limitar su función a la mera posición de un legislador "negativo", y debe, en el marco de un equilibrio de las distintas ramas del poder, característico de un Estado de derecho fundado en el respeto de los derechos y libertades del hombre y de los ciudadanos ..., crear espacio para la preservación de los derechos y libertades fundamentales. En consecuencia, los tribunales ordinarios, incluso a pesar de la ausencia de las normas específicas deseadas, deben decidir aumentar el alquiler, dependiendo de las condiciones locales, para evitar la discriminación antes mencionada. En vista de que tales casos implicarán la determinación

---

Rentas III, publicada nº 84/2003 Sb; Zdenek Kühn, *Ponencia nacional Checa*, p. 14 (nota al pie 58).

[72]   Ver sentencia de 28 de febrero de 2006, Pl. ÚS 20/05, *Control de alquileres IV*, en http:// angl.concourt.cz/angl_verze/doc/p-20-05.php ; Zdenek Kühn, *Ponencia nacional Checa*, p. 13 (nota al pie 59).

[73]   *Id.*

y aplicación de la ley ordinaria, lo que no es competencia del Tribunal Constitucional, …[este] se abstiene de ofrecer un procedimiento de toma de decisión específico y, en esa forma, sustituir la misión de los tribunales ordinarios. Se limita a afirmar que es necesario abstenerse de toda arbitrariedad; una decisión debe basarse en argumentos racionales y en una ponderación minuciosa de todas las circunstancias de un caso, la aplicación de los principios naturales y las costumbres de la vida cívica, las conclusiones del conocimiento jurídico y la práctica judicial establecida y constitucionalmente consistente.[74]

El Tribunal Constitucional, además, explicó claramente en su decisión su papel en los casos de omisiones absolutas del Legislador, expresando lo siguiente:

"Como consecuencia de la inactividad de la asamblea legislativa, si la legislatura está obligada a aprobar determinadas normas, no lo hace, puede generarse una situación inconstitucional, y en consecuencia una interferencia en un derecho protegido por la ley y por la Constitución… Podemos concluir que bajo ciertas condiciones las consecuencias de una laguna legal (una regulación legal faltante) son inconstitucionales, en particular, cuando el Legislador decide que regulará un área en particular, declara esa intención en la ley, pero no aprueba las regulaciones previstas. La misma conclusión se aplica al caso en el cual el Parlamento hubiera aprobado las normas declaradas, pero las mismas habrían sido anuladas porque no cumplían con los criterios constitucionales, y el Legislador no ha aprobado el régimen de reemplazo constitucional, aunque el Tribunal Constitucional le haya dado un plazo suficiente para hacerlo.

La relación entre los poderes legislativo y judicial surge de la separación de poderes en el Estado, tal como lo establece la Constitución. Un análisis material nos lleva necesariamente a concluir que esta separación no es un propósito en sí mismo, sino que persigue un propósito superior. Desde sus inicios estuvo sometido por los constitucionalistas a una idea basada sobre todo en el servicio al ciudadano y a la sociedad. Todo poder tiene tendencia a la concentración, al crecimiento y a la corrupción; el poder absoluto a una corrupción incontrolable. Si uno de las ranas del poder excede su marco constitucional, sus competencias, o, por el contrario, no cumple con sus cometidos e impide así el buen funcionamiento de otro poder (en el caso decidido, del poder judicial), debe entrar en juego el mecanismo de control del sistema

---

[74]   *Id.*

de controles y contrapesos, que está integrado en el sistema de separación de poderes ... Los tribunales ordinarios se equivocan si se niegan a brindar protección a los derechos de quienes se han dirigido a ellos con una demanda de justicia, si niegan sus quejas con un mero razonamiento formalista y haciendo referencia a la inactividad del legislativo (la no- existencia de las normas jurídicas pertinentes), luego de que el Tribunal Constitucional, como protector de la constitucionalidad y control de la misma, les abrió el camino a través de sus sentencias. El Tribunal Constitucional ha declarado en repetidas ocasiones que la posición desigual de un grupo de propietarios de apartamentos y edificios de alquiler es discriminatoria e inconstitucional, y que la inactividad prolongada del Parlamento de la República Checa es incompatible con las exigencias de un Estado de derecho. El Tribunal Constitucional, por voluntad de los redactores de la Constitución, es responsable del mantenimiento del orden constitucional en la República Checa y, por lo tanto, no tiene intención de abandonar esta obligación, sino que pide a los tribunales ordinarios que cumplan con sus obligaciones.[75]

Finalmente, debe mencionarse el caso de la Corte Constitucional de Colombia, particularmente respecto de la nueva situación constitucional que la Corte ha creado para decidir acciones específicas de *tutela* (*amparo*) para la protección de derechos fundamentales interpuestas por personas desplazadas dentro de Colombia debido a la situación de violencia sufrida durante años, particularmente en el ámbito rural y específicamente con ocasión de pronunciarse sobre la falta de cumplimiento fáctico de las sentencias *de tutela*.

En tales casos de violaciones masivas de derechos humanos, la Corte ha creado lo que ha llamado un *estado de cosas inconstitucionales*, que ha utilizado para sustituir a los jueces ordinarios, al Legislador y a la Administración en el proceso de definición y coordinación de políticas públicas, facultad que la Corte Constitucional ha ejercido *de oficio*.

A ello se refirió, entre otras sentencias, en la sentencia No. 007 de 26 de enero de 2009, donde la Corte se pronunció sobre la "coordinación con las entidades territoriales de las políticas públicas de atención a la población desplazada" y ordenó una serie de acciones públicas a ser ejecutadas por diversas entidades de la Administración pública.[76] En la sentencia No. T-025/04, la Corte precisó las condiciones requeridas para declarar el estado de cosas inconstitucionales, tales como

---

[75]   Véase Zdenek Kühn, *Ponencia nacional Checa*, p. 14.

[76]   Véase Sandra Morelli, *Ponencia nacional de Colombia II*, p. 5.

"(i) la vulneración masiva y generalizada de diversos derechos constitucionales que afectan a un número importante de personas; (ii) (ii) la omisión prolongada de las autoridades en el cumplimiento de su obligación de garantizar los derechos; (iii) la adopción de prácticas inconstitucionales, como la incorporación de la acción de *tutela* como parte del procedimiento para confirmar el derecho vulnerado; … (iv) la falta de adopción de medidas legislativas, administrativas o presupuestarias para evitar la lesión de derechos; (v) la existencia de un problema social cuya solución exige implicar a varias entidades, requiere la adopción de acciones complejas y coordinadas, y exige un nivel de recursos que exige un esfuerzo presupuestario adicional importante; (vi) si todas las personas afectadas por un mismo problema recurrieran a la *tutela* para la protección de sus derechos, habría mayor congestión judicial".[77]

Con este tipo de sentencias, como lo menciona Sandra Morelli, la Corte Constitucional ha:

"abandonado su rol de garante de los derechos constitucionales fundamentales de un individuo en un caso particular, para asumir otro rol, el de formular o contribuir a la formulación de políticas públicas, agregando su implementación, y monitoreando su implementación para garantizar la satisfacción de las necesidades de las poblaciones desplazadas de acuerdo con los recursos disponibles y sujeto al cumplimiento de requisitos procesales que la misma Corte asumió la función de reglamentar".[78]

Esto, por supuesto, no tiene nada que ver con el papel del juez constitucional al asumir responsabilidades del Legislador y de la Administración pública y ordenar acciones específicas a entidades y funcionarios públicos. Sandra Morelli ha considerado esto una:

"traición histórica que comete la Corte Constitucional colombiana, cuando en lugar de proteger a cada persona desplazada que había interpuesto una acción de *tutela* sobre sus derechos fundamentales, incluso a modo de garantía del derecho a la igualdad, incursiona en la extraña categoría del estado de cosas inconstitucionales y por la vía general, sin necesidad de interponer acción de *tutela*, asume el papel de suprema autoridad administrativa".[79]

---

[77] *Id*., p. 8.

[78] *Id*., p. 10.

[79] *Id*., p. 11.

II. LOS TRIBUNALES CONSTITUCIONALES LLENANDO EL VACÍO DE LAS OMISIONES LEGISLATIVAS RELATIVAS

Aparte de los casos antes mencionados de control de constitucionalidad específico para garantizar el control de las omisiones legislativas *absolutas*, el control de constitucionalidad de las omisiones legislativas relativas también se ha desarrollado ampliamente en las últimas décadas en todos los países democráticos, particularmente en los casos en los cuales la cuestión no es la ausencia de legislación. sino la existencia de una regulación deficiente, deficiente o inadecuada según las disposiciones constitucionales.[80]

Esto puede conducir a la evaluación de la omisión y a la declaración de inconstitucionalidad de la disposición que contiene la omisión, como sucede comúnmente en países con un sistema difuso de control de constitucionalidad.

Pero en países con un sistema concentrado de control de constitucionalidad, si bien los tribunales constitucionales tienen la facultad de anular leyes consideradas inconstitucionales, incluidas aquellas que omiten aspectos fundamentales impuestos por la Constitución, en casos de omisiones legislativas relativas que se consideran inconstitucionales, los tribunales constitucionales también han desarrollado la práctica de declarar inconstitucional la omisión sin anular la disposición. En las sentencias, los tribunales envían al Legislador lineamientos o instrucciones para corregir la inconstitucionalidad, orientando así las actividades futuras del Legislador.[81]

Por supuesto, en todos estos casos, el propósito de que los tribunales constitucionales cuando controlan la inconstitucionalidad de omisiones legislativas relativas no es permitirles crear nuevas disposiciones legislativas; es decir, el propósito no es usurpar las funciones del Legislador.[82]

Sin embargo, en muchos casos, el resultado de estas sentencias judiciales dictadas en materia de control de las omisiones relativas ha sido precisamente la usurpación de atribuciones legislativas al orientar o

---

[80]   Véase Francisco Javier Díaz Revorio, *Las sentencias interpretativas del Tribunal Constitucional,* Ed. Lex Nova, Valladolid 2001, pp. 293, 294; Héctor Fix Zamudio y Eduardo Ferrer Mac-Gregor, *Las sentencias de los Tribunales Constitucionales,* Ed. Porrúa, Ciudad de México 2009, p. 34, 37, 71; Víctor Bazán, "Jurisdicción constitucional local y corrección de las omisiones inconstitucionales relativas", *Revista Iberoamericana de Derecho Procesal Constitucional,* n° 2, Instituto Iberoamericano de Derecho Procesal Constitucional, Editorial Porrúa, Ciudad de México 2004, pp. 189 ss.

[81]   Véase José Julio Fernández Rodríguez, *La inconstitucionalidad por omisión: Teoría general. Derecho comparado. El caso español,* Civitas, Madrid 1998, pp. 227 ss.

[82]   Véase Héctor Fix Zamudio y Eduardo Ferrer Mac-Gregor, *Las sentencias de los Tribunales Constitucionales,* Ed. Porrúa, Ciudad de México 2009, p. 34.

instruir al órgano Legislativo sobre cómo debe suplir la omisión, para hacerla conforme a la Constitución.[83]

1. Los Tribunales Constitucionales e Igualdad de Derechos: Decidiendo sobre la inconstitucionalidad de leyes sin declarar su nulidad

Al igual que en países con un sistema difuso de control de constitucionalidad, en países con un sistema concentrado de control de constitucionalidad, los tribunales constitucionales también han declarado inconstitucionales disposiciones legales pero sin anularlas. En estos casos, los tribunales constitucionales han limitado su actividad a declarar inconstitucional la disposición impugnada sólo en la parte que no está de acuerdo con la Constitución.

En lugar de anular la disposición, en algunos casos, los tribunales remitieron al Legislador para que éste produzca la legislación necesaria,[84] y en otros casos, el tribunal constitucional emite directivas, directrices, recomendaciones e incluso órdenes al Legislador para corregir la misión legislativa inconstitucional. En todos estos casos, puede decirse que el tribunal constitucional asiste y colabora con el Legislador.

Una nota importante es que, en casi todos los casos de omisiones legislativas relativas que son declaradas inconstitucionales pero no anuladas, siempre ha estado involucrada la protección de derechos constitucionales fundamentales, particularmente el derecho a la igualdad y a la no discriminación.[85]

En los sistemas concentrados de control de constitucionalidad, la competencia de los tribunales constitucionales para declarar inconstitucional una disposición legal, sin anularla, ha sido expresamente establecida en la legislación que rige las funciones del tribunal constitucional.

Es el caso en Alemania, donde en 1970 la reforma de la Ley relativa al Tribunal Federal Constitucional (BVerfG) estableció una función específica del mismo, en casos específicos: dar preferencia a la interpretación constitucional de una ley y "declarar una ley compatible o

---

[83]   *Id.*, pp. 36 y 37; 75, 88.

[84]   Véase Christian Behrendt, *Le juez constitucional, un législateur-cadre positif. Un analyse comparative en droit francais, belge et allemande*, Bruylant, Bruselas 2006, p. 124.

[85]   Véase F. Fernández Segado, *Ponencia nacional de España*, pp. 9, 25, 39–42. P. Popelier ha señalado que, en Bélgica, "el principio de igualdad y no discriminación constituye la norma de referencia en más del 85% de las sentencias adoptadas por los Tribunales Constitucionales". Véase P. Popelier, *Ponencia nacional Bélgica*, p. 3.

incompatible con la Ley Fundamental", sin necesidad de declarar la disposición "nula de pleno derecho" (artículo 31.2).[86]

Una reforma similar fue propuesta en 2005 en España en relación con la Ley Orgánica del Tribunal Constitucional que establecía el principio contrario: "cuando una decisión [del Tribunal Constitucional] declara la inconstitucionalidad de una disposición, debe declarar además la nulidad de la norma impugnada".[87] La reforma de la Ley no fue aprobada en España,[88] lo que no impidió que el Tribunal Constitucional superara la rigidez de la dicotomía y dictara sentencias de inconstitucionalidad sin nulidad.

Un caso importante resuelto por el Tribunal Constitucional español fue la sentencia n° 116/1987, sobre la Ley 37/1984, de 22 de octubre de 1984, por la que se establecían derechos y beneficios sociales a los militares y policías por los servicios prestados durante la Guerra Civil, excluidos los militares profesionales. que se alistaron en las Fuerzas Armadas después de 1936. Debido a esa exclusión, el Tribunal Constitucional consideró que la Ley era contraria al principio de igualdad, anuló la exclusión y extendió la aplicación de la disposición a quienes habían sido excluidos.[89]

Otra decisión importante fue la sentencia N° 45/1989, en la cual el Tribunal Constitucional declaró inconstitucional una disposición de la Ley 48/1985 del Impuesto sobre la Renta, que hacía obligatoria la declaración conjunta de los miembros de la familia, lo que implicaba mayores obligaciones tributarias para una persona integrada en un grupo familiar, que para una persona con los mismos ingresos pero que no formaba parte de un grupo familiar.[90] El Tribunal Constitucional, en este caso, consideró la cuestión de la dicotomía inconstitucionalidad / nulidad, argumentando que si bien el texto del artículo 40.1 de la Ley del Tribunal era contradictorio, no era necesario que se aplicara esa dicotomía, particularmente en casos de control de constitucionalidad de una omisión, en cuyo caso "la nulidad es una medida estrictamente negativa" y era "manifiestamente incapaz de

---

[86]   Véase Christian Behrendt, *Le juez constitucional, un législateur-cadre positif. Un analyse comparative en droit francais, belge et allemande*, Bruylant, Bruselas 2006, p. 93; Véase I. Härtel, *Ponencia nacional Alemania*, pp. 7-9; Francisco Javier Díaz Revorio, *Las sentencias interpretativas del Tribunal Constitucional*, Ed. Lex Nova, Valladolid 2001, p. 260; F. Fernández Segado, *Ponencia nacional de España*, p. 6.

[87]   Véase Francisco Javier Díaz Revorio, *Las sentencias interpretativas del Tribunal Constitucional*, Ed. Lex Nova, Valladolid 2001, p. 301.

[88]   Véase F. Fernández Segado, *Ponencia nacional de España*, p. 6

[89]   Véase F. Fernández Segado, *Ponencia nacional de España*, p. 10.

[90]   Véase STC 45/1989, de 20 de febrero de 1989, párr. 11.; F. Fernández Segado, *Ponencia nacional de España*, p. 12.

reordenar el régimen del Impuesto a la Renta de manera compatible con la Constitución".

El Tribunal concluyó que correspondía al Legislador, "según la decisión, realizar las modificaciones o adaptaciones necesarias al régimen jurídico, conforme a sus facultades normativas".[91] Como lo ha señalado Francisco Fernández Segado:

"con la sentencia 45/1989, el Tribunal no sólo se alejó del texto legal, dando lugar a sentencias de inconstitucionalidad sin nulidad, situándose en la estela del BVerfG [Tribunal Constitucional Federal Alemán], sino que además violó categóricamente el binomio de inconstitucionalidad / nulidad característica de la visión del juez constitucional como "legislador negativo".[92]

La misma técnica se ha aplicado en Nicaragua, donde la Corte Suprema, en decisión reconociendo la inconstitucionalidad de los artículos 225 y 228 del Código Civil que prohibían y restringían los casos de investigación de paternidad, decidió no anular los artículos y los mantuvo con efectos en espera de nueva legislación que debía aprobada el Congreso, a fin de evitar problemas más graves que pudiera producir un vacío legal.[93]

En Suiza, donde se permite el control de constitucionalidad de las leyes cantonales, el Tribunal Federal también ha decidido casos de omisiones legislativas relativas, pero se ha negado a asumir el papel de legislador. En el caso[94] *Hegetschweiler*, con ocasión de la apelación de un matrimonio, el Tribunal Supremo concluyó que una regulación cantonal relacionada con los impuestos sobre la renta y la propiedad para las parejas casadas era inconstitucional porque las parejas casadas debían impuestos más altos que las parejas no casadas que vivían juntas en el mismo hogar y tenían medios financieros similares; esto se consideró una violación del precepto de igualdad de trato (artículo 8.1 de la Constitución). El objeto del recurso de apelación para el control abstracto de normas fue una nueva norma que representaba una mejora respecto de la situación jurídica anterior.

---

[91]   *Id.* Véase también STC 13/1992, de 6 de febrero de 1992, fondo. jur. 17; STC 16/1996, de 1 de febrero de 1996 fondo. jur. 8; y STC 68/1996, de 18 de abril de 1996, fondo. jur. 14, en F. Fernández Segado, *Ponencia nacional de España,* pp. 12-13.

[92]   Véase F. Fernández Segado, *Ponencia nacional de España,* p. 12.

[93]   Ver sentencias del 22 de noviembre de 1957, BJ p. 18730 (1873), y de 16 de junio de 1986, BJ p. 105; Iván Escobar Fornos, "Las sentencias constitucionales y sus efectos en Nicaragua", en *Anuario Iberoamericano de Justicia Constitucional*, Centro de Estudios Políticos y Constitucionales, n° 12, 2008, Madrid 2008, p. 102.

[94]   Véase BGE 110 Ia 7; Tobias Jaag, *Ponencia nacional Suiza,* p. 8 (nota a pie de página 37).

Como lo ha mencionado Tobias Jaag, si el Tribunal Supremo hubiera anulado la norma impugnada, la norma anterior habría vuelto a entrar en vigor, a menos que el Tribunal hubiera establecido una norma sustitutiva. El Tribunal desestimó el recurso y se limitó a señalar que la norma impugnada no estaba en plena conformidad con la Constitución; de esta manera se pidió al legislador cantonal que subsanara la situación inconstitucional. Para la pareja que apeló, el resultado fue muy insatisfactorio.[95]

En otro caso dictado en 1986, el Tribunal Supremo consideró que un reglamento cantonal que imponía una edad de jubilación más baja para las mujeres que para los hombres, violaba el derecho constitucional a la igualdad de trato entre mujeres y hombres. Sin embargo, el Tribunal Supremo lo dejó así, razonando que el legislador cantonal necesitaba tiempo para establecer el estatus constitucional.[96]

En el mismo sentido, el Tribunal Supremo protegió la queja de un funcionario federal de que una norma que permitía sólo a las mujeres, y no a los hombres, jubilarse anticipadamente después de treinta y cinco años de servicio, violaba el derecho a la igualdad de trato entre mujeres y hombres. Sin embargo, el Tribunal no se consideró competente para dictar una norma correcta; por lo que rechazó la petición del funcionario federal de autorización para jubilarse anticipadamente.[97]

En un caso similar relativo a la igualdad de trato entre niños y niñas durante las clases escolares, el Tribunal sostuvo explícitamente: "sin embargo, sería imposible que el Tribunal Supremo, por iniciativa propia, creara una norma en lugar del legislador cantonal".[98]

En términos generales, el principal resultado de que los tribunales constitucionales ejerzan poderes de control de constitucionalidad respecto de leyes con disposiciones inconstitucionales, ha sido la asunción por parte de los tribunales constitucionales de un nuevo papel como "asistentes" del Legislador; dirigiendo solicitudes, recomendaciones e instrucciones para que el órgano legislativo emita legislación adicional para superar las dudas constitucionales que resultan de las omisiones legislativa relativas.[99]

Incluso en países como Suiza, donde no existe control de constitucionalidad de la legislación federal sino sólo de la legislación cantonal,

---

[95]   Véase Tobias Jaag, *Ponencia nacional Suiza*, p. 8.

[96]   Véase Tribunal Supremo en ZBl 87/1986, 482 ss.; Tobias Jaag, *Ponencia nacional Suiza*, p. 9 (nota al pie 40).

[97]   Véase BGE 109 Ib 86, 88 ss.; Tobias Jaag, *Ponencia nacional Suiza*, p. 9 (nota al pie 41).

[98]   Véase Tribunal Supremo, en ZBl 86/1985, 492, 495; Tobias Jaag, *Ponencia nacional Suiza*, p. 9 (nota al pie 42).

[99]   Véase Héctor Fix Zamudio y Eduardo Ferrer Mac-Gregor, *Las sentencias de los Tribunales Constitucionales*, Ed. Porrúa, Ciudad de México 2009, pp. 39, 89.

esto no impide que el Tribunal Supremo Federal critique una norma legislativa federal, indicando así a los legisladores que es necesaria una modificación de la ley.[100] Por ejemplo, durante los últimos años, varios sistemas de votación cantonales han sido declarados inconstitucionales porque no garantizaban la igualdad de trato de los votantes (igual derecho a votar). En estos casos, el Tribunal Supremo se limitó a declarar que los sistemas de votación eran inconstitucionales y pedir a los legisladores cantonales que modificaran la norma objetada.[101]

Estas instrucciones o directivas enviadas por los tribunales constitucionales al Legislador, son en algunos casos recomendaciones no vinculantes y en otros casos obligatorias.[102]

2. Los Tribunales Constitucionales emitiendo directivas no vinculantes para el Legislador

En términos generales, en relación a las recomendaciones no obligatorias conocidas como como sentencias exhortativas, sentencias delegadas o *sentenze indiritzzo* en Italia–,[103] el Tribunal Constitucional declara la inconstitucionalidad de una disposición pero no introduce la norma a aplicar mediante interpretación, dejando esta tarea al Legislador.

En el caso de Italia,en efecto, estas sentencias también se denominan "sentencias aditivas de principios",[104] como fue el caso de la sentencia No. 171 de 1996, emitida por la Corte Constitucional para declarar inconstitucional una disposición de la Ley que regula el derecho de huelga en los servicios públicos. La disposición no preveía aviso previo ni un plazo razonable para las huelgas de abogados y defensores.[105]

---

[100]   Véase BGE 103 Ia 53, 55; Tobias Jaag, *Ponencia nacional Suiza*, p. 7 (nota al pie 29).

[101]   Véase BGE 131 I 74, pp. 84 ss.; 129 y pp. 185, 205 ss.; Tobias Jaag, *Ponencia nacional Suiza*, p. 7 (notas a pie de página 44, 45).

[102]   En este sentido, Christian Behrendt, al analizar la situación en Alemania, Bélgica y Francia, distingue entre lo que él llama interferencias permisivas, no vinculantes o *líneas directivas*, y las interferencias obligatorias habilitantes, o interdictos. Véase Christian Behrendt, *Le juez constitucional, un législateur-cadre positif. Un analyse comparative en droit francais, belge et allemande*, Bruylant, Bruselas 2006, pp. 253 ss..

[103]   Véase L. Pegoraro, *La Corte e il Parlamento. Sentenze-indirizzo e attivitá legislativa*, Cedam, Padua 1987, pp. 3 ss.; Francisco Javier Díaz Revorio, *Las sentencias interpretativas del Tribunal Constitucional*, Ed. Lex Nova, Valladolid 2001, p. 268; Néstor Pedro Sagües, *Ponencia nacional Argentina II*, p.

[104]   Francisco Javier Díaz Revorio, *Las sentencias interpretativas del Tribunal Constitucional*, Ed. Lex Nova, Valladolid 2001, pp. 279–284, 305.

[105]   Véase A. Vespaziani, "Una sentenza additiva di principio reguardo allo 'sciopero' degli avvocati", en *Giurisprudenza costitutionalle*, 1996, vol. IV, pp. 2718 ss.. Francisco Javier Díaz

En otros casos, la instrucción dirigida al Legislador puede ser condicional respecto del tribunal constitucional. En Italia, por ejemplo, cuando se trata de una ley inconstitucional, el Tribunal Constitucional puede recomendar que el legislador introduzca legislación para eliminar las dudas constitucionales. Mediante la fórmula *doppia pronuncia*, si el Legislador no ejecuta las recomendaciones de la Corte, en una segunda decisión, la Corte puede declarar inconstitucional la ley impugnada.[106]

Este tipo de control de constitucionalidad exhortativa también se acepta en Alemania, donde se la denomina "sentencias de apelación".[107] En este caso, el Tribunal Constitucional Federal, en casos de leyes inconstitucionales, puede emitir "una advertencia al Legislador", que contiene directivas legislativas "dirigidas al Legislador que pueden ser tanto de naturaleza de solicitud de normas como de exigencia normativa, todavía consideradas constitucionales, en su impactos y efectos, para mejorarlos o alternativamente reemplazarlos",[108] para lo cual deberá darle un plazo al Legislador para que lo haga. Una vez agotado el plazo, la disposición pasa a ser inconstitucional, debiendo el Tribunal pronunciarse al respecto.

Un ejemplo de este tipo de decisión fue la dictada por el Tribunal Constitucional Federal en relación con la pensión de sobrevivencia. Una ley disponía que una viuda siempre obtendría la pensión de su difunto marido, pero el viudo obtendría la pensión de su esposa en caso de su muerte sólo si ella había mantenido principalmente a la familia y había obtenido los ingresos familiares antes o si había sido una funcionaria pública. El Tribunal Constitucional Federal consideró que la disposición estaba en proceso de volverse inconstitucional debido a los cambios sociales que se habían producido particularmente en el papel de la mujer en la familia, solicitando al Legislador, de acuerdo con sus facultades para legislar que dictase las disposiciones necesarias para evitar la inconstitucionalidad.[109]

En otros casos, el Tribunal Constitucional Federal se ha limitado a emitir directivas al Legislador, pero dejando que éste tome la decisión

---

Revorio, *Las sentencias interpretativas del Tribunal Constitucional,* Ed. Lex Nova, Valladolid 2001, pp. 281-282 (nota al pie 164).

[106] Véase Iván Escobar Fornos, *Estudios Jurídicos,* vol. Yo, Ed. Hispamer, Managua 2007, p. 504.

[107] Ver Francisco Javier Díaz Revorio, *Las sentencias interpretativas del Tribunal Constitucional,* Ed. Lex Nova, Valladolid 2001, p. 264; Iván Escobar Fornos, *Estudios Jurídicos,* vol. Yo, Ed. Hispamer, Managua 2007, p. 505.

[108] Véase I. Härtel, *Ponencia nacional Alemania,* pp. 17-18 .

[109] Véase BVerfGE 39, 169 ss.; I. Härtel, *Ponencia nacional Alemania,* p. 18; Francisco Javier Díaz Revorio, *Las sentencias interpretativas del Tribunal Constitucional,* Ed. Lex Nova, Valladolid 2001, p. 265 (nota 115).

política. Este fue el caso de la sentencia dictada respecto de una Ley del 18 de marzo de 1965, sobre el reembolso de los gastos electorales de los partidos políticos. El Tribunal también desarrolló algunas condiciones a seguir sólo si el Legislador decidía implementar el sistema de reembolso.[110]

En Francia, el Consejo Constitucional también ha emitido directivas al legislador que, incluso, sin efectos normativos directos, pueden establecer un marco para futuras acciones legislativas.[111] Tienen un efecto persuasivo sólo porque el Consejo Constitucional siempre puede ejercer un control de la constitucionalidad de una ley posterior.

En Polonia se ha aplicado una técnica similar, denominada de señalización, mediante la cual el Tribunal Constitucional llama la atención del Legislador sobre problemas de carácter general.[112]

En Bélgica,[113] la Corte Constitucional también ha aplicado esta técnica. En particular, en un caso de 1982 referente a la legislación tributaria regional en materia ambiental, en cuanto a la definición del pagador contaminante, el antiguo Tribunal de Arbitraje emitió directivas a los legisladores regionales estableciendo las condiciones en las cuales el pagador contaminante no estaba en conformidad con el principio constitucional. de igualdad.[114]

También en una interesante decisión emitida por la misma ex Corte de Arbitraje en 2004, sobre el régimen tributario de las donaciones a asociaciones sin fines de lucro establecidas en una ley federal, la Corte envió directivas a un Legislador regional, diferente al que había incurrido en una inconstitucionalidad, es decir, al Legislador regional que la Corte consideró competente para dictar legislación en la materia.[115]

En Serbia, el artículo 105 de la Ley de la Corte Constitucional la faculta para dar su opinión o señalar la necesidad de adoptar o revisar leyes, o de implementar otras medidas pertinentes para la protección de la constitucionalidad y la legalidad, que se utilizan para ejercer cier-

---

[110] Véase BVerfG, sentencia del 19 de julio de 1966, BVerfGE 20, 56 (114-115), en Christian Behrendt, *Le Judge Constitutionnel, un législateur-cadre positif. Un análisis comparativo en droit francais, belge et allemande*, Bruylant, Bruselas 2006, pp. 176-179, 185 ss..

[111] Ver Sentencia 83-164 DC; Bertrand Mathieu, *Ponencia nacional Francia*, p. 10.

[112] Véase, por ejemplo, señalización sobre la protección de los inquilinos del 29 de junio de 2005, OTK ZU 2005/6A/77; Marek Safjan, *Ponencia nacional Polonia*, p. 16 (nota al pie 45).

[113] Véase P. Popelier, *Ponencia nacional Bélgica*, p. 8.

[114] Véase CA arrêt 79/93 del 9 de noviembre de 1993, en Christian Behrendt, *Le juez constitucional, un législateur-cadre positif. Un analyse comparative en droit francais, belge et allemande*, Bruylant, Bruselas 2006, pp. 175-176, 191 ss..

[115] Véase CA arrêt 45/2004, de 17 de marzo de 2004, en Christian Behrendt, *Le Judge Constitutionnel, un législateur-cadre positif. Un analyse comparative en droit francais, belge et allemande*, Bruylant, Bruselas 2006, pp. 175–176, 230–237.

ta presión sobre la Asamblea Nacional para que promulgue leyes para la implementación de disposiciones constitucionales o para corregir normas inconstitucionales existentes. En estos casos, la Corte puede actuar *de oficio*, pero los dictámenes no tienen fuerza vinculante. Las notificaciones y dictámenes más importantes emitidos por la Corte estuvieron relacionados con el incumplimiento de los plazos previstos en las leyes constitucionales para la aplicación de la Constitución.[116]

En la República Checa, el Tribunal Constitucional en algunos casos también ha elaborado un análisis detallado de la ley que se ajuste al examen constitucional del Tribunal, después de que la ley original ha sido anulada.[117] Sin embargo, esas directrices no son vinculantes y la práctica demuestra que el Legislador frecuentemente no sigue el razonamiento del Tribunal.[118]

En Francia, el Consejo Constitucional –que hasta 2009 sólo podía revisar la constitucionalidad de las leyes antes de que fueran promulgadas por la Asamblea Nacional– necesariamente ha emitido sentencias que han interferido con la función legislativa.[119] En consecuencia, en muchas ocasiones, el Consejo ha emitido sentencias que contienen directivas no obligatorias para que el Legislador corrija suficientemente los proyectos de ley presentados.

Un ejemplo de tal decisión en materia económica fue la adoptada en 1982 con motivo del control ejercido por el Consejo Constitucional respecto de la Ley de Nacionalización, en particular en lo que respecta a las disposiciones sobre compensación relativa a las acciones de las empresas nacionalizadas. El Consejo sostuvo que era necesario que la legislación aprobada tuviera en cuenta la compensación correspondiente y el fenómeno de la depreciación monetaria.[120]

En materia institucional, en otra decisión de 2000, el Consejo Constitucional emitió directivas al Legislador al revisar una ley sobre la edad electoral. La ley redujo la edad para ser elegido en las elecciones europeas para los candidatos no franceses, a dieciocho años, pero mantuvo la edad de veintitrés años para los ciudadanos franceses. El

---

[116]   Véase Boško Tripković, *Ponencia nacional de Serbia*, pp. 9-10.

[117]   Ver Sentencia *de Testigo Anónimo* de 12 de octubre de 1994, Pl. ÙS 4/94, en http://angl. concourt.cz/angl_verze/doc/p-4-94.php ; Zdenek Kühn, *Ponencia nacional Checa*, p. 12 (nota al pie 53).

[118]   Véase Zdenek Kühn, *Ponencia nacional Checa*, p. 12.

[119]   Véase Bertrand Mathieu, *Ponencia nacional Francia*, p. 6.

[120]   Véase Sentencia 132 DC del 16 de enero de 1982 (*GD* . n° 31. Loi de nationalization), en Christian Behrendt, *Le Judge Constitutionnel, un législateur-cadre positif. Un analyse comparative en droit francais, belge et allemande*, Bruylant, Bruselas 2006, pp. 173-175.

Consejo expresó que si el Legislador quiere reducir la edad para ser elegido, debía hacerlo para todos los candidatos por ibual.[121]

En México, en la primera decisión que adoptó la Corte Suprema para resolver una acción directa de inconstitucionalidad de una ley (37/2001), además de declarar inconstitucional la disposición, la Corte exhortó al Legislador a legislar sobre la materia, fijando un plazo de noventa días para hacerlo.[122]

En países con sistemas difusos de control de constitucionalidad, los Tribunales Supremos también han emitido fallos exhortativos. Este es el caso de Argentina, en el caso *Verbitsky*, en el cual la Corte Suprema resolvió un recurso de hábeas corpus colectivo en materia penitenciaria, sin declarar inconstitucional ninguna disposición legal de la Provincia de Buenos Aires. Luego de pronunciada la decisión, la Corte exhortó a las autoridades a sancionar nuevas disposiciones legales para atender el hacinamiento y pésima situación del sistema penitenciario.[123]

Otro caso importante fue el caso *Rosza*, en el cual la Corte Suprema, luego de declarar inconstitucional una decisión del Consejo de la Judicatura de la Nación relativa al nombramiento provisional de jueces, exhortó al Congreso y al Ejecutivo a promulgar un nuevo régimen "constitucionalmente válido", brindó lineamientos para a seguir en el nuevo régimen y concedió al Congreso un año para implementar el nuevo sistema.[124]

En otros casos, el Tribunal Supremo argentino, después de declarar la inconstitucionalidad de algunas disposiciones legales, ha emitido directrices al Congreso para legislación futura que indican el camino constitucional que debe tomar el Congreso en ciertos asuntos. Además, en algunas sentencias, ha cambiado la clara intención legislativa

---

[121]   Véase CC, Sentencia 426 DC del 30 de marzo de 2000, en Christian Behrendt, *Le Judge Constitutionnel, un législateur-cadre positif. Un analyse comparative en droit francais, belge et allemande*, Bruylant, Bruselas 2006, p. 176.

[122]   Véase Héctor Fix Zamudio y Eduardo Ferrer Mac-Gregor, "Las sentencias de los tribunales constitucionales en el ordenamiento mexicano", en *Anuario Iberoamericano de Justicia Constitucional*, n° 12, 2008, Centro de Estudios Políticos y Constitucionales, Madrid 2008, p. 252.

[123]   Véase CSIJ, Fallos 328:1146, en Néstor P. Sagües, "Los efectos de las sentencias constitucionales en el derecho argentino", en *Anuario Iberoamericano de Justicia Constitucional*, Centro de Estudios Políticos y Constitucionales, n° 12, 2008, Madrid 2008, p. . 340; Néstor Pedro Sagües, *Ponencia nacional Argentina II*, p.

[124]   Sentencia de 23 de mayo de 2007, *Jurisprudencia Argentina*, 2007-III-414, en Néstor P. Sagües, "Los efectos de las sentencias constitucionales en el derecho argentino", en *Anuario Iberoamericano de Justicia Constitucional*, Centro de Estudios Políticos y Constitucionales, n° 12, 2008, Madrid 2008, p. 341. Véase también Néstor Pedro Sagües, *Ponencia nacional Argentina II*, pp. 11-12. Véase también Fallós 330:2361 (2007), en Alejandra Rodríguez Galán y Alfredo Mauricio Vítolo, *Ponencia nacional Argentina I*, p. 13.

–a través de la interpretación judicial– de adecuar la ley a la interpretación de la Constitución por parte de la Corte.

Estas acciones muestran la creciente participación de la Corte en ámbitos que antes estaban reservados a los poderes políticos del gobierno. Por ejemplo, en los casos *Castillo*[125] y *Aquino* (2004),[126] la Corte Suprema declaró inconstitucional la Ley de Riesgos Laborales (Ley 24.557), en particular, su contenido procesal (materia constitucionalmente reservada a la legislación provincial) y los límites de la indemnización por accidentes laborales. La Corte concluyó que las disposiciones negaban a los trabajadores su derecho a una restitución completa. Además, los fallos de la Corte exigieron la acción del Congreso para modificar el sistema de acuerdo con las directrices establecidas por la Corte.

En el caso *Vizzoti*, la Corte Suprema dictaminó que los límites al salario base utilizado para calcular la indemnización por despido previstos en la Ley de Empleo, no eran razonables, a la luz de la obligación constitucional de proteger a los trabajadores contra despidos injustificados. Como consecuencia, la Corte proporcionó al Congreso pautas para los límites válidos, indicando que:

> "la decisión de la Corte no implica una interferencia indebida con los poderes del Congreso, ni una violación de la separación de poderes, siendo sólo el debido ejercicio del control de constitucionalidad ordenado constitucionalmente sobre las leyes y acción gubernamental".[127]

En otros casos de control judicial de convencionalidad, respecto de la Convención Americana de Derechos Humanos, como en el caso *Cantos* (2003),[128] la Corte Suprema argentina exigió al Congreso aprobar la legislación para dar cumplimiento a las sentencias vinculantes de la Corte Interamericana de Derechos Humanos.

En Colombia, la Corte Constitucional también ha asumido poderes exhortativos similares con respecto al Congreso. Luego de declarar inconstitucionales algunos artículos de la Ley 600 de 2000 (artículos 382 a 389) sobre *hábeas corpus*, la Corte exhortó al Congreso a legislar sobre la materia según

---

[125]   Ver Fallos 327:3610 (2004); Alejandra Rodríguez Galán y Alfredo Mauricio Vítolo, *Ponencia nacional Argentina I*, p. 13.

[126]   Ver Fallos 327:3753 (2004); Alejandra Rodríguez Galán y Alfredo Mauricio Vítolo, *Ponencia nacional Argentina I*, p. 13.

[127]   Ver Fallos 327:3677 (2004); Alejandra Rodríguez Galán y Alfredo Mauricio Vítolo, *Ponencia nacional Argentina I*, p. 13; Néstor Pedro Sagüés, *Ponencia nacional Argentina II*, p. 20.

[128]   Ver Fallos 326:2968 (2003); Alejandra Rodríguez Galán y Alfredo Mauricio Vítolo, *Ponencia nacional Argentina I*, p. 15 (nota al pie 60).

los criterios establecidos en la sentencia, y le dio un plazo en el cual debía hacerlo.[129]

Una posición similar ha sido adoptada por la Corte Suprema de los Países Bajos, a pesar de la prohibición de control de constitucionalidad de las leyes establecida en el artículo 120 de la Constitución. En la *Ley de Armonización de 1989*, la Corte Suprema, aunque sostuvo claramente no tenía derecho a revisar si una ley del Parlamento era compatible con los principios jurídicos, dejó claro que –si se lo hubiera permitido hacer– habría dictaminado que la Ley de Armonización de 1988 violaba el principio de seguridad jurídica. Así, la Corte dio al legislador algunos "consejos de expertos," de manera que captando la indirecta, finalmente cambió la ley.

Como lo mencionaron J. Uzman, T. Barkhuysen y ML van Emmerik,

"la prohibición del control de constitucionalidad de la legislación no impide entonces que el poder judicial entable un diálogo con el legislativo, aunque tales ocasiones sigan siendo raras".[130]

En algunos casos, este diálogo ha llevado a la misma Corte Suprema, como en el caso *de la Deducción de Gastos Laborales*,[131] a decidir que no intervendría –por el momento– porque hacerlo implicaría elegir entre diferentes opciones políticas. El Tribunal dejó claro que podría pensar lo contrario si el legislador persistiera a sabiendas en su proceder ilegal.[132]

Pero en ningún caso estas sentencias judiciales han consistido en que el Tribunal Supremo haya dado órdenes al Parlamento para que produzca una legislación mediante mandamientos judiciales, incluso si la omisión legislativa ha hecho que la legislación sea incompatible con el derecho de la Unión Europea.[133]

3.   **LOS TRIBUNALES CONSTITUCIONALES EMITIÉNDO ÓRDENES Y DIRECTIVAS VINCULANTES PARA EL LEGISLADOR**

En contraste con lo anterior, puede decirse que en muchos otros casos de control de constitucionalidad, particularmente aquellos re-

---

[129]   Véase Germán Alfonso López Daza, *Ponencia nacional de Colombia I*, p. 11.

[130]   Véase J. Uzman, T. Barkhuysen y ML van Emmerik, *Ponencia Nacional Países Bajos*, p. 6.

[131]   Véase sentencia del Tribunal Supremo de 12 de mayo de 1999, *Nueva Jersey*. 2000/170 (*Deducción de Gastos Laborales*). Véase J. Uzman, T. Barkhuysen y ML van Emmerik, *Ponencia Nacional Países Bajos*, p. 26 (nota al pie 79).

[132]   Véase J. Uzman, T. Barkhuysen y M.L. van Emmerik, *Ponencia Nacional Países Bajos*, p. 42.

[133]   Véase sentencia del Tribunal Supremo de 21 de marzo de 2003, *Nueva Jersey*. 2003/691 (*Estado contra Waterpakt*); J. Uzman, T. Barkhuysen y ML van Emmerik, *Ponencia nacional Países Bajos*, p. 38.

feridos a omisiones legislativas relativas, los tribunales constitucionales han asumido progresivamente un papel más positivo respecto del Legislador, emitiendo no sólo directivas, sino también órdenes o instrucciones, para que el Legislador reforme o corrija actos legislativos en el sentido indicado por el Tribunal. Esto ha transformado a los tribunales constitucionales en una especie de Legislador auxiliar, imponiendo al Legislador ciertas tareas y estableciendo un plazo preciso para su desempeño.

Esta técnica de control de constitucionalidad ha sido utilizada en Alemania, donde el Tribunal Constitucional Federal, en muchos casos, después de haber determinado la incompatibilidad de una disposición legal con la Constitución, sin declarar su nulidad, declara la obligación del Legislador de resolver la condición de inconstitucionalidad y mejorar o derogar la ley.[134]

Un ejemplo temprano de este tipo de decisión respecto del Legislador fue una sentencia dictada en 1981 respecto a una disposición del Código Civil (artículo 1579) que establecía el régimen de la pensión alimenticia, específicamente la posibilidad de su reducción o supresión por razones de equidad y, en particular, las excepciones a la reducción basadas en la imposibilidad para el titular de la pensión de realizar un trabajo remunerado debido a la atención que debe prestar al hijo que tuvo la ex cónyuge. Esta excepción fue impugnada en un caso judicial particular que llegó al Tribunal Federal, el cual consideró que, aunque motivada por razones educativas y familiares, la rigidez de la disposición impedía a los tribunales ajustarla a circunstancias individuales, violando el artículo 2.1 de la Constitución (libertad individual). En consecuencia, el Tribunal decidió que:

> "el Legislador debe establecer un nuevo régimen teniendo en cuenta el principio de proporcionalidad. El Legislador es libre de decidir si adopta una disposición adicional o modifica la segunda parte del artículo 1579."[135]

En otro caso, sobre los conflictos de intereses profesionales como contrarios al derecho fundamental de toda persona a elegir su profesión, el Tribunal también dictó órdenes al Legislador, pero sin dejarle alternativa. El Tribunal encontró inconstitucional un conflicto de intereses jurídico específico (que impide a los asesores fiscales ejercer actividades comerciales) en determinadas situaciones, concluyendo que,

---

[134]   Véase I. Härtel, *Ponencia nacional Alemania,* p. 9.

[135]   Véase BVerfG, sentencia del 14 de julio de 1981, BVerfGE 57, 381, en Christian Behrendt, *Le juez constitutional, un législateur-cadre positif. Un analyse comparative en droit francais, belge et allemande,* Bruylant, Bruselas 2006, pp. 263-268.

"siguiendo el principio de proporcionalidad, el Legislador debe establecer disposiciones transitorias para los casos en los cuales poner fin inmediatamente las actividades comerciales, podrían significar una pesada carga. Corresponde al Legislador fijar el contenido de estas disposiciones transitorias".[136]

Otro ejemplo clásico es la decisión del Tribunal Constitucional Federal en un caso de reembolso de gastos electorales en la campaña electoral de 1969, en el cual el artículo 18 de la Ley de Partidos Políticos fue considerado contrario al artículo 38 de la Constitución, que garantizaba la igualdad de los candidatos en elecciones. El Tribunal Constitucional ordenó al Legislador sustituir la disposición declarada inconstitucional por otra conforme a la Constitución; incluso, indicó al Legislador qué no debía hacer para evitar agravar las desigualdades inconstitucionales.[137]

Otros casos importantes en los que el Tribunal Constitucional Federal ha establecido "programas legislativos" en determinadas sentencias incluyen la sentencia del caso *Numerus-Clausus*,[138] la relativa a los profesores,[139] la decisión sobre el aborto y la decisión sobre el servicio civil alternativo.[140] Por ejemplo, en la decisión *Numerus-Clausus* y en la decisión relativa a los profesores, el Tribunal estructuró los derechos básicos como derechos de participación, que garantizan los servicios estatales, y dedujo de ello una limitación de plazas universitarias y una instrucción al Legislador sobre cómo organizar los *Numerus-Clausus*.[141]

Una decisión similar de la Corte Constitucional se puede encontrar en Bélgica, siendo uno de los casos más ilustrativos el relacionado con la circunscripción electoral de la provincia de Bruxelles-Hal-Vilvorde, en la vual, en una decisión emitida en 2003, tras determinar que la ampliación de la circunscripción coincidió con la de la Provincia, la Corte Constitucional instó al Legislador a poner fin a la inconstitu-

---

[136]   Véase BVerfG, sentencia del 15 de febrero de 1967, BVerfGE 21, 183, en Christian Behrendt, *Le juez constitucional, un législateur-cadre positif. Un analyse comparative en droit francais, belge et allemande*, Bruylant, Bruselas 2006, pp. 259-262.

[137]   Véase BVerfG, sentencia del 9 de marzo de 1976, BVerfGE 41, 414, en Christian Behrendt, *Le juez constitucional, un législateur-cadre positif. Un analyse comparative en droit francais, belge et allemande*, Bruylant, Bruselas 2006, pp. 275-278.

[138]   Véase BVerfGE 33, 303; I. Härtel, *Ponencia nacional Alemania*, p. 14 (nota al pie 89).

[139]   Véase BVerfGE 35, 79; I. Härtel, *Ponencia nacional Alemania*, p. 14 (nota al pie 90).

[140]   Véase BVerfGE 48, 127; I. Härtel, *Ponencia nacional Alemania*, p. 14 (nota al pie 91).

[141]   Véase I. Härtel, *Ponencia nacional Alemania*, p. 15.

cionalidad encontrada, estableciendo en el caso un plazo para que el Legislativo lo hiciera.[142]

Esta última técnica de emitir órdenes al Legislador que le imponen un término o fecha límite para que éste adopte las medidas legislativas necesarias se ha desarrollado en muchos países, reforzando el carácter de los tribunales constitucionales como colaboradores directos de los Legisladores.

En Alemania, esta técnica se considera la regla general en las sentencias del Tribunal Constitucional Federal que contienen requerimientos al Legislador, ya sea que dichos mandatos establezcan una fecha fija, o la ocurrencia de un hecho aún no determinado, un plazo razonable o en un futuro cercano.[143]

La facultad del Tribunal se deduce del artículo 35 de la Ley que regula sus funciones (BVerfG),[144] que establece que "en su decisión el Tribunal Constitucional Federal podrá indicar quién debe ejecutarla; en casos individuales también podrá especificar el método de ejecución".

Según I. Härtel, "la fijación de un plazo tiene como objetivo ejercer presión contra el legislador y contribuir así a la aplicación de la justicia dictaminada por el BVerfG".[145]

En un caso reciente sobre el impuesto a la herencia, el Tribunal Constitucional Federal declaró inconstitucional el impuesto a las transferencias de capital y fijó como plazo el 31 de diciembre de 2008 para que el Legislador restableciera una condición jurídica conforme a la Constitución.[146] La ley inconstitucional, que se había considerado vigente hasta dicha resolución, mantuvo por tanto su vigencia por más de un año más, lo que fue justificado por el Tribunal, que señaló que, en caso de violación del principio de equidad (Art. 3.1 Constitución) el Legislador disponía de varias posibilidades para corregir la condición inconstitucional, de modo que la norma bajo revisión no fue anulada sino simplemente declarada incompatible con la Constitución.[147]

---

[142]   Véase CA n° 73/2003 del 26 de mayo de 2003, en P. Popelier, *Ponencia nacional Bélgica*, p. 4.

[143]   Véase I. Härtel, *Ponencia nacional Alemania*, pp. 7–8; Christian Behrendt, *Le Judge Constitutionnel, un législateur-cadre positif. Un analyse comparative en droit francais, belge et allemande*, Bruylant, Bruselas 2006, pp. 288 ss..

[144]   Véase I. Härtel, *Ponencia nacional Alemania*, p. 9.

[145]   *Id.*, p. 9.

[146]   BVerfG, auto judicial del 7 de noviembre de 2006, número de referencia: 1 BvL 10/02. I. Härtel, *Ponencia nacional Alemania*, p. 7.

[147]   I. Härtel, *Ponencia nacional Alemania*, p. 8.

Otro ejemplo clásico de estas sentencias fue la dictada por el Tribunal Constitucional Federal en 1998 sobre la libertad de un individuo para ejercer una determinada profesión, en la cual consideró una disposición de una ley contraria al artículo 12.1 de la Constitución. El Tribunal argumentó: "Sin embargo, la violación de la Constitución no conduce a la anulación de la disposición debido a que el Legislador tiene diversas posibilidades para poner fin a la inconstitucionalidad declarada", limitándose así al Tribunal "sólo a verificar la incompatibilidad de la norma inconstitucional con el artículo 12.1 de la Constitución". El Tribunal también indicó que "el Legislador está obligado a sustituir la disposición cuestionada por una norma acorde con la Constitución antes del 1 de enero de 2001".[148]

En un sentido similar, en Austria, la Corte Constitucional tiene la facultad de emitir directrices para el legislador que establecen las normas que se aplicarán en la legislación futura. Una de las sentencias más importantes de la Corte Constitucional, resumida por Ulrich Zellenberg[149] y mencionada por Konrad Lachmayer, se refiere a la creación de corporaciones autónomas que existen además del autogobierno local y municipal, y que desempeñan un papel importante en la administración austriaca.

En una serie de sentencias, la Corte Constitucional estableció las condiciones que debe cumplir el Legislador para crear dichos órganos autónomos, particularmente en el ámbito del seguro social. En la sentencia VfSlg 8215/1977, caso *Salzburger Jägerschaft* (Asociación de Caza de Salzburgo), el Tribunal se pronunció sobre los requisitos que debe cumplir el Legislador para constituir corporaciones autónomas; y proporcionó normas que garantizaban la supervisión estatal de los asuntos administrativos dentro de la esfera autónoma de competencias. En la sentencia VfSlg 8644/1979, el Tribunal Constitucional añadió la necesidad de prever una forma democrática para nombrar a los funcionarios de la corporación autónoma. En la sentencia VfSlg 17.023/2003, el Tribunal Constitucional sometió la actuación de la sociedad autónoma al principio de eficiencia. Y en la sentencia VfSlg 17.869/2006, el Tribunal Constitucional de Austria restringió a los órganos autónomos la posibilidad de promulgar reglamentos únicamente con respecto a las personas dentro de su esfera de competencia; es decir, no deben dirigirse a personas que no sean sus miembros.[150]

---

[148] BVerfG, sentencia del 10 de noviembre de 1998, BVerfGE 99, 202, en Christian Behrendt, *Le juez constitucional, un législateur-cadre positif. Un analyse comparative en droit francais, belge et allemande*, Bruylant, Bruselas 2006, p. 295.

[149] Ulrich Zellenberg, "Autogobierno y legitimidad democrática", vol. 3, *ICL-Journal* 2/2009, 123 (http://www.icl-journal.com) ; Konrad Lachmayer, *Ponencia nacional de Austria*, p. 10 (nota al pie 28).

[150] Véase Konrad Lachmayer, *Ponencia nacional de Austria*, p. 10.

En Croacia, el Tribunal Constitucional también ha dado instrucciones al Legislador en términos generales sobre cómo promulgar legislación, en particular, en cuestiones de restricción de los derechos humanos. Este fue el caso de la sentencia No. UI-673/1996, de 21 de abril de 1999, que anuló varias disposiciones de la Ley de Indemnización por Bienes Expropiados durante el régimen comunista yugoslavo.[151]En ese caso, como han mencionado Sanja Barić y Petar Bačić, el Tribunal concluyó que algunas restricciones al derecho a disponer de bienes eran desproporcionadas con respecto al objetivo que la Ley intentaba alcanzar y contradecían las disposiciones constitucionales sobre la restricción de los derechos humanos y libertades.

El Tribunal, en el caso, aprovechó la oportunidad para instruir a los legisladores sobre la práctica futura, al enfatizar que cualquier limitación a los derechos y libertades humanos, así fuera necesaria y basada en la Constitución, representaba "un estado excepcional, porque no se ajusta a las reglas generales sobre derechos y libertades constitucionales". La Corte Constitucional decidió que:

> "Por lo tanto, estas restricciones no sólo deben basarse en la Constitución, sino que también deben ser proporcionales al objetivo y propósito de la ley. En otras palabras, este objetivo y propósito debe lograrse con la menor interferencia posible en los derechos constitucionales de los ciudadanos (por supuesto, si las restricciones pueden graduarse)".[152]

En Francia, dada el tradicional control de constitucionalidad *a priori* de la legislación que ejercí el Consejo Constitucional, uno de los medios más importantes para garantizar el cumplimiento de las sentencias del Consejo fueron las directivas llamadas *réserves d'interprétation* o *réserves d'application*. Por medio de estas directivas, el Consejo establece las condiciones para que la ley sea cumplida y aplicada, y las directivas están dirigidas a las autoridades administrativas que deben dictar los reglamentos de la ley y a los jueces que deben aplicar la ley.[153]

Finalmente, en Colombia, la Corte Constitucional también se ha pronunciado sobre la inconstitucionalidad de omisiones relativas del Legislador y ha exhortado al Congreso a sancionar la ley correspondiente. Este fue, por ejemplo, el caso de la sentencia del Tribunal

---

[151]   Véase Sentencia y Resolución del Tribunal Constitucional, n° UI-673/1996, de 21 de abril de 1999, Gaceta Oficial " *Narodne novine* ", 39/1999; Sentencia UI-902/1999, de 25 de enero de 2000, Gaceta Oficial " *Narodne novine* ", 14/2000; Sanja Barić y Petar Bačić, *Ponencia nacional Croacia*, p. 24 (nota al pie 65).

[152]   Véase Sanja Barić y Petar Bačić, *Ponencia nacional Croacia*, p. 25.

[153]   Véase Bertrand Mathieu, *Ponencia nacional Francia*, p. 10.

Constitucional dictada al revisar el artículo 430 del Código del Trabajo, que prohíbe las huelgas en los servicios públicos. La Corte en sentencia No. C-473/94 revisó la omisión del Legislador respecto de la sanción de la legislación relativa al derecho de huelga en los servicios públicos esenciales, y "exhortó al Congreso a legislar en un plazo razonable" la legislación correspondiente sobre la cuestión de conformidad con la Constitución.[154]

III. LOS TRIBUNALES CONSTITUCIONALES COMO LEGISLADORES PROVISIONALES

En muchos otros casos, además de que los tribunales constitucionales emiten órdenes para que el Legislador promulgue la legislación de una manera específica y en una fecha fija o determinada, lo que ocurre particularmente en materia de omisiones legislativas, los Tribunales constitucionales también han asumido el papel de Legisladores provisionales. incluyendo en sus sentencias medidas provisionales o normas a aplicar en la materia específica considerada inconstitucional, hasta que el Legislador sancione la ley que está obligado a aprobar.

En estos casos, el Tribunal detiene inmediatamente la aplicación de la disposición inconstitucional, pero para evitar el vacío que puede crear la anulación, establece temporalmente ciertas reglas que se debe aplicar hasta cuando se promulgue la nueva legislación.[155] Los Tribunales constitucionales, en estos casos, actúan de alguna manera como "legisladores sustitutos", no para usurpar las funciones legislativas sino para preservar su libertad legislativa.[156]

Esta técnica también ha sido aplicada en Alemania, sobre la base de una interpretación extensiva del mismo artículo 35 de la Ley del Tribunal Constitucional Federal, de la cual el Tribunal dedujo que tiene la facultad de dictar normas generales que deben aplicarse en espera de la sanción de la ley en la materia por parte Legislador, en armonía con la Constitución. En estos casos, el Tribunal ha asumido un poder

---

[154]   Véase Germán Alfonso López Daza, *Ponencia nacional de Colombia I*, p. 10; Mónica Liliana Ibagón, "Control jurisdiccional de las omisiones legislativas en Colombia", en Juan Vega Gómez y Edgar Corzo Sosa, *Instrumentos de tutela y justicia constitucional: Memoria del VII Congreso Iberoamericano de Derecho Constitucional*, Universidad Nacional Autónoma de México, Ciudad de México 2002, pp. 322–323.

[155]   Véase Christian Behrendt, *Le juez constitucional, un législateur-cadre positif. Un analyse comparative en droit francais, belge et allemande*, Bruylant, Bruselas 2006, pp. 333 ss..

[156]   Véase Otto Bachof, "Nuevas reflexiones sobre la jurisdicción constitucional entre derecho y política", en *Boletín Mexicano de Derecho Comparado*, XIX, nº 57, Ciudad de México 1986, pp. 848–849.

legislativo "auxiliar", actuando como una "empresa parlamentaria de reparación" y "erosionando la separación de poderes".[157]

El caso más importante e interesante resuelto al respecto por el Tribunal Constitucional Federal, ha sido el sentenciado en 1975, referido a la reforma del Código Penal relativa a la despenalización parcial del aborto.[158] El Tribunal consideró inconstitucional la disposición (artículo 218a del Código Penal) requiriendo del legislador establecer normas más precisas; consideró además que,

> "en el interés de la claridad del derecho (*Rechtsklareit*), parece adecuado, según el artículo 35 de la Ley del Tribunal Constitucional Federal, establecer una regulación provisional que debe ser aplicable hasta que las nuevas disposiciones entren en vigor. ser promulgada por el Legislador".

El resultado fue la inclusión en la decisión del Tribunal de una "legislación provisional" detallada sobre la materia, que era de aplicación inmediata y no fijaba ninguna fecha precisa para que el Legislador actuara.[159]

Quince años después, en 1992, se aprobó una nueva ley sobre ayuda a las mujeres embarazadas y a las familias, que fue impugnada por ser contrario al artículo 1 de la Constitución, que garantiza la dignidad humana. En 1993, el Tribunal Constitucional Federal emitió una nueva decisión en materia de aborto,[160] encontrando que gran parte de la reforma era contraria a la Constitución y erigiéndose, de manera extremadamente detallada, como "verdadero legislador" de todas las normas aplicables al aborto en el país. país.[161]

---

[157] Véanse las referencias a las opiniones de W. Abendroth, H.-P. Scheider y R. Lamprech trabajan en Christian Behrendt, *Le Judge Constitutionnel, un législateur-cadre positif. Un analyse comparative en droit francais, belge et allemande*, Bruylant, Bruselas 2006, p. 341 (notas a pie de página 309 y 310).

[158] BVerfG, sentencia de 25 de febrero de 1975, BVerfGE 39, 1, (68), en Christian Behrendt, *Le juez constitucional, un législateur-cadre positif. Un analyse comparative en droit francais, belge et allemande*, Bruylant, Bruselas 2006, pp. 342 ss.; I. Härtel, *Ponencia nacional Alemania*, p. 14.

[159] *Id.*

[160] BVerfG, sentencia del 28 de mayo de 1993 (*Schwangerrschaftsabbruch II*), 25 de febrero de 1975, BVerfGE 88, 203, en Christian Behrendt, *Le Judge Constitutionnel, un législateur-cadre positif. Un analyse comparative en droit francais, belge et allemande*, Bruylant, Bruselas 2006, pp. 346 ss..

[161] Véase el texto completo del reglamento en Christian Behrendt, *Le juez constitucional, un législateur-cadre positif. Un analyse comparative en droit francais, belge et allemande*, Bruylant, Bruselas 2006, pp. 348–351 ss..

Por supuesto, el Tribunal basó su decisión en el artículo 35 de la Ley, que ha sido considerado insuficiente para respaldar este tipo de legislación sustitutiva detallada.[162]

En Suiza, el Tribunal Federal también ha previsto normas para llenar el vacío causado por omisiones legislativas en materia de aplicación de los derechos constitucionales. Por ejemplo, en lo que respecta a los procedimientos sobre detención de extranjeros, el Tribunal concluyó que el sistema jurídico suizo no protegía suficientemente el derecho de los solicitantes de asilo a la protección de su libertad. Tras mencionar que el Legislador debía actuar de inmediato, resolvió que;

> "nada le impide establecer principios, por un período de transición hasta la entrada en vigor de la nueva regla de derecho, de modo que al menos ... el derecho a la libertad de conformidad con el artículo 5, apartado 1, de la CEDH estará garantizado de manera suficiente".[163]

En materia de expropiación, dado que la Ley respectiva se configuró conforme al clásico caso de privación forzosa de propiedad, no establecía las reglas sobre limitaciones a la propiedad que equivalen a una expropiación (cuasi expropiación), el Tribunal ha ha desarrollado las condiciones y modalidades de estas formas de expropiación.[164] Incluso en la actualidad, la jurisprudencia del Tribunal Supremo en estos ámbitos sigue desempeñando el papel de normas legislativas.[165]

En otros casos, también mencionados por Tobias Jaag, el Tribunal Supremo igualmente ha llenado el vacío producido por otras omisiones legislativas relativas. Por ejemplo, en desviación de la Ley de planificación y construcción del cantón de Zúrich, el Tribunal Supremo Federal autorizó una zona para edificios públicos fuera de la zona de construcción, para permitir la construcción de instalaciones deportivas. El Tribunal consideró que la norma legislativa era manifiestamente incompleta en la medida en que, contrariamente a su significado, no hacía distinciones que "según todas las razones. . . iban a ser diseñados".[166]

---

[162] Véanse las referencias en Christian Behrendt, *Le Judge Constitutionnel, un législateur-cadre positif. Un analyse comparative en droit francais, belge et allemande*, Bruylant, Bruselas 2006, p. 352.

[163] Véase BGE 123 II 193, 201 ss.; Tobias Jaag, *Ponencia nacional Suiza*, p. 1 (nota al pie 57).

[164] Véase BGE 91 I 329 ss. (expropiación sustantiva); BGE 94 I 286 ss. (apropiación de derechos de vecinos); Tobias Jaag, *Ponencia nacional Suiza*, p. 16 (nota al pie 89).

[165] Por ejemplo, una sentencia de 2008 sobre la compensación basada en el ruido de los aviones: BGE 134 II 49 ss. y 145 ss.; Tobias Jaag, *Ponencia nacional Suiza*, p. 16 (nota al pie 90).

[166] Véase BGE 108 Ia 295, 297; Tobias Jaag, *Ponencia nacional Suiza*, p. 17 (nota al pie 91).

Por otra parte, para la introducción del *numerus clausus* en las universidades, el Tribunal Federal, a falta de una norma legislativa, formuló requisitos estrictos.[167]

Y para las escuchas de telefonos en el marco de investigaciones penales, el Tribunal Supremo también desarrolló normas exigiendo que se notifique a las personas afectadas y estableciendo excepciones a este requisito.[168]

En India, y como consecuencia de decidir acciones directas para la protección de derechos fundamentales establecidas en el artículo 32 de la Constitución, la Corte Suprema ha asumido el papel de legislador provisional en asuntos relacionados con el arresto y detención policial. Surya Deva resumió el caso de la siguiente manera. En agosto de 1986, una organización no gubernamental (ONG) dirigió una carta al Presidente del Tribunal Supremo de la India llamando su atención sobre ciertas muertes denunciadas en calabozos y bajo custodia policial. La carta, junto con algunas otras cartas similares, fue tratada como una petición de auto conforme al artículo 32 de la Constitución, para lo cual la Corte Suprema envió avisos a todos los gobiernos estatales y a la Comisión Jurídica, solicitándoles que hicieran las sugerencias adecuadas. Después de hacer referencia a disposiciones constitucionales y legales y a convenios internacionales, el Tribunal Supremo, en el caso *DK Basu c. Estado de Bengala Occidental*,[169] emitió once requisitos, así:

> "Por lo tanto, consideramos pertinente dictar los siguientes requisitos a seguir en todos los casos de arresto o detención hasta que se disponga legalmente al respecto, como medidas preventivas:
>
> 1. El personal policial que lleve a cabo la detención y el interrogatorio del detenido deberá llevar etiquetas identificativas con indicaciones precisas, visibles y claras sobre sus designaciones. Los datos personales de todo el personal que se ocupa del interrogatorio del detenido deben constar en un registro.
>
> 2. Que el oficial de policía que lleve a cabo el arresto del detenido preparará un memorando de arresto en el momento del arresto y dicho memorando será atestiguado por un testigo, que puede ser un miembro de la familia del arrestado o una persona respetable. de la localidad desde donde se practica la detención. Estará refrendado por el detenido y contendrá la hora y fecha de la detención.

---

[167]   Véase BGE 121 I 22 ss.; Tobias Jaag, *Ponencia nacional Suiza*, p. 17 (nota al pie 92).

[168]   Véase BGE 109 Ia 273, 298 ss.; Tobias Jaag, *Ponencia nacional Suiza*, p. 17 (nota al pie 92).

[169]   Véase (1997) 1 SCC 416; Surya Deva, *Ponencia nacional de la India*, pp. 6–7.

3. La persona que haya sido arrestada o detenida. . . tendrá derecho a que se informe, tan pronto como sea posible, a un amigo, pariente u otra persona que conozca o que tenga interés en su bienestar, que ha sido arrestado y se encuentra detenido en el lugar determinado ..

4. La hora, el lugar del arresto y el lugar de custodia de un detenido deben ser notificados por la policía donde vive el próximo amigo o familiar del arrestado fuera del distrito o ciudad a través de la Organización de Asistencia Legal del distrito y la comisaría de policía. de la zona de que se trate, por vía telegráfica, en un plazo de 8 a 12 horas después de la detención.

5. La persona arrestada debe ser consciente de su derecho a que alguien informe de su arresto o detención tan pronto como sea arrestada o detenida...

8. El detenido deberá ser sometido a un reconocimiento médico realizado por un médico capacitado cada 48 horas durante su detención bajo custodia...

9. Copias de todos los documentos,,, deberán remitirse al Magistrado para su registro.

10. Se debe permitir al detenido reunirse con su abogado durante el interrogatorio, aunque no durante todo el interrogatorio."[170]

El Tribunal observó que todos los organismos gubernamentales deben cumplir estos requisitos, que se derivan de los artículos 21 y 22 de la Constitución, y que cualquier incumplimiento hará que el funcionario en cuestión sea responsable de una acción departamental, así como de desacato al tribunal. Aun cuando los requisitos aparentemente pretendían ser un acuerdo provisional, siguen siendo las principales normas aplicables para abordar los detalles del arresto y la detención.

Otra decisión importante en esta misma línea en materia de protección de los derechos humanos fue la adoptada en el caso *Vishaka v. Estado de Rajasthan*,[171] en materia de acoso sexual a mujeres en el lugar de trabajo. La Corte Suprema se pronunció sobre peticiones presentadas ante ella por activistas sociales y organizaciones no gubernamentales para hacer efectivos los derechos de las mujeres trabajadoras consagrados en los artículos 14, 19 y 21 de la Constitución (derecho a la igualdad, derecho a ejercer cualquier profesión u oficio, y el derecho a la vida y a la libertad, respectivamente).

---

[170]   *Id.*

[171]   Véase AIRE 1997 SC 3011; Surya Deva, *Ponencia nacional de la India*, p. 8 (nota al pie 49).

La Corte Suprema, aunque reconoció que la responsabilidad principal de proteger estos derechos de las trabajadoras recae en el Legislador y el Ejecutivo, en casos de acoso sexual que resultaron en la violación de los derechos fundamentales de las trabajadoras, concluyó que "una reparación efectiva requiere que deberían establecerse algunas directrices para la protección de estos derechos *a fin de llenar el vacío legislativo*" y, en consecuencia, no sólo estableció una definición detallada de acoso sexual, sino que también impuso al empleador u otras personas responsables en los lugares de trabajo u otras instituciones

> "el deber de prevenir o disuadir la comisión de actos de acoso sexual y proporcionar los procedimientos para la resolución, solución o enjuiciamiento de actos de acoso sexual, tomando todas las medidas necesarias."

El Tribunal también emitió directrices que cubren varios aspectos diferentes, incluida la adopción de medidas preventivas, el inicio de procedimientos penales conforme al derecho penal, la adopción de medidas disciplinarias, el establecimiento de un mecanismo de denuncia y la sensibilización sobre las directrices.

La Corte Suprema concluyó ordenando que:

> "las directrices y normas antes mencionadas se observarían estrictamente en todos los lugares de trabajo para la preservación y aplicación del derecho a la igualdad de género de las mujeres trabajadoras. Estas instrucciones serían vinculantes y ejecutables legalmente hasta que se promulgue la legislación adecuada que regule la materia".[172]

Incluso se ha extendido la aplicación de estas directrices y normas, hacia entidades no estatales, como empresas privadas.

En este tipo de sentencias de control de constitucionalidad, donde los tribunales constitucionales dictan normas provisionales interpretando la Constitución, es posible mencionar una decisión emitida por el Supremo Tribunal Federal de Brasil, a través de una *súmula vinculante* en la que el Tribunal, luego de adoptar algunas sentencias respecto de la prohibición del nepotismo en el Poder Judicial, concluyó considerando que para la implementación de tal prohibición, no era necesario sancionar una ley formal porque podía deducirse de los principios contenidos en el artículo 37 de la Constitución.

El Tribunal declaró que la práctica del nepotismo (es decir, el nombramiento de cónyuge, pareja o padre del director o jefe ejecutivo) en

---

[172] *Id.*, p. 9.

cualquiera de los poderes del gobierno de la Unión, los Estados, el Distrito federal y los Municipios, viola la Constitución.[173]

Otro caso importante para el Tribunal Supremo Federal de Brasil fue la decisión adoptada al analizar la constitucionalidad de la demarcación de tierras de los pueblos indígenas en la zona de *Raposa Serra do Sol*, en el estado de Roraima. Luego de muchas discusiones y conflictos políticos, el Tribunal decidió sostener la constitucionalidad de la demarcación realizada por la Unión Federal, pero determinó para la demarcación de tierras de los pueblos indígenas, un conjunto detallado de reglas que establecen las condiciones a cumplir siempre en toda demarcación futura; proceso éste que dio lugar a una decisión con efectos *erga omnes*.[174]

En Venezuela es posible encontrar casos en los cuales la Sala Constitucional del Tribunal Supremo de Justicia, en ausencia de las leyes correspondientes, ha emitido sentencias que contienen legislación. En sentencia No. 1682 del 15 de agosto de 2005, respondiendo a un recurso de interpretación del artículo 77 de la Constitución, la Sala Constitucional, en ejercicio de su "jurisdicción normativa," estableció que las relaciones estables *de hecho* entre hombres y mujeres tienen los mismos efectos que el matrimonio. La Sala Constitucional estableció que la sentencia se aplica a todo el régimen jurídico de dichas relaciones estables *de hecho,* y determinó los efectos civiles del matrimonio que les son aplicables, incluyendo la materia de pensiones, uso del nombre de la pareja, régimen económico y derechos sucesorios, sustituyendo completamente al Legislador.[175]

En otro caso, la Sala Constitucional también ha legislado, esta vez *de oficio*, y en decisión dictada en un proceso de amparo respecto del proceso de fertilización *in vitro*. En efecto, mediante sentencia No. 1456 de 27 de julio de 2006, la Sala también ejerció su jurisdicción normativa para determinar *de oficio* las disposiciones legislativas en la materia, incluyendo normas sobre paternidad, reproducción asistida, fecundación no consentida, donación retributiva, madres subrogadas y normas sobre sucesión.[176]

---

[173] Véase *Súmula Vinculante* n° 13, STF, *DJ* 1°.set.2006, ADC 12 MC/DF, Rel. Mín. Carlos Britto; Luis Roberto Barroso et al., "Notas sobre a questão do legislador positivo", *Ponencia nacional de Brasil III,* pp. 33–37.

[174] Véase STF, *DJ* 25.set.2009, Pet 3388/RR, Rel. Mín. Carlos Britto; Luis Roberto Barroso et al., "Notas sobre a questão do Legislador Positivo", *Ponencia nacional Brasil III,* pp. 43–46.

[175] Véase Sentencia 1682 del 15 de julio de 2005, *Carmela Manpieri,* Caso *Interpretación del artículo 77 de la Constitución;* en http://www.tsj.gov.ve/sentencias/scon/Julio/1682-150705-04-3301.htm . Véase también Daniela Urosa Maggi, *Ponencia nacional de Venezuela,* p. 19.

[176] Ver Sentencia n° 1456 de 27 de julio de 2006, caso *Yamilex Núñez de Godoy; en* http://www.tsj.gov.ve/sentencias/scon/Julio/1456-270706-05-1471.htm . Véase también Daniela Uro-

En este caso, la Sala no sólo actuó como legislador positivo al establecer todas las disposiciones aplicables en caso de fertilización *in vitro* o reproducción asistida, sino que también ordenó la aplicación de las nuevas normas al caso particular de que se trataba la decisión, dándole así efectos retroactivos. a las disposiciones legislativas que creó, en violación del artículo 24 de la Constitución, que prohíbe la retroactividad de las leyes.

En todos estos casos de medios judiciales establecidos o desarrollados para controlar las omisiones legislativas, siempre es importante tener presente la advertencia del Juezo Cardozo sobre este problema:

> "La inacción legislativa – o la incapacidad de los grupos para ganar los votos necesarios para aprobar la legislación deseada – puede dar lugar a intentos de que el poder judicial logre mediante el control de constitucionalidad lo que el legislativo se ha negado a hacer".[177]

---

sa Maggi, *Ponencia nacional de Venezuela*, pp. 19-20.

[177] Véase Christopher Wolfe, *El auge de la revisión judicial moderna. De la interpretación constitucional a la ley dictada por jueces*, Basic Books, Nueva York 1986, p. 238; *La transformación de la interpretación constitucional*, Civitas, Madrid 1991, p. 325.

CAPÍTULO 5

LOS TRIBUNALES CONSTITUCIONALES COMO LEGISLADORES EN MATERIA DE CONTROL DE CONSTITUCIONALIDAD

Un aspecto particular en el cual es posible identificar interferencias de los tribunales constitucionales en la función legislativa es precisamente en materia de legislación sobre control de constitucionalidad, particularmente en países con sistemas concentrados de control de constitucionalidad, en los que no sólo los tribunales constitucionales han creado reglas de procedimiento en a pesar de la existencia de una ley especial que los establece, pero también han asumido nuevas facultades de control de constitucionalidad y creado nuevas acciones que pueden interponerse ante los tribunales.

I. LOS TRIBUNALES CONSTITUCIONALES CREANDO SUS PROPIOS PODERES DE CONTROL DE CONSTITUCIONALIDAD

1. LA RÉGIMEN JUDICIAL SOBRE EL SISTEMA DIFUSO DE CONTROL DE CONSTITUCIONALIDAD

En el sistema difuso o descentralizado de control de constitucionalidad, al ser una facultad atribuida a todos los tribunales, el control de constitucionalidad siempre se ha deducido del principio de la supremacía de la Constitución y del deber de los tribunales de descartar las leyes contrarias a la Constitución, prefiriendo siempre las disposiciones de esta última. En consecuencia, ese poder de los tribunales no necesita de una disposición expresa en la Constitución que ordene a los tribunales dar preferencia a la Constitución.

Como lo indicó en forma definitiva el Juez Marshall, de la Suprema Corte de los Estados Unidos en el conocido caso *Marbury* v. *Madison* (1 Cranch 137 (1803)):

> "Quienes aplican la regla a casos particulares, deben necesariamente exponer e interpretar esa regla ... así, si una ley es contraria a la Constitución... la corte debe determinar cuál de estas reglas en conflicto rige el caso. Ésta es la esencia misma del deber

195

judicial. Entonces, si los tribunales deben considerar la Constitución, y la Constitución es superior a cualquier acto ordinario de la Legislatura, la Constitución, y no ese acto ordinario, debe regir el caso al cual ambos se aplican."

En consecuencia, debido a este vínculo esencial entre la supremacía de la Constitución y el control de constitucionalidad, en los Estados Unidos la *judicial review* fue una creación de los tribunales; como igualmente fue el caso unas décadas después en Noruega (1820);[1] en Grecia (1897);[2] y en Argentina, donde el control de constitucionalidad fue también una creación de la respectiva Corte Suprema de Justicia, basada en los principios de supremacía de la Constitución y en el deber judicial en la aplicación de la ley.

En Argentina, el primer caso en el cual se ejerció control de constitucionalidad sobre una ley federal fue el caso *Sojo* (1887), relativo a la inconstitucionalidad de una ley que pretendía ampliar la competencia original de la Corte Suprema,[3] en forma similar al caso *Marbury v. Madison*, y a partir de entonces, la misma también ha desarrollado en la jurisprudencia los contornos de sus poderes de control de constitucionalidad, incluidos los efectos vinculantes –lo que se ha llamado un efecto *"stare decisis argentino"*[4] – y, en algunos casos de protección de derechos colectivos, efectos *erga omnes*.[5]

2.   La ampliación de los poderes de control de constitucionalidad para garantizar la protección de los derechos fundamentales

Y en efecto, lo más importante, particularmente en lo que respecta a la protección de los derechos y libertades fundamentales, es que los tribunales constitucionales de muchos países latinoamericanos, en su carácter de intérpretes supremos de la Constitución, ante la falta de legislación, incluso crearon la acción de amparo como un medio judicial especial para la protección de los derechos fundamentales.

---

[1]   Véase Eivind Smith, *Ponencia nacional de Noruega*, p. 1.

[2]   Véase Julia Iliopoulos-Strangas y Stylianos-Ioannis G. Koutnatzis, *Ponencia nacional Grecia*, p. 2.

[3]   Véase H. Quiroga Lavié, *Derecho constitucional*, Buenos Aires 1978, p. 481. Antes de 1863, las primeras sentencias del Tribunal Supremo se adoptaban en cuestiones constitucionales, pero se referían a leyes provinciales y ejecutivas.

[4]   Véase Néstor P. Sagües, "Los efectos de las sentencias constitucionales en el derecho argentino", en *Anuario Iberoamericano de Justicia Constitucional*, Centro de Estudios Políticos y Constitucionales, n° 12, 2008, Madrid 2008, p. 347.

[5]   Véase caso *Halabi*, Fallos 332: (2009); Alejandra Rodríguez Galán y Alfredo Mauricio Vítolo, *Ponencia nacional Argentina I*, p. 12.

Este fue también el caso en Argentina, donde, en la década de 1950, los derechos constitucionales distintos a la libertad física y personal protegida por la acción *de hábeas corpus*, solo estaban protegidos mediante medios judiciales ordinarios, encontrando los tribunales que el *hábeas corpus* no podía utilizarse para tal propósito. Por eso, por ejemplo, en 1933, la Corte Suprema de la Nación en el caso *Bertotto*,[6] había rechazado la aplicación del procedimiento de *hábeas corpus* para obtener protección judicial de otros derechos constitucionales.

Esta situación cambió radicalmente en 1957 a raíz de la decisión del caso Ángel Siri, en el cual el peticionario había solicitado amparo para la protección de su libertad de prensa y su derecho al trabajo (debido al cierre del periódico *Mercedes*, que dirigía en la provincia de Buenos Aires). Este caso finalmente llevó a la Corte Suprema, en decisión del 27 de diciembre de 1957, a admitir la acción de amparo, porque consideró que los tribunales debían proteger todos los derechos constitucionales, incluso en ausencia de una regulación legal sobre tal acción.[7]

A esta importante decisión le siguió otra, en el caso *Samuel Kot*, del 5 de octubre de 1958, donde la Corte Suprema amplió el alcance del proceso de amparo para incluir la protección de los derechos constitucionales contra los individuos, no sólo contra las autoridades.[8]

Y así, luego de su creación jurisprudencial, la acción de amparo fue regulada en una ley federal en 1958, y fue incorporada en la Constitución en la reforma constitucional de 1994 (artículo 43). Sin embargo, antes de que se produjera la reforma constitucional reconociendo la existencia de derechos colectivos, como son los derechos a un medio ambiente limpio y los derechos de los consumidores, la Corte Suprema en los casos *Verbitsky* (2005) y *Halabi* (2009) introdujo otra reforma

---

[6]   Véanse las referencias al caso *Bertotto* en Joaquín Brage Camazano, *La jurisdicción constitucional de la libertad (Teoría general, Argentina, México, Corte Interamericana de Derechos Humanos)*, Editorial Porrúa, Instituto Mexicano de Derecho Procesal Constitucional, Ciudad de México 2005, p. 66.

[7]   Véase la referencia al caso *Siri* en José Luis Lazzarini, *El juicio de amparo*, La Ley, Buenos Aires, 1987, pp. 26 ss., 373 ss.; Alí Joaquín Salgado, *Juicio de amparo y acción de inconstitucionalidad*, Ed. Astrea, Buenos Aires, 1987, p. 5; Néstor Pedro Sagües, *Derecho procesal constitucional: Acción de amparo*, vol. 3, 2ª ed., Editorial Astrea, Buenos Aires, 1988, pp. 9 ss. Véase también Alejandra Rodríguez Galán y Alfredo Mauricio Vítolo, *Ponencia nacional Argentina I*, p. 7; Néstor Pedro Sagües, *Ponencia nacional Argentina II*, pp. 13–14.

[8]   Véanse las referencias a *Samuel Kot* Ltd. Caso de 5 de septiembre de 1958, en SV Linares Quintana, *Acción de amparo*, Buenos Aires, 1960, f. 25; José Luis Lazzarini, *El juicio de amparo*, La Ley, Buenos Aires, 1987, pp. 243 ss.; Alí Joaquín Salgado, *Juicio de amparo y acción de inconstitucionalidad*, Ed. Astrea, Buenos Aires, 1987, p. 6.; Susana Albanese, *Garantías judiciales: Algunos requisitos del debido proceso legal en el derecho internacional de los derechos humanos*, Ediar SA Editora, Comercial, Industrial y Financiera, Buenos Aires, 2000; Augusto M. Morillo et al., *El amparo: Régimen procesal*, 3ª ed., Librería Editora Platense SRL, La Plata 1998, 430 p.; Néstor Pedro Sagües, *Derecho procesal constitucional*, vol. 3, *Acción de amparo*, 2ª ed., Editorial Astrea, Buenos Aires, 1988.

importante al procedimiento de *hábeas corpus* y amparo al reconocer tanto la protección colectiva como las acciones colectivas.[9] En particular, para las demandas colectivas, la Corte Suprema desarrolló las principales relativas aplicables a las nuevas demandas colectivas, precisando cómo deben actuar los tribunales ante el silencio legislativo en la materia, y definiendo el carácter de las acciones, las condiciones de legitimación y los requisitos de representación.[10]

En la India, el recurso más importante utilizado para el control de constitucionalidad es el establecido en los artículos 32 y 226 de la Constitución para hacer efectivos los derechos fundamentales, en los que se establece que la Corte Suprema tendrá la facultad, para tal fin, de dictar directivas u órdenes o *writs*, incluidos los mandamientos de la naturaleza del *habeas corpus*, del *mandamus*, *de prohibition*, *quo warranto* y *certiorari*, según corresponda.

El Tribunal ha interpretado ampliamente esta disposición correctiva para liberalizar los requisitos de legitimación activa,[11] permitiendo así que los tribunales consideren las v solicitudes (incluso en forma de peticiones de control de constitucionalidad) de una población más amplia y, en ocasiones, incluso, de organizaciones de la sociedad civil, que han acudido ante el Tribunal solicitando la observancia de derechos colectivos o difusos. Esto ha dado lugar a lo que en India se ha llamado "litigios de interés público" (*public interest litigation PIL*), que han llevado a la Corte a desarrollar una interpretación expansiva de los derechos fundamentales y de las cuestiones relacionadas con ellos; llevado en consecuencia a los tribunales a actuar como legisladores.[12]

En 1999, en la República Dominicana, que entonces era el único país latinoamericano sin una disposición constitucional expresa que regulara la acción de amparo, esa situación no impidió que la Corte Suprema de Justicia aceptara conocer de la misma aplicando, para tal efecto, la Convención Americana de Derechos Humanos. Así ocurrió en sentencia del 24 de febrero de 1999, en el caso *Productos Avon SA*, en el cual la Corte Suprema, con fundamento en la Convención Americana, admitió el recurso de amparo para la protección de derechos constitucionales, asignó la facultad de decidir en materia de amparo a

---

9.   Véase caso *Verbitsky*, Fallos 328:1146 (2005); y el caso *Halabi*, Fallos 332:(2009); Alejandra Rodríguez Galán y Alfredo Mauricio Vítolo, *Ponencia nacional Argentina I*, p. 9.

10.   Véase Néstor Pedro Sagües, *Ponencia nacional Argentina II*, pp. 14-19.

11.   Véase *SP Gupta contra Unión de la India* AIR 1982 SC 149; *PUDR contra Unión de la India* AIR 1982 SC 1473; *Bandhua Mukti Morcha contra la Unión de la India* (1984) 3 SCC 161; Surya Deva, *Ponencia nacional de la India*, p. 2.

12.   Véase Surya Deva, *Ponencia nacional de la India*, pp. 2, 4-5.

los tribunales de primera instancia,[13] y estableció las reglas procesales generales del procedimiento aplicable. Posteriormente, la acción de amparo fue regulada en una ley (2006), y fue incorporada en la Constitución en la reforma constitucional de 2009 (artículo 72).

En estos casos, el principio de la prevalencia de los derechos humanos declarados en la Constitución llevó a las Cortes Supremas a crear este medio judicial específico de protección (acción de amparo, acción de tutela, acción de protección), que se encuentra extendido en toda América Latina.[14]

Regulado el amparo en las Constituciones y leyes, ello ha permitido también a los tribunales, a interpretar las facultades de control de constitucionalidad que las mismas les atribuyen, y adaptar su implementación o ampliar su alcance, como ocurrió en Brasil con el *mandado de injunçào*, para controlar efectivamente las omisiones relativas del Legislador. En Brasil, esto se puede encontrar en un caso destacado que decidió sobre la aplicación a los funcionarios públicos de las disposiciones legales sobre la huelga que estaban destinadas al regularlas en el sector privado.[15] Esto ha llevado a Luís Roberto Barroso a decir que, debido a este cambio en su jurisprudencia, el Supremo Tribunal Federal, con autorización constitucional, "ha dado un paso, un largo paso, en el sentido de actuar como legislador positivo".[16]

En la República Eslovaca, la demanda constitucional para la protección de los derechos fundamentales, dado el retraso establecido para la entrada en vigencia de la enmienda constitucional del artículo 127 que la establece (31 de diciembre de 2001), fue "creada" por el Tribunal a pesar de la anteriores medios de protección habían sido derogados a partir del 1 de julio de 2001. Como han resumido Ján Svák y Lucia Berdisová, entre el 1 de julio de 2001 y hasta el 31 de diciembre de 2001, no existió un medio judicial nacional mediante el cual las personas físicas o jurídicas pudieran haber alegado ante el Tribunal Constitucional, la vulneración de sus derechos y libertades fundamentales, razón por la cual el Tribunal Constitucional llenó este vacío de protección mediante una interpretación amplia del artículo 124 de la Constitución, que establece que "el Tribunal Constitucional será una

---

[13]   Véase Samuel Arias Arzeno, "El amparo en la República Dominicana: Su evolución jurisprudencial ", en *Revista Estudios Jurídicos*, vol. XI, n° 3, Ediciones Capeldom, 2002.

[14]   Véase Allan R. Brewer-Carías, *Protección constitucional de los derechos humanos en América Latina: un estudio comparativo sobre el procedimiento de amparo*, Cambridge University Press, Nueva York 2009, p. 68.

[15]   Véase STF, DJ 31.out.2008, MI 708/DF, Rel. Mín. Gilmar Mendes; Luis Roberto Barroso et al., "Notas sobre a questão do legislador positivo", *Ponencia nacional de Brasil III*, pp. 28–33.

[16]   Véase Luis Roberto Barroso et al., "Notas sobre a questão do Legislador Positivo", *Ponencia nacional Brasil III*, p. 33.

autoridad judicial independiente dotada del mandato de proteger la constitucionalidad." El Tribunal dedujo de este artículo que sí tenía competencia para conocer de recursos individuales presentados por personas naturales y jurídicas que alegaran violación de sus derechos constitucionales (cualquiera que fuera su denominación –petición o denuncia–) incluso en el plazo desde el 1 de julio de 2001 hasta el 31 de diciembre de 2001.[17] El Tribunal Constitucional argumentó así:

> "El Tribunal Constitucional conforme al art. 124 de la Constitución, es la autoridad judicial de tutela de la constitucionalidad. Este artículo asigna la competencia del Tribunal Constitucional para proteger principalmente los derechos y libertades fundamentales garantizados por la Constitución. El Tribunal Constitucional debe dejarse llevar por este imperativo incluso después de la anulación de los apartados sobre petición (desde el 1 de julio de 2001) hasta la entrada en vigor del art. 127 de la Constitución (1 de enero de 2002), por lo que tiene el derecho y la obligación de brindar protección individual de los derechos y libertades fundamentales, mientras los tribunales también se basan en el art. 1 de la Constitución, que establece que la República Eslovaca es un Estado de derecho. Es por ello que los derechos y libertades fundamentales no pueden ser privados, ni siquiera temporalmente, de la protección judicial según el art. 124 de la Constitución en conexión con otros artículos que garantizan derechos y libertades fundamentales."[18]

El Tribunal Constitucional actuó, así, como si el recurso de petición hubiera sido derogado no desde el 1 de julio de 2001, sino desde el 1 de enero de 2002.

En Venezuela, la Sala Constitucional, en sentencia No. 656 del 30 de junio de 2000, admitió la acción de amparo directo para la protección de derechos e intereses difusos y colectivos establecidos en la Constitución[19] y mediante sentencia No. 1395 de 21 de noviembre de 2000, estableció las condiciones de

---

[17] Ver Ján Svák y Lucía Berdisová, *Ponencia nacional Eslovaquia,* p. 9.

[18] Sentencia del Tribunal Constitucional n° III. US 117/01. El Tribunal justifica igualmente su sentencia en III. ÚS 124/01: En el período comprendido entre el 1 de julio de 2001 y el 31 de diciembre de 2001, la competencia del Tribunal Constitucional se fundó en el art. 124 en relación con el art. 1 de la Constitución y fue así "con el fin de brindar protección de la constitucionalidad, incluida la protección de los derechos y libertades fundamentales garantizados de las personas físicas y jurídicas. " Véase también II. US 80/01, III. US 100/01, III. US 116/01; Ján Svák y Lucía Berdisová, *Ponencia nacional Eslovaquia,* p. 9 (nota al pie 14).

[19] Ver Sentencia n° 656 del 30 de junio de 2000, caso *Dilia Parra Guillén (Defensora del Pueblo),* en http://www.tsj.gov.ve/sentencias/scon/Junio/656-300600-00-1728%20.htm . Véase también Daniela Urosa Maggi, *Ponencia nacional de Venezuela,* p. 11.

legitimación para la interposición de la acción.[20] Un año después, mediante sentencia No. 1571 de 22 de agosto de 2001, se pronunció sobre las reglas de procedimiento aplicables en tales casos.[21]

3. La necesidad de una disposición expresa en la Constitución sobre la competencia de la Jurisdicción Constitucional en materia de control de constitucionalidad y su desviación

Ahora bien, en los sistemas concentrados de control de constitucionalidad en los cuales tal poder se asigna a una Jurisdicción Constitucional, la idea de la supremacía de la Constitución y el deber de los tribunales de decir qué ley es aplicable en un caso particular,[22] tiene una limitación, y es que el poder de juzgar la inconstitucionalidad de actos legislativos y otros actos estatales de rango o valor similar, está reservado a una Corte Suprema de Justicia o a una Corte, Consejo o Tribunal Constitucional.

En consecuencia, en los sistemas concentrados de control de constitucionalidad, todos los tribunales tienen el poder únicamente de actuar como jueces constitucionales y de decidir sobre la constitucionalidad de otras normas aplicables al caso, respecto de actos distintos de las leyes o actos dictados en ejecución directa de la Constitución.[23]

Por tanto, en dichos sistemas concentrados de control de constitucionalidad, basados también en la supremacía de la Constitución, al esta reservar a una Jurisdicción Constitucional las funciones de justicia constitucional respecto de determinados actos estatales, las mismas obviamente no puede desarrollarse por deducción a través del trabajo de las sentencias del tribunal supremo, como ocurrió en muchos casos. países con un sistema difuso de control de constitucionalidad.

---

[20] Véase Sentencia nº 1395 del 21 de noviembre de 2000, Caso *William Dávila*, *Revista de Derecho Público*, nº 84, Editorial Jurídica Venezolana, Caracas, 2000, pp. 330 ss.; Daniela Urosa Maggi, *Ponencia nacional de Venezuela*, p. 12.

[21] Ver Sentencia nº 1571 del 22 de agosto de 2001, caso *Asodeviprilara; en* http://www.tsj.gov.ve/sentencias/scon/Agosto/1571-220801-01-1274%20.htm ; Daniela Urosa Maggi, *Ponencia nacional de Venezuela*, p. 12.

[22] Véase WK Geck, "Judicial Review of Statutes: A Comparative Survey of Present Institutions and Practices", en *Cornell Law Quarterly*, 51, 1966, p. 278.

[23] Véase Manuel García Pelayo, "El ' Status ' del Tribunal Constitucional", *Revista Española de Derecho Constitucional*, 1, Madrid 1981, p. 19; Eduardo García de Enterría, *La Constitución como norma y el Tribunal Constitucional*, Madrid 1981, p. 65. En particular, en los sistemas concentrados, los tribunales o tribunales facultados con funciones de justicia administrativa siempre pueden actuar como jueces constitucionales respecto de los actos administrativos. Véase C. Frank, *Les fonctions juridictionnelles du Conseil d'Etat dans l'ordre constitutionnel*, París 1974.

Por el contrario, por supuesto, debido a los límites que el sistema impone al deber y facultad de todo juez de decir qué ley es aplicable en los casos que debe decidir, sólo cuando está prescrito *expressis verbis* a través de normas constitucionales es posible establecer el sistema concentrado de control de constitucionalidad. La Constitución, como ley suprema del país, es el único texto que puede establecer límites a la facultad y al deber general de todos los tribunales de decir cuál es la ley aplicable en un caso particular y de asignar esa facultad y deber, en ciertos casos, respecto de determinados actos estatales a un órgano constitucional específico, ya sea la Corte Suprema de Justicia o una Corte, Consejo o Tribunal Constitucional.

La consecuencia de lo anterior es el principio de que en el sistema concentrado de control de constitucionalidad, los poderes de control de la Jurisdicción Constitucional deben estar establecidos y regulados expresamente en la Constitución,[24] ya que los tribunales constitucionales son siempre órganos constitucionales, es decir, órganos del Estado expresamente creados y regulados en la Constitución, ya sea la Corte Suprema de Justicia de un determinado país o un Tribunal, Corte o Consejo Constitucional especialmente creado.

De este carácter expreso del sistema concentrado de control de constitucionalidad resulta que, en principio, por una parte, sólo la Constitución puede determinar las facultades de control de constitucionalidad de los Tribunales constitucionales, no pudiendo crearse, sin respaldo constitucional, otros y diferentes medios de control de constitucionalidad; y por otra parte, sólo la legislación emitida por el Legislador puede desarrollar las reglas de procedimiento y la forma conforme a las cuales los tribunales constitucionales pueden ejercer sus poderes de control de constitucionalidad.

Sin embargo, la práctica en muchos países ha sido diferente, y se constata que los tribunales constitucionales a veces han adaptado sus propios poderes de control de constitucionalidad y otras veces los han creado.

Como antes se mencionó, una de las principales características del sistema de control concentrado de la constitucionalidad es que el Tribunal constitucional (como Jurisdicción Constitucional) ejerce exclusivamente las atribuciones constitucionales en materias de control de constitucionalidad de la legislación; facultad que sólo puede otorgarse a órganos constitucionales específicos mediante una disposición expresa constitucional. En consecuencia, contrariamente al método difuso de control de constitucionalidad, los poderes concentrados de

---

[24]   Véase Allan R. Brewer-Carías, *Judicial Review in Comparative Law*, Cambridge University Press, Cambridge 1989, pp. 185 ss.; Jorge Carpizo, *El Tribunal Constitucional y sus límites*, Grijley Ed., Lima 2009, p. 41.

control de constitucionalidad de los tribunales constitucionales no pueden ser creados por los propios tribunales, es decir, no pueden ser producto de su elaboración jurisprudencial.

Es por ello que en todos los ordenamientos constitucionales donde se ha establecido un sistema concentrado de control de constitucionalidad, es la Constitución la que crea o regula la competencia constitucional atribuyendo a un tribunal constitucional específico la facultad de control de constitucionalidad de la legislación; no pudiendo los tribunales crear nuevos poderes de control de constitucionalidad que no les atribuye la Constitución.

Ello no ha impedido, sin embargo que los tribunales constitucionales, en algunos casos, hayan ampliado o adaptado sus poderes constitucionales. Por ejemplo, como se ha analizado, han creado la técnica de ejercer control de constitucionalidad declarando leyes inconstitucionales, pero sin anularlas, así como la técnica de extender la aplicación de la ley inconstitucional por un período de tiempo, y emitir directivas destinadas al Legislador para que legisle en armonía o en conformidad con el Constitución.

Esta última técnica se desarrolló en Alemania, como señala I. Härtel, "sin autorización legal, de hecho *contra legem*, ya que el BVerfG había asumido hasta 1970 la conexión convincente entre la inconstitucionalidad y la invalidez de una norma".[25] En la reforma a la Ley del Tribunal Constitucional Federal sancionada en 1970, el Legislador reconoció oficialmente la creación jurisprudencial del TRibunal (artículos 31, 79), permitiendole declarar inconstitucional una disposición sin anularla, cuestión que sin embargo, aún se discute.[26]

Por eso –refiriéndose a la decisión del Tribunal Constitucional Federal en el caso del impuesto a la herencia,[27] donde el Tribunal declaró inconstitucional el impuesto a las transferencias de capital y fijó como plazo el 31 de diciembre de 2008 para que el Legislador restableciera una condición jurídica de conformidad con la Constitución – Härtel también señaló: "Por lo tanto, el BVerfG, como una especie de 'legisla-

---

[25]   Véase I. Härtel, *Ponencia nacional Alemania*, p. 8; Francisco Fernández Segado, "Algunas reflexiones generales en torno a los efectos de las sentencias de inconstitucionalidad ya la relatividad de ciertas fórmulas esterotipadas vinculadas a ellas", en *Anuario Iberoamericano de Justicia Constitucional*, Centro de Estudios Políticos y Constitucionales, n° 12, 2008, Madrid 2008, p. 162.

[26]   Véase Christian Behrendt, *Le juez constitucional, un législateur-cadre positif. Un análisis comparativo en droit francais, belge et allemande*, Bruylant, Bruselas 2006, pp. 93, 94; F. Fernández Segado, *Ponencia nacional de España*, p. 6.

[27]   BVerfG, auto judicial del 7 de noviembre de 2006, número de referencia: 1 BvL 10/02. Véase I. Härtel, *Ponencia nacional Alemania*, p. 8.

dor de emergencia', creó una condición similar a la ley; ha 'inventado' un nuevo tipo de decisión".[28]

Lo mismo puede decirse respecto de las facultades que ha asumido el Tribunal Constitucional Federal, por ejemplo, de dictar normas legislativas provisionales y medidas con legislación sustitutiva como consecuencia de la declaratoria de inconstitucionalidad de determinadas disposiciones legales. El Tribunal Constitucional en estos casos, a través de la ley creada jurisprudencialmente, ha asumido un papel que corresponde principalmente al Legislador.[29]

En España, el mismo proceso de creación jurisprudencial ha sido desarrollado por el Tribunal Constitucional, al poder declarar inconstitucionales determinadas disposiciones, sin anularlas, a pesar de una disposición en contrario en la Ley Orgánica del Tribunal Constitucional, que dice que "Cuando la decisión declare la inconstitucionalidad, declarará también la nulidad de las disposiciones impugnadas" (artículo 39.1). El Tribunal Constitucional de España también intentó legitimar esta técnica procesal *contra legem* en el proyecto de reforma de su Ley Orgánica de 2005, que tal como estaba redactado, no fue sancionada.[30]

Pero en otros casos, los Tribunales constitucionales también han creado sus propios poderes de control de constitucionalidad no establecidos en la Constitución.

Como se mencionó anteriormente, en los sistemas concentrados de control de constitucionalidad, los tribunales constitucionales como Jurisdicción Constitucional no pueden existir y no pueden ejercer sus funciones de control de constitucionalidad de la legislación sin una disposición constitucional expresa que las establezca. Es decir, por principio, en los regímenes democráticos regidos por el Estado de derecho y el principio de separación de poderes, todos los poderes de los tribunales constitucionales deben estar expresamente previstos en la Constitución o en la ley prescrita en la misma. Por lo tanto, dentro del sistema concentrado de control de constitucionalidad, no es posible que el tribunal constitucional cree sus propios poderes de control de constitucionalidad o amplíe los establecidos en la Constitución.[31]

Los tribunales constitucionales son una excepción respecto de la facultad general de los tribunales de aplicar y garantizar la supremacía

---

[28]   Véase I. Härtel, citando a Steiner, *ZEV* 2007, 120 (121) y Schlaich/Korioth, *Das Bundesverfassungsgericht*, 7ª ᵉᵈ. 2007, margen número 395, *Ponencia nacional Alemania*, p. 9.

[29]   Véase Christian Behrendt, *Le juez constitucional, un législateur-cadre positif. Un análisis comparativo en droit francais, belge et allemande*, Bruylant, Bruselas 2006, p. 354.

[30]   Véase F. Fernández Segado, *Ponencia nacional de España*, pp. 6, 11.

[31]   Véase, por ejemplo, Francisco Eguiguren y Liliana Salomé, *Ponencia nacional Perú I*, p. 17; Sanja Barić y Petar Bačić, *Ponencia nacional Croacia*, p. 3.

de la Constitución, siendo el Poder Constituyente el que, para preservar la Constitución, puede excluir o restringir de esa tarea a los tribunales ordinarios. Siendo entonces una excepción, y por la asignación a un tribunal constitucional del monopolio de la Jurisdicción Constitucional, éste debe estar expresamente creado en la Constitución con facultades también expresamente establecidas en la misma.

Sin embargo, en algunos países es posible encontrar una deformación de este principio, como ha sido el caso en Venezuela,[32] donde la Sala Constitucional del Tribunal Supremo de Justicia, a pesar de las facultades enumeradas en el artículo 336 de la Constitución, ha creado nuevas facultades de control de constitucionalidad. no previstas en la Constitución.

En particular, sin ningún sustento constitucional o legal, la Sala Constitucional del Tribunal Supremo creó en el año 2000 un recurso de interpretación abstracta de la Constitución, basado en la interpretación de su artículo 335, que otorga al Tribunal Supremo el carácter de "máximo y último intérprete de la Constitución".[33]

Si bien en el texto de la Constitución, el único recurso de interpretación establecido es el recurso de interpretación de las leyes que puede interponerse ante las distintas Salas del Tribunal Supremo, y sólo en los casos expresamente previstos en cada ley (artículo 266.6), la Sala Constitucional creó este recurso de interpretación abstracta de la Constitución, disponiendo como única condición de legitimación que el peticionario invoque un interés real, legítimo y jurídico en la interpretación que se requiera respecto de su situación particular y específica.

Para tal efecto, la Sala Constitucional ha sostenido que la petición debe señalar siempre "la oscuridad, la ambigüedad o contradicción entre disposiciones constitucionales", y las sentencias de la Sala tienen efectos

---

[32]   Véase Allan R. Brewer-Carías, "La ilegítima mutación de la constitución por el juez constitucional: La inconstitucional ampliación y modificación de su propia competencia en materia de control de constitucionalidad", en *Libro Homenaje a Josefina Calcaño de Temeltas*, Fundación de Estudios de Derecho Administrativo (FUNEDA), Caracas 2009, pp. 319–362.

[33]   El recurso fue creado mediante Sentencia n° 1077 del 22 de septiembre de 2000, caso *Servio Tulio León* ; *Revista de Derecho Público*, n° 83, Editorial Jurídica Venezolana, Caracas 2000, pp. 247 ss. Las reglas procesales relativas al recurso fueron establecidas en sentencia de la misma Sala Constitucional, n° 1415 del 22 de noviembre de 2000, caso *Freddy Rangel Rojas* . Véanse los comentarios a estas sentencias en Allan R. Brewer-Carías, "*Quis Custodiet Ipsos Custodes* : De la interpretación constitucional a la inconstitucionalidad de la interpretación", en *VIII Congreso Nacional de derecho Constitucional, Perú*, Fondo Editorial 2005, Colegio de Abogados de Arequipa, Arequipa, septiembre de 2005, pp. 463–489; *Revista de Derecho Público*, n° 105, Editorial Jurídica Venezolana, Caracas 2006, pp. 7–27; Allan R. Brewer-Carías, "Le recours d'interprétation abstrait de la Constitution au Vénézuéla", en *Renouvau du droit constitutionnel: Mélanges en l'honneur de Louis Favoreu*, Dalloz, París 2007, pp. 61–70.

erga omnes y *ex nunc*.[34] Este tipo de recurso que busca la interpretación abstracta de la Constitución otorga a la Sala Constitucional la posibilidad, cuando lo indica expresamente, de poder emitir interpretaciones vinculantes de normas o principios constitucionales, que no necesariamente están relacionados con un caso o controversia específica, lo que en términos generales se considera una función fuera del ámbito de los Tribunales constitucionales .

Para crear este recurso de interpretación, la Sala basó su decisión en el artículo 26 de la Constitución, que establece el derecho de todos a tener acceso a la justicia, considerando por tanto que "los ciudadanos no requieren de una disposición legal que establezca el recurso de interpretación constitucional, para interponerlo." Con base en ese argumento, la Sala consideró que no era necesaria ninguna disposición constitucional o legal para permitir el desarrollo de tal recurso.[35]

Tres años después, la Asamblea Nacional sancionó la Ley Orgánica del Tribunal Supremo, que reguló los medios generales de control de constitucionalidad, quedando excluido de las atribuciones de la Sala Constitucional la facultad de decidir sobre recursos de interpretación abstracta de la Constitución. Sin embargo, la Sala Constitucional continuó desarrollando la regulación del recurso de interpretación en sentencias posteriores, con el propósito de emitir pronunciamiento declarativo de mera certeza sobre el alcance y contenido de una disposición constitucional.[36]

Este extraordinario poder interpretativo, aunque teóricamente podría ser un excelente medio judicial para la interpretación de la Constitución, lamentablemente ha sido ampliamente abusado por la Sala Constitucional para distorsionar importantes disposiciones constitucionales, para interpretarlas de manera contraria al texto, o justificar soluciones constitucionales de acuerdo con la voluntad del Poder Ejecutivo, porque la iniciativa de interponer muchos recursos ha estado en manos del Procurador General de la República.

---

[34] De la Sala Constitucional, ver Sentencia n° 1309 del 19 de junio de 2001, caso: *Hermann Escarrá*, y Sentencia n° 1684 del 4 de noviembre de 2008, caso: *Carlos Eduardo Giménez Colmenárez*, en *Revista de Derecho Público*, n° 116, Editorial Jurídica Venezolana, Caracas 2008, pp. 66 ss.

[35] Ver Sentencia n° 1077 de la Sala Constitucional de 22 de septiembre de 2000, caso: *Servio Tulio León Briceño*, en *Revista de Derecho Público*, n° 83, Caracas, 2000, pp. 247 ss. Este criterio fue ratificado posteriormente en sentencia n° 1347, de 11 de septiembre de 2000, *Revista de Derecho Público*, n° 84, Editorial Jurídica Venezolana, Caracas 2000, p.

[36] Véase, por ejemplo, Sentencia n° 1347 de la Sala Constitucional, de 9 de noviembre de 2000, en *Revista de Derecho Público*, n° 84, Editorial Jurídica Venezolana, Caracas 2000, pp. 264 ss. ; Sentencia n° 2651 de octubre de 2003 (caso: *Ricardo Delgado (Interpretación artículo 174 de la Constitución)*), en *Revista de Derecho Público*, n° 93-96, Editorial Jurídica Venezolana, Caracas 2003, pp. 327 ss.

Este fue el caso, por ejemplo, de las diversas sentencias de la Sala
Constitucional relativas a los referendos consultivos y revocatorios
entre 2002 y 2004, en las cuales la Sala confiscó y distorsionó el derecho constitucional del pueblo a la participación política.[37]

Una de las últimas sentencias de la Sala Constitucional que se ha
emitido haciendo uso de estas facultades, con motivaciones notoria-
mente políticas, fue en respuesta a una petición presentada por el Procurador General, no con el propósito de interpretar la Constitución
sino con el propósito de interpretar una decisión de la Corte Interamericana de Derechos Humanos que había condenado al Estado venezolano por violaciones al debido proceso y garantías judiciales de varios
jueces superiores que fueron destituidos ilegalmente.[38]

El resultado de este proceso ante la Sala Constitucional del Tribunal Supremo fue la sentencia N° 1.939 del 18 de diciembre de 2008,
mediante la cual la Sala Constitucional no "interpretó" nada, máxi-
me porque las sentencias judiciales no son para interpretar sino para
aplicar, sino simplemente consideró que la decisión de la Corte Interamericana era "inejecutable" en Venezuela, recomendando al Ejecutivo Nacional incluso, denunciar la Convención Americana sobre
Derechos Humanos.[39]

En otro caso, la Sala Constitucional creó una facultad de control de
constitucionalidad ampliando el alcance de una disposición constitucional existente, como ha ocurrido con la facultad general de revisión
constitucional que la Constitución otorga a la Sala Constitucional respecto de sentencias definitivas adoptadas por los tribunales en materia de amparo y de las dictadas en los casos en los cuales un juez

---

[37] Ver Sentencia No. 1139 de 5 de junio de 2002, Caso *Sergio Omar Calderón Duque y William
Dávila Barrios* ; n° 137 de 13 de febrero de 2003, caso *Freddy Lepe y otros* ; n° 2750 de 21 de
octubre de 2003, caso *Carlos E. Herrera Mendoza* ; n° 2432 de 29 de agosto de 2003, caso
Luis Franceschi y otros ; y n° 2404 de 28 de agosto de 2003, *Exssel Alí Betancourt Orozco, Caso
Interpretación del artículo 72 de la Constitución* . Véanse los comentarios a estas sentencias
en Allan R. Brewer-Carías, *La Sala Constitucional versus el estado democrático de derecho: El
secuestro del poder electoral y de la Sala Electoral del Tribunal Supremo y la confiscación del derecho a la participación política,* Los Libros de El Nacional, Colección Ares, Caracas 2004.

[38] Véase sentencia de la Corte Interamericana de Derechos Humanos de 5 de agosto de 2008,
caso *Apitz Barbera y otros ("Corte Primera de lo Contencioso Administrativo") vs. Venezuela,* en
http://www.corteidh.or.cr . Excepción Preliminar, Fondo, Reparaciones y Costas, Serie C
n° 182.

[39] Resolución n° 1.939 de 18 de diciembre de 2008, caso *Procuraduría General de la República,*
en http://www.tsj.gov.ve/sentencias/scon/Diciembre/1939-181208-2008-08-1572.html.
Véase el comentario sobre esta sentencia en Allan R. Brewer-Carías, "La interrelación
entre los Tribunales Constitucionales de América Latina y la Corte Interamericana de
Derechos Humanos, y la cuestión de la inejecutabilidad de sus sentencias en Venezuela",
en *Anuario Iberoamericano de Justicia Constitucional,* Centro de Estudios Políticos y Constitucionales, n° 13, Madrid 2009, p. Véase también Daniela Urosa Maggi, *Ponencia nacional de
Venezuela,* pp. 7–8.

aplique el método difuso de control de constitucionalidad (artículo 336.10).

Si bien el alcance expreso de esta facultad discrecional de revisión de sentencias judiciales dictadas por tribunales inferiores otorgada a la Sala Constitucional es preciso en la Constitución, la Sala la ha modificado, y ha asumido, en primer lugar, facultades de revisión constitucional respecto de cualquier decisión judicial en la cual un tribunal se aparte de la interpretación que la misma Sala Constitucional haya dado a una disposición constitucional, o respecto de la cual la Sala considere que la decisión judicial ha violado principios constitucionales; y en segundo lugar, facultades de revisión constitucional por los mismos motivos de sentencias dictadas por otras Salas del Tribunal Supremo, asumiendo en consecuencia una superioridad jerárquica *de facto* en el Poder Judicial que la Constitución no le ha otorgado.[40]

Tres años después, fue sancionada la Ley Orgánica del Tribunal Supremo (2004), y esta modificación de la Constitución no fue incluida por la Asamblea Nacional en la ley, hecho que no impidió que la Sala Constitucional, mediante una nueva decisión emitida el mismo año de 2004,[41] insistiera en que la norma que estableció jurisprudencialmente en 2001, a pesar de lo dispuesto en la Ley Orgánica, debía seguir aplicándose.

Otro poder de control de constitucionalidad que la Sala Constitucional ha asumido sin ningún respaldo constitucional es el medio incidental concentrado de control de constitucionalidad, que se encuentra en países donde se establece exclusivamente un sistema concentrado de control de constitucionalidad; pero esto no existe en países que adoptan un sistema mixto de control de constitucionalidad, donde se combina el método concentrado con el método difuso, como sucede en Venezuela y muchos otros países de América Latina.

Sin embargo, a pesar de que Venezuela tiene dicho sistema mixto de control de constitucionalidad, la Sala Constitucional, de manera claramente contradictoria, ha creado la posibilidad de que esta vía incidental de control de constitucionalidad para que la Sala Constitucional pueda decidir sobre la nulidad de una ley inconstitucional, lo cual es completamente contradictorio con los poderes de control difuso de

---

[40]   Véase Sentencia n° 93 del 6 de febrero de 2001, Caso *Corpoturismo, en Revista de Derecho Público, n° 85–88*, Editorial Jurídica Venezolana, Caracas 2001, pp. 406 ss., en http://www.tsj. gov.ve/sentencias /scon/Febrero/93-060201-00-1529%20.htm . Véase también Daniela Urosa Maggi, *Ponencia nacional de Venezuela*, p. 6.

[41]   Ver Sentencia n° 1992 del 8 de septiembre de 2004, caso *Peter Hofle; en* http://www.tsj.gov. ve/sentencias/scon/Septiembre/1992-080904-03-2332%20.htm . Véase también Daniela Urosa Maggi, *Ponencia nacional de Venezuela*, p. 7.

control de constitucionalidad que todos los tribunales y jueces tienen asignados en la Constitución.[42]

II. LOS TRIBUNALES CONSTITUCIONALES CREANDO NORMAS PROCESALES SOBRE PROCESOS DE CONTROL DE CONSTITUCIONALIDAD

Una de las materias específicas en las cuales se ha efectuado control de constitucionalidad de las omisiones legislativas, ha sido en los casos en los cuales los tribunales constitucionales han creado reglas de procedimiento para el ejercicio de sus atribuciones constitucionales, cuando aquellas no han sido establecidas en la legislación que regula sus funciones.

Para ello, los tribunales constitucionales, como el Tribunal Constitucional del Perú, han alegado tener autonomía procesal en el ejercicio de sus amplias facultades para desarrollar y complementar sus sentencias, a pesar de que las reglas procesales aplicables en el proceso de control de constitucionalidad no estén reguladas expresamente en leyes.[43] Sin embargo, el Tribunal Constitucional del Perú ha establecido algunos límites a su autonomía procesal, en el sentido de que su ejercicio no puede significar ampliación de sus facultades de control de constitucionalidad del Tribunal cuando no están expresamente establecidas en la Constitución.[44]

En Alemania, el mismo principio de autonomía procesal (*Verfahrensautonomie*) se ha utilizado para explicar los poderes desarrollados por el Tribunal Constitucional Federal para complementar las normas procesales de control de constitucionalidad. Éste fue el caso, por ejemplo, de la aplicación del artículo 35 de la Ley del Tribunal Constitucional Federal, que establece que el Tribunal puede determinar cómo se llevará a cabo la ejecución de sus sentencias. Sobre la base de esta disposición, por ejemplo, el Tribunal Constitucional Federal ha fijado un plazo para la aplicación de sus sentencias, que se establece según diferentes reglas, por ejemplo, una fecha precisa como el final de la Legislatura.

---

[42] Ver Sentencia 2588 del 11 de diciembre de 2001, caso *Yrene Martínez*, en http://www.tsj.gov.ve/sentencias/scon/Diciembre/2588-111201-01-1096.htm ; Sentencia 806 de 24 de abril de 2002, Caso *Sintracemento* (anulación del artículo 43 de la Ley Orgánica del Tribunal Supremo), en http://www.tsj.gov.ve/sentencias/scon/Abril/806-240402-00- 3049. htm; Daniela Urosa Maggi, *Ponencia nacional de Venezuela*, p. 9.

[43] Ver Resolución del Tribunal Constitucional, Exp. n° 0020-2005-AI/TC, FJ 2; Francisco Eguiguren y Liliana Salomé, *Ponencia nacional Perú I*, p. 14; Fernán Altuve-Febres, *Ponencia nacional Perú II*, p.

[44] Véase Francisco Eguiguren y Liliana Salomé, *Ponencia nacional Perú I*, p. 17.

En otros casos, la interferencia judicial en cuestiones legislativas relacionadas con normas de procedimiento en materia de control de constitucionalidad, ha sido más intensa. Por ejemplo, en Colombia, la Corte Constitucional ha asumido la competencia exclusiva de establecer los efectos de sus propias sentencias, considerando inconstitucionales y anulando las disposiciones de la Ley (Decreto 2.067 de 1991) que regula su organización y funciones, en la cual el Legislador estableció normas sobre tales efectos (artículos 21 y 22).[45]

En Venezuela, la Sala Constitucional del Tribunal Supremo de Justicia, ante la falta de normas legislativas, ha establecido reglas procesales, conforme a la autorización prevista en el artículo 19 de su Ley Orgánica para establecer un procedimiento más conveniente para el cumplimiento de sus funciones de justicia constitucional. "siempre que tengan base legal". En consecuencia, en estos casos, ha invocado su jurisdicción normativa para establecer las reglas procesales en materia de control de constitucionalidad cuando no están reguladas en leyes. Esto ha ocurrido, precisamente, en materia de control de constitucionalidad sobre la omisión legislativa absoluta, y del procedimiento en los casos *de hábeas data*.

En cuanto al control de constitucionalidad de las omisiones legislativas absolutas, si bien la competencia está establecida en la Constitución (artículo 336.7), su procedimiento no estaba regulado en la Ley Orgánica del Tribunal Supremo de 2004; por lo que, en consecuencia, la Sala Constitucional mediante sentencia No. 1556 de 9 de julio de 2002, estableció la regulación que sobre la materia debía aplicarse hasta cuando la Asamblea Nacional aprobase la ley que estableciera las normas procesales.[46]

En cuanto a las normas procesales en materia de acciones de *hábeas data*, –mediante la cual cualquier persona puede tener acceso a información sobre sí misma, recopilada en registros oficiales o privados; a conocer el uso y finalidad de dicha información; y a solicitar su actualización, rectificación o destrucción cuando sea errónea o en los casos en que afecte ilegítimamente esos derechos[47]– en 2001, la Sala Constitucional asumió competencia exclusiva para decidir dichas acciones

---

[45]   Véase Sentencia C-113/93; Germán Alfonso López Daza, *Ponencia nacional de Colombia I*, p. 9.

[46]   Ver Sentencia nº 1556 del 9 de julio de 2002, Caso *Alfonzo Albornoz y Gloria de Vicentini*, en http://www.tsj.gov.ve/sentencias/scon/Julio/1556-090702-01-2337%20.htm . Véase también Daniela Urosa Maggi, *Ponencia nacional de Venezuela*, pp. 10-11.

[47]   Véase Allan R. Brewer-Carías, *La Constitución de 1999: Derecho constitucional venezolano*, Editorial Jurídica Venezolana, Caracas 2004, vol. II, pp. 759 ss..

directas *de hábeas data*.[48] La Sala dispuso que establecería el procedimiento correspondiente para el ejercicio de sus funciones, y así lo hizo mediante sentencia No. 2551 de 24 de noviembre de 2003,[49] basando su fallo en lo dispuesto por el artículo 102 de la Ley de la Corte Suprema de Justicia de 1976, que autorizaba a la misma para establecer las reglas de procedimiento en todos aquellos casos no expresamente regulados por el Legislador.

En 2004, se sancionó la nueva Ley Orgánica del Tribunal Supremo, derogando la anterior Ley Orgánica del Tribunal Supremo de 1976 sin establecer reglas de procedimiento específicas para la acción *de hábeas data*, por lo que la Sala Constitucional procedió a modificar su fallo anterior y mediante sentencia No. 1511 de 9 de noviembre de 2009 reformó la regulación aplicable a las acciones *de hábeas data*.[50] El fundamento de esta sentencia fue la aplicabilidad inmediata del artículo 27 de la Constitución que establece el proceso de amparo y la atribución a la Sala de garantizar e interpretar la Constitución. La Sala razonó que había actuado "con el fin de llenar el vacío existente en relación con esta altamente innovadora acción constitucional de hábeas data".[51]

---

[48]   Ver Sentencia nº 332 del 14 de marzo de 2001, Caso *Insaca; en* http://www.tsj.gov.ve/sentencias/scon/Marzo/332-140301-00-1797%20.htm . Véase también Daniela Urosa Maggi, *Ponencia nacional de Venezuela*, p. 12.

[49]   Caso: *Jaime Ojeda Ortiz;* en http://www.tsj.gov.ve/sentencias/scon/Septiembre/2551-240903-03-0980.htm . Véase también Daniela Urosa Maggi, *Ponencia nacional de Venezuela*, p. 13.

[50]   Véase *Mercedes Josefina Ramírez,* Caso Acción de Habeas Data; en http://www.tsj.gov.ve/sentencias/scon/Noviembre/1511-91109-2009-09-0369.html Ver en Daniela Urosa Maggi, *Ponencia nacional de Venezuela*, p. 13.

[51]   Véase Allan R. Brewer-Carías, El proceso constitucional de las acciones de hábeas data en Venezuela: las sentencias de la Sala Constitucional como fuente del Derecho Procesal Constitucional", en Eduardo Andrés Velandia Canosa (coord.), *Homenaje al Maestro Héctor Fix Zamudio. Derecho Procesal Constitucional. Memorias del Primer Congreso Colombiano de Derecho Procesal Constitucional* Mayo 26, 27 y 28 de 2010, Bogotá 2010, pp. 289 – 295 .

OBSERVACIONES FINALES

De todo lo dicho, y después de analizar el papel de los tribunales constitucionales como legisladores positivos en el derecho comparado –dejando de lado los casos de patología de la Justicia Constitucional que están dirigidos no a reforzar los principios y la evolución democrática, sino a desmantelar la democracia utilizando de manera ilegítima una herramienta democrática [1]– es posible deducir las siguientes dos conclusiones.

En primer lugar, como se señaló al comienzo de este estudio, ya no existe una distinción clara entre los dos clásicos modelos de control de constitucionalidad. En el mundo contemporáneo se vive la experiencia de los sistemas de control de constitucionalidad que están en un proceso de transformación, convergencia y mezcla que no era posible imaginar hace cien años, cuando se comenzó a imaginar la confrontación entre los métodos difusos y concentrados de control de constitucionalidad.

En segundo lugar, el sistema claro y simple del modelo de control de constitucionalidad concentrada, basado en el binomio inconstitucionalidad / invalidez, o inconstitucionalidad / nulidad, ejercido por un Tribunal Constitucional como legislador negativo, resulta hoy difícil de defender.[2]

De hecho, el derecho constitucional comparado contemporáneo muestra la existencia de tribunales constitucionales que progresiva-

---

[1]   Sobre Venezuela, véase Allan R. Brewer-Carías, *Dismantling Democracy in Venezuela: The Chávez Authoritarian Experiment*, Cambridge University Press, Nueva York, 2010.

[2]   El modelo, tal como lo definió el juez Marek Safjan, en la *Ponencia nacional Polonia*, se caracterizó de la siguiente manera: "No es competencia del tribunal constitucional dictar leyes o incorporar al orden jurídico elementos normativos que no hayan sido establecidos antes mediante un procedimiento legislativo apropiado; por lo tanto, el tribunal constitucional no puede sustituir al legislador en este proceso. El control constitucional se basa en una estructura coherente de un sistema jurídico jerárquico y el tribunal constitucional debe operar dentro de este orden, extrayendo su propia competencia del legislador constitucional. Las sentencias dictadas por el tribunal constitucional no pueden contener nada que no haya sido ya proclamado por la norma suprema establecida en la Constitución, mientras que el papel del control constitucional siempre se limitará a la aplicación de la ley, aunque situada en el nivel más alto de la normatividad. jerarquía, y no puede implicar la creación de normas". Véase Marek Safjan, *Ponencia nacional Polonia*, p. 1.

mente han asumido roles que décadas atrás correspondían únicamente al Poder Constituyente o al Legislador; en algunos casos, han
descubierto y deducido reglas constitucionales, particularmente en
materia de protección de derechos humanos no expresamente con-
sagradas en la Constitución, y que no podrían considerarse como la
intención de un antiguo y originario Poder Constituyente. En otros
casos, los tribunales constitucionales han ido desempeñando progresivamente funciones legislativas, complementando al Legislador en
su rol de hacer las leyes y, en muchos casos, llenando los vacíos resultantes de omisiones legislativas, enviando lineamientos y órdenes al
Legislador e incluso emitiendo legislación provisional.

Sin embargo, los resultados importantes de un enfoque de derecho
comparado sobre el tema de los tribunales constitucionales como legisladores positivos, son las tendencias comunes que se pueden encontrar en todos los países y en todos los sistemas legales; tendencias
comunes que son más numerosas e importantes que las posibles diferencias esenciales y excepcionales, lo que confirma la importancia del
derecho comparado.

Es por eso que, en materia de control de constitucionalidad, los tribunales constitucionales de muchos países –para desarrollar sus propias competencias y ejercer sus poderes para controlar la constitucionalidad de las leyes, proteger los derechos fundamentales y garantizar
la supremacía de la Constitución– han comenzado progresivamente a
estudiar y analizar trabajos similares desarrollados en otras Cortes y
en otros países, enriqueciendo así sus fallos.

Por ello, hoy en día, es común encontrar en las sentencias de los tribunales constitucionales constantes referencias a sentencias emitidas
sobre asuntos o casos similares por otros tribunales constitucionales.
De modo que puede decirse que, en general, no existe aversión a utilizar el derecho extranjero para interpretar la Constitución, cuando
corresponda. En materia de derechos fundamentales, por ejemplo, el
proceso de internacionalización o constitucionalización de tales derechos, tal como se ha dado durante los últimos sesenta años, ha resultado en un proceso de globalización del régimen general aplicable, que
indistintamente se utiliza para controlar los derechos fundamentales
constitucionalidad o la convencionalidad de las leyes, produciendo
principios uniformes de derecho constitucional nunca antes vistos.

En consecuencia, en materia de control de constitucionalidad, es
simplemente incomprensible pretender que las soluciones judiciales
en un país determinado –en cuestiones del derecho a la igualdad y a
la no discriminación, o el derecho a la privacidad o al debido proceso,
o el derecho a no estar sujeto a la tortura – puedan considerarse un
asunto endémico, exclusivamente de un país en particular, y que en
la interpretación de la Constitución de ese país, es imposible confiar

en las soluciones judiciales a los mismos problemas que se han dado
en otros países.

Ésta es al menos una tendencia general que, con excepción de
algunos jueces y académicos de Estados Unidos, es posible identificar
en el derecho comparado, como lo demuestra este tema de los jueces
constitucionales como legisladores positivos estudiado en este libro.

En consecuencia, en términos generales, para un estudioso del derecho público comparado, resulta incomprensible que por ejemplo,
los candidatos a ocupar los cargos en la Corte Suprema de los Estados
Unidos tengan el deber casi inevitable de expresar en sus audiencias
de confirmación ante el Senado, por ejemplo, que "la ley estadounidense no permite la uso del derecho extranjero o del derecho internacional para interpretar la Constitución", considerándose ésta como
una cuestión "dada" respecto de la cual "no hay debate".[3] Cuestión
distinta es la posible utilización del derecho extranjero en las universidades estadounidenses con fines académicos.

Respecto a esta afirmación, la jueza Ruth Bader Ginsburg dijo que
"francamente [no] entiendo todo el alboroto últimamente manifesta-
do en el Congreso e, incluso, por algunos de mis colegas sobre referencia al derecho extranjero", explicando que la controversia se basó
en el malentendido de que citar un precedente extranjero significaba
que el tribunal se considerara obligado por el derecho extranjero, en
lugar de simplemente estar influenciado por el poder que soporta su
razonamiento. Por eso formuló la siguiente pregunta: "¿Por qué no
deberíamos recurrir a la sabiduría de un juez extranjero con al menos
la misma facilidad como leeríamos un artículo de una Revista jurídica
escrito por un profesor?"[4]

Y esto es precisamente lo que hoy es común en todas las jurisdicciones constitucionales del mundo, de manera que los tribunales
constitucionales comúnmente consideran que, respecto del derecho
extranjero, cuando tienen que decidir sobre la misma materia y sobre
la base de los mismos principios, de la misma manera como estudia-
rían el asunto a través de las opiniones de otros autores y del análisis
de libros y artículos, también pueden confiar en las sentencias de los
tribunales de otros países, lo que puede ser útil porque esos tribunales
trataron no sólo una proposición teórica, sino también una solución
específica ya aplicada para resolver un caso particular.

---

[3]   Jueza Sonia Sotomayor, en la audiencia de confirmación ante el Senado, el 15 de julio de
2009. Véase "Sotomayor on the Issues", *New York Times*, 16 de julio de 2009, p. A18.

[4]   Véase Adam Liptak, "Ginsburg Shares Views on Influence of Foreign Law on Her Court,
and Vice Versa", en *The New York Times*, 12 de abril de 2009, p. 14.

La primera edición de *Los tribunales constitucionales como legisladores positivos en el derecho comparado* de Allan R. Brewer-Carías se imprimió en la República Argentina en febrero de 2024